CHUZHONG SHUXUE

WEIKE SHEJI YU ANLI SHANGXI

初中数学

微课设计与案例赏析

袁虹 章飞 著

北京师范大学出版集团
BEIJING NORMAL UNIVERSITY PUBLISHING GROUP
北京师范大学出版社

图书在版编目（CIP）数据

初中数学微课设计与案例赏析/袁虹，章飞著．—北京：北京师范大学出版社，2018.11

ISBN 978-7-303-24188-0

Ⅰ．①初…　Ⅱ．①袁…　②章…　Ⅲ．①中学数学课－课程设计－初中　Ⅳ．①G633.602

中国版本图书馆CIP数据核字（2018）第215630号

出版发行：北京师范大学出版社　www.bnupg.com
北京新街口外大街19号
邮政编码：100875

印　　刷：天津中印联印务有限公司
经　　销：全国新华书店
开　　本：730 mm×980 mm　1/16
印　　张：12.5
字　　数：229千字
版　　次：2018年11月第1版
印　　次：2018年11月第1次印刷
定　　价：27.00元

策划编辑：王永会　　　责任编辑：马力敏
美术编辑：王　蕊　胡美慧　　　装帧设计：汉风唐韵
责任校对：段立超　陈　民　　　责任印制：孙文凯　窦春香

前 言

随着云计算、网络存储、网络带宽的快速发展，视频流的传输与存储的相关技术瓶颈得以突破，以微视频为载体的各种教学资源成为教学中的常态资源。因此，近几年来，以微视频为重要教学资源的微课程成为教学研究的热点，以微课、慕课为代表的技术教育创新应用备受瞩目，微课设计、开发与应用的相关刊物论文、博士硕士学位论文开始不断涌现，越来越多的各级各类研讨会和学术会议也纷纷将微课列入会议的主题，各级教育行政部门、各级各类学校都在积极推进微课与混合学习，积极进行创新教学模式的实践探索。但是，纵观国内外的研究，微课设计和实践中还存在一些问题，如选题偏大，不够聚焦；设计零散，未成体系，碎片化；讲解偏多，过程欠缺；追求感官效果，学科内涵欠缺；基于微课的学生学习，容易流变为观看者的“观看—接受”；微课设计、制作具有一定的技术要求，教师畏难心理重等。为此，我们组建团队，进行了微课设计的研究与实践运用，在研究活动中进一步明确了微课的价值、微课的类型，梳理了微课设计的问题与对策，揭示了优秀微课设计的特征，介绍了微课设计的方法与技巧，这些构成了本书第一章的内容。依据微课使用的时机，可以将微课分为课前自主学习型微课、课堂同步观看型微课、课后补偿学习型微课。为此，第二章至第四章，分别对这三类微课的设计提出了一些建议，并结合原创微课案例介绍了具体做法。当然，对于每一类微课又进行了一些细分，如第二章，对于课前自主学习型微课，根据学习任务的特征，细分为概念学习、命题学习、问题解决、知识梳理四种类型。

编写过程上，力图从理论到实践对初中数学微课设计进行系统的研究，通过案例，提出很多具体的微课设计原则与技巧，以提高微课设计的操作性；力图以案例为载体，在案例的解析中促进读者的理解，提升教师的微课设计能力、学习指导能力、信息技术与学科教学融合能力，进而推动教学改革的实施。本书所提供的案例，多是设计团队经过多次研讨形成的精品资源，多数微课已经成为北京师范大学出版社教师用书光盘的培训资源。在案例的阐述过程中，力图外显微课设计过程中的一些思考，包括关于教学内容的思考，希望这样的案例，成为提高读者微课设计能力、提升读者教学理念和教学设计能力的载体。

本书的选题，得到了北京师范大学出版社王永会老师、王建波老师的支持、鼓励；本书的写作，得到了北师大版初中数学教材组主编马复老师的支持；深圳市袁虹名师工作室的成员帮助收集整理了部分资料。在此一并致谢！

目　录

第一章　微课及其设计方法

·第一节　微课的价值

一、微课的起源概述

谈及微课的历史，多数学者都会追溯到微课程、微教学、微学习等概念。例如，20 世纪 60 年代初，美国艾奥瓦大学附属学校与美国斯坦福大学分别推出微型课程(Mini-course)和微型教学(Micro-teaching)。这里所言的微课程，是从课程内容容量的角度，相对于常规课程(如需要学习一个学期的某门课程)而言，是微型的，也就是说，是微型课程。20 世纪 90 年代，美国北艾奥瓦大学勒罗伊．A. 麦格鲁(LeRoy A. McGrew)为非专业学生和民众普及有机化学常识时，最早提出了 60 秒课程的概念，并于 1993 年发表了题为“A 60-Second Course in Organic Chemistry”的文章，麦格鲁的 60 秒课程，更多的是希望通过精练、通俗的语言、影像促进学生学习，特别是促进外行学习。现代意义上的微课程，一般认为始于戴维·彭罗斯(David Penrose)的 Micro-lecture。2008 年，美国新墨西哥州圣胡安学院的高级教学设计师彭罗斯首创了“Micro-lecture”的概念，其核心理念是通过“一分钟的微视频”产生一种“更加聚焦的学习体验”，目的是提供在线学习或移动学习的教学内容。印度裔美国人萨尔曼·可汗(Salman Khan)利用电脑录屏软件拍摄微视频以帮助表妹学习数学。在此基础上，2007 年，他成立了非营利性的在线开放课程网站——可汗学院。在网站系统中，学生和教师可以共同使用课程网站，并且在学生学习的过程中，系统会帮助其生成一个知识地图，帮助学习者了解自己的学习掌握情况。可汗学院的成功经验使世人看到了微课程的广阔前景。从此，微课程成为研究与实践的热点。

在国内，“微课”是由广东省佛山市教育局的胡铁生率先提出的。在胡铁生看来，“微课”是按照新课程标准及教学实践要求，以教学视频为主要载体，反映教师在课堂教学过程中针对某个知识点或教学环节而开展教与学活动的各种教学资源的有机组合。

李玉平由“三小研究”(关注小现象、开发小策略、积累小故事)发展出“三微研究”(微问题、微研究、微课程)。李玉平说，微课程属于一种多媒体学习载体，由文字、画面、音乐组成，微课程是介于“文本阅读”与“影视阅读”之间的一种新的学习方式。“凤凰微课”是一个微小的课程教学应用，是一种以 5～10 min 甚至更短时长为单位的微型课程。它以视频为主要载体，特别适宜与智能手机、平板电脑等移动设备相结合，为大众提供碎片化、移动化的网络学习新体验。

从以上微课概念的百家争鸣和发展衍化，我们可以发现，人们对微课概念的认识经历了“微资源构成”“微教学过程”“微网络课程”三个从低级到高级、不断完善的发展阶段。每个阶段的微课概念的内涵各有所侧重，微课的表现形式也不尽相同，其功能特点和应用范围也不同。

微课的“微资源构成”：突破传统自上而下、单一化的资源构建形式，突出围绕某个知识点（教学环节）开展多种资源的整合性，提升易用性，取得了一定的成效。

微课的“微教学过程”：这个阶段出现的微课概念的内涵突出了微课不仅是一种新型的教学资源，更是一个简短而完整的“教学过程”或“教学活动”的观点或导向。[①]

微课的“微网络课程”：明确地把微课程定位于一种以微视频为核心资源和呈现载体的微型在线视频课程（既不同于一般的视频公开课，也不是传统意义上网络课程的“微型版”）。

二、微课的概念界定

关于微课程，国内研究中存在几个相近的概念，如微课、微视频等。显然，微视频，顾名思义，就是短小的视频，其本身与教学没有直接的关系，属于技术概念的范畴，只是现在教育领域研究的微视频都是作为教学资源使用的，或者说如今的微课程资源都是以微视频的方式呈现的，因而在日常交流和研究中，人们常常不自觉地将两者混为一谈了。根据上面的文献检索，在移动学习技术尚不成熟的 2006 年，就已经有了关于微视频的研究，这也从另一个角度佐证了，微视频与当前服务于移动学习的微课程并非一回事。随着移动学习相关技术瓶颈的突破，微视频被广泛应用于在线学习，因而就形成了现在的微课、微课程。

华东师范大学教授苏小兵认为，微课是一种新型的课程资源，属于数字教育资源的范畴。微课与“微目标、微教案、微讲义、微练习”等课程要素共同构成微“课程”，与“观看微课、在线讨论、做练习”等学习活动构成微“课”，前者属于课程论的范畴，后者属于教学论的范畴[②]，并绘制了几者之间关系的图示(图 1-1-1)。

① 胡铁生，黄明燕，李民：《我国微课发展的三个阶段及其启示》，载《远程教育杂志》，2013(4)：36～42.

② 宋连喜：《教学方法、教学模式及其相关概念辨析》，载《职业教育(下旬刊)》，2013(5)：94～96.

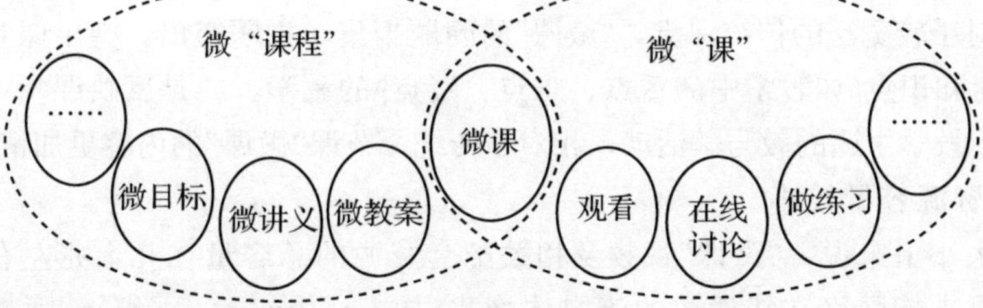

图 1-1-1

苏小兵的界定十分清楚。但从实践层面看，课程与教学是密不可分的，如今的课程设计者在设计课程时一般已经考虑了课程内容的系统使用(教学)，因此，现在的微课程设计实际上是从广义的课程的角度思考的，不管呈现出来的微课中是否有微目标、微讲义、微教案等，设计者心中自有这样一些内容，而且设计时，设计者肯定考虑了学习者的资源使用方式等。也就是说，设计者肯定已经做了教学方面的思考(只是由于技术等多方面的原因，一些微课程没有设计所谓的在线讨论、练习等)。从这个意义上讲，现在所说的微课(程)，从呈现出来的形式看，是一种课程资源，但从设计者、研究者的角度看，它并不仅仅是课程资源，又是完整意义上的课程，设计者往往是从整个课程架构以及教学系统的角度去思考微视频的设计的。[①] 因此，下文本应统一采用“微课程”这个词，但考虑到实践层面，微课、微课程常常不做区分，人们常常将微课程简称为微课，因此，本书下文将统一采用微课这一词语。

基于上述认识，我们认为，微课是若干以视频为主要呈现形式、有明确的使用对象与方式，时间一般控制在 10 min 以内，围绕某一主题展开，学习目标明确，内容短小精炼的学习资源的有机组合。

三、微课的优点分析

(一)微课的特点

分析微课的优点，首先需要了解微课的特点。根据上面对微课的定义，不难发现微课有以下特点。

1. 教学时间较短

教学视频是微课的核心组成内容。根据中小学生的认知特点和学习规律，“微课”的时长一般为 5～8 min，最长不宜超过 10 min。

---

① 章飞，刘丹丹：《微课程研究的现状与发展趋势》，载《江苏第二师范学院学报(自然科学)》，2015(3)：2，124，47～51.

2. 教学内容较少

相对于较宽泛的传统课堂，“微课”的问题聚集，主题突出。突出课堂教学中某个学科知识点(如教学中的重点、难点、疑点)的教学，或是反映课堂中某个教学环节、教学主题的教与学活动，相对于传统一节课“微课”的内容更加精简。

3. 资源容量较小

从大小上来说，“微课”视频及相关配套资源的总容量在几十兆左右，视频格式须是支持网络在线播放的流媒体格式(如 rm、wmv、flv 等)，师生可流畅地在线观摩课例，查看教案、课件等辅助资源；也可灵活方便地将其下载保存到终端设备(如笔记本电脑、手机、MP4 等)上实现移动学习、“泛在学习”。

4. 资源结构“情境化”

“微课”的核心组成内容是课堂教学视频(课例片段)，同时还包含与该教学主题相关的教学设计、素材课件、教学反思、练习测试及学生反馈、教师点评等辅助性教学资源，它们以一定的组织关系和呈现方式共同“营造”了一个半结构化、主题式的资源应用“小环境”。

基于这些，胡铁生总结了微课的 4 个主要特点：主题突出，指向明确；资源多样，情境真实；短小精悍，使用方便；半结构化，易于扩充。

(二)微课的优点

1. 时间利用率高

作为一个学习资源，微，意味着内容少、时间短，因而可以充分利用各种碎片化的时间(如等公交车的时间)，借助移动技术和设备，实现随时随地的学习，从而大大提高学习者的时间利用率。在纸质媒体时代，出版界较为流行的便携式单词速记本、各学科的公式手册等，也是为了实现随时随地学习的目的，但那只能是静态的文本，无法呈现动态的过程，而微课则成为其动态升级版，并且内容更为丰富。

2. 针对性强

微课，因为微，不用求全，一般只是围绕某个知识点或某个问题进行着重讲解，更为关注某一点上的深入剖析，更容易做到精细、深入，制作上可以做到更具有针对性。

3. 目标明确

微课建设中，如能构建相对完整的知识体系，并在标题或者索引中将研究内容更清楚地显示出来，学习者将带着明确的目的搜索并学习该学习主题，学习者的学习将更为自主，更具目的性。

4. 学习效果好

微课的时间很短，一般为 10 min。这个时间段是抓住学生注意力的最佳黄金时段，有助于学生的有效学习。借助视频等技术手段呈现的微课，可以调用学习者的多种感官同时参与学习，因而容易产生更好的学习效果。实际上，在过去的实践中，借助现代信息技术已经制作了很多同时调用学生多种感官的学习内容，如课件、动画、视频等，这些作品可以呈现动态的变化过程。对微课而言，前期制作的工作量较大，有的需要固定的设备进行播放，有的可以进行流媒体播放，但对网络要求较高。近几年，随着移动通信技术、社交媒体的迅猛发展，制约流媒体文件传播的瓶颈得以突破，因此，以微视频为主要形式的微课才得以迅猛发展。当然，微课是对过去有关技术的整合，可以更充分地借助多种媒体，也可以更充分地调动各种感官，因而效果更佳。

5. 便于个性化学习

学生的差异是客观存在的。在课堂教学中，学生由于一时的思维阻隔或者注意力偏差，对于教学环节中的部分内容，难免出现理解上的延迟现象，而教师又不可能及时了解到所有学生出现的障碍，学生也未必愿意将思维障碍的状况暴露于众。即使教师准确了解了学生的思维状况，面对几十名学生，也不能因为个别学生的思维障碍而暂停教学进程，教师需根据全班学生的整体状况进行评判与选择。不要小看课堂教学中学生在个别环节上的认知障碍，由于课堂内容往往是紧密联系的，特别是理科，各个环节都是逻辑链条上的一环，一个环节的认知偏差可能造成后续环节的系统性偏差，这样，学生个别环节上的知识障碍，很可能以点、线、面的形式不断扩散开来，影响后面的学习。在没有微课的情况下，学生得自己或者找老师帮助查漏补缺，而有了微课，学生就可以根据自己的状况进行点播、回放、重播等，实现个性化的学习。

6. 便于评价与反馈

如果能够在软件平台上设计一些互动的环节，学生就可以根据互动状况随时了解自己的学习状况，调整自己的学习进程，教师也可以通过软件平台了解学生的整体状况和个体差异，并根据学生状况进行有针对性的教学矫正，从而更好地促进学生学习的评价与反馈，发挥反馈的教学促进功能。

四、微课研究与实践的意义

(一)丰富了教与学的资源，促进了教育均衡发展

由于技术已经成熟，熟手教师制作微课已经比较快捷，而且随着网络平台和各种赛事(如全国微课大赛、各省市微课大赛等)的推进，近年来，微课资源将呈现爆炸式增长，极大地丰富了教与学的资源。

在信息化时代，微课作为一种视频资源，可以通过微信、QQ 等各种途径进行在线传播，从而达成优质资源的便捷传播与共享；更有一些专门机构和团体(如教育主管部门、教学研究协会、社会出版机构以及一些公益组织)的大力推介，集聚了全国优秀的教师资源，对学生学习的指导可能更为规范、高效，促进了微课资源的优质化、系统化、结构化。

优质的微课资源可以实时地保存、修正与共享。电子资源，可以通过各种途径进行分类、存储、传输、修正；基于平台的微课资源，可以实现微课建设、管理、应用和研究的"一站式"服务，通过集中展播、专家点评和共享交流等方式，向广大师生推荐、展示优秀获奖微课作品，实现优质资源的实时共享。

在这样的背景下，丰富、优质、系统的微课资源的社会共享，可以适度弥补一些教育相对后进地区优质教育资源的欠缺，有效地促进了教育均衡化。

(二)提供了自主学习资源，促进了学习方式的变革

发挥学生学习的主体性是学习有效性的重要基础。因此，新课程倡导自主学习，但自主学习并不是"放羊"，在学生自主学习的过程中需要加强教师的有效指导。学生在课后学习和大班额下的课堂学习中，如何适时地提供学习材料，如何加强学习指导，一直是一个难题。微课的出现，可以适度解决这一问题。

1. 微课提供了自主学习的资源

微课的一大特点是内容精简并易于网络传播，因此，学生可以方便地获取微课资源，进而借助微课资源进行自主学习。

2. 基于微课的学习是自主的

(1)这样的学习主题是学生自主选择的。学生可以根据自己的学习进程、学习兴趣自主地确定学习主题，并根据自己的判断自主选择学习资源(微课)。

(2)这样的学习资源是学生喜闻乐见的。在信息爆炸的"快餐"时代，学生更喜欢直截了当、短小精悍、直奔主题、具有强烈的冲击力和震撼力的学习资源，而微课正好切合了学生的这一需求。几分钟的微课，聚焦于某个学习重点或者难点，主题明确，借助视频展示，直观形象，充分调动学生多种感官，形成多感官的刺激，颇具冲击力。

(3)这样的学习过程是学生自主控制的。学生可以根据自己的学习状况自定学习步调，他们可以任意停止或重访一个视频以确保对课程内容的理解。

(4)这样的学习效果是学生自我监测的。基于网络的微课，可以内嵌相应的学习检测试题，学生可以实时进行线上测试，实时了解自己的学习效果。

3. 基于微课的学习是个性化的

在班级授课状态下，教师难以照顾到所有学生，因而只能选择性地面向整个班级中的大多数，因此，如何满足学生个性化的学习需求一直是课堂教学的一个难题。微课，很好地弥补了课堂教学资源统一的不足，为学生的个性化学习提供了可能。

(1)学习内容是个性化的。教师可以根据不同学生的需要，制作相应的微课，使得学生的学习内容个性化。例如，对于学优生，教师可以为他们提供拓展提高类的微课；对于学困生，教师则可以为他们提供基础巩固类的微课。教师还可以提供个性化阅读、课本相关知识延伸等个性化学习的微课，通过内容的个性化，满足学生的按需学习。

(2)学习进程是个性化的。有些学生听懂了，视频可以看得快一些；有些学生没有听懂，视频可以停下来，甚至多看几遍，直到听懂为止。

(3)学习环境是个性化的。微课资源，可存储在智能手机、平板电脑等随身电子产品上，实现随时随地的学习。学生可以在餐桌上学习，可以睡前躺在床上学习，也可以在等公交车的时候学习。只要学生有时间，想学习，微课都可以满足其个性化学习的需求。

(4)个性化的学习，学生的学习体验是舒适的。随时随地的个性化学习，学生完全按照自己的节奏、自己的方式进行学习，没有外在的压力，这样的学习体验是舒适的。

4. 借助网络平台可以实现交互学习和合作学习

现在的学生对网络非常熟悉，可以熟练地操作电脑与手机，而且大多数学生家中都具备上网的基本条件，这样学生在家中就可以自由而灵活地借助微课进行学习了。如果将优质的微课资源上传至网络上，这样，就为学生搭建了一个全新的学习平台。在这样的平台上，学生可以从网络上寻求教师的帮助，还可以组建学习社区进行相互交流研讨，形成更为丰富的学习生态。这样的学习环境，更适合如今“数字原住民”的学习习惯。

总之，基于微课资源，可以实现随时随地的个性化学习，引发了学生学习方式的变革。

(三)学习环境的变化，促进了教学方式的变革

丰富的微课资源与网络空间，为学生搭建了自主的学习环境，这种外在环境的变革，不仅引发了学习方式的变革，也会倒逼教学方式的变革。

例如，课堂教学中可以充分利用微课资源提高教学效率。比如在 Moodle 应用中，可以将教师讲解制成微课，供学生预习时观摩，也可制作疑难剖析微课，供学生课后查看。再比如，有些实验操作类，除了课堂演示，还可插入其他教师现场讲解的微课视频作为补充。特别是有些演示可能达不到标准状态时，这种补充就显得特别有意义。它既有真实性，不像纯虚拟实验使人怀疑，也有完美表现力，使教学效果大大增强。

更为重要的是，借助微课资源可以更好地转变课堂教学的方式，真正实现有指导的个性化学习。如今，先学后教的"翻转课堂"教学模式在微课的影响下，重新焕发出勃勃生机。在翻转课堂上，课前学生通过网络自主学习有关微视频，并通过网络进行适当的反馈，课堂上教师根据学生课前学习的情况以及网络反馈，组织学生进行交流、研讨(图 1-1-2)。

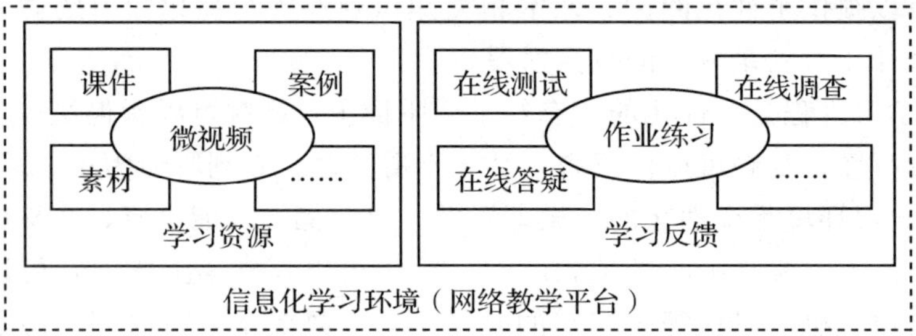

图 1-1-2　用于"翻转课堂"的微课构成①

(四)微课开发与交流，促进了教师成长方式的变革

微课开发不仅是一种学习资源的创新，更是一种教师成长的新范式。微课的开发，意味着教师成长方式的变革。通过制作微课，教师不断深入反思、追问，不断归纳、总结，在简单有趣中研究，在同伴互助中分享，在不知不觉中成长。这样，制作微课让教师从消费者变成了生产者，借助微课这一工具，教师可以将隐性成果显性化、显性成果标准化、研究成果传媒化、科研门槛草根化。

教师的专业成长离不开"做课""评课""反思"三个环节。利用短短 10 min 左右的微课，就可以使教师经历这样三个环节，教师做得多了，比得多了，思得多了，自然进步也就快了。

1. 对教师"做课"的影响

微课虽小，但是想要设计出一个好的微课，需要的思考丝毫不少。微课制作时，需要教学目标清楚，教学内容明晰，或针对计算教学，或针对难点突破，或针对课前导入，或针对拓展延伸，择其一点设计教学，可以加深教师对教材知识内容的进一步理解。微课设计内容备课时，需要更充分地研究学情，做到课堂无学生，心中有学生；要准确地把握教学节奏，快慢适中，吃透教材；要熟练地掌握现代信息技术，因为微课的核心内容是教学视频，通过视频组成一个融教学设计、多媒体素材、课件为一体的主题资源包。在

① 刘锐，王海燕：《基于微课的"翻转课堂"教学模式设计和实践》，载《现代教育技术》，2014 (5)：26～32.

微课录制过程中，可以提高教师知识讲解与总结的能力，微课录制的教学语言要简明扼要，逻辑性强，易于理解，讲解过程要流畅紧凑。教师在备课的过程中要考虑到实际可能出现的状况，这样才能有一节吸引人的精彩的课。同时，制作微课还可以开拓教师的视野，例如，拓展知识点，就必须查阅资料去充实内容，这样才不会显得空泛和空洞。这样，在拓展学生的视野的同时，也丰富了教师的教学资源。教师在这种真实的、具体的、典型案例化的教与学情境中可以实现教学观念、技能的迁移和提升，从而迅速提升教师的课堂教学水平，促进教师的专业成长。正如广东省深圳市龙岗区教师进修学校校长刘静波所说："这项工作看起来简单，但是真正做起来、开发起来并不容易：一开始感觉 PPT 技术不容易，但是后来发现，比技术更不容易的是内容的开发，是内容的梳理与提炼。我们忽然意识到，表面上是在制作微课，而事实上真正的收获是精细观察和深度思考。"

2. 对教师"评课"的影响

微课可用于教师间的教学评比，也可互相分享，提升专业素养。中学数学教师的教学评比，经历了几个阶段。从最早的有学生在教室的教师上课，到无学生的教师说课，再到近几年的看录像课等，这些改变无非都是为了评比的方便。而微课可以满足教学评比既方便又真实的两大特点：一是时间短，评比效率高；二是也能看到教师的具体教学表现，评得真实。所以，微课很适合数学教师之间的教学评比，从而提升教师的数学专业素养。

3. 对教师"反思"的影响

微课制作完成后，教师需要对制作的微课进行及时的反思、总结，提高教师的自我批判能力。教师在整个微课制作过程中，经历着"研究—实践—反思—再研究—再实践—再反思"的螺旋上升的过程。教师的教学和研究的水平和能力也在不断提升。

总之，微课可以不调动学生资源，直接模拟教学过程，而且在这样的过程中，可以全面反映教师的课程理念、教学设计能力、课件制作能力等，因而成为区域教研和教师专业发展很好的载体。定期组织微课库的观摩、学习、评课、反思、研讨等活动，基于微课的校本研修和区域网上教研新模式业已形成，并已经开始渗透到教师的职前培养中。

·第二节　微课的类型

不同类型的微课开发，将来的侧重点可能也有所差别，因此，需要对微课进行适当的分类。微课分类的维度很多，我们认为，作为教育类微课，可以考虑微课服务的对象、微课录制的方式、微课使用的场合、微课的目标功能等，因此，下面分别从这几个维度进行分类。

一、基于服务对象的微课类型分析

与教育系统密切相关的微课，按其服务的对象，可以分为以下几类。

1. 促进学生学习成长的微课

基础教育领域，运用最广的是促进学生学习的微课，其服务对象是学生，主要目标指向学生知识的掌握、思维水平的提升、学习方法的形成、思想品德的塑造等。

2. 促进教师专业发展的微课

为了发展教师的学科知识水平、课程理解能力、教学设计能力、课堂实施能力、教育科研水平、技术运用技能、班级管理能力、家校沟通技能、师生沟通技巧等，可以以案例为载体开发一些面向教师的微课，供教师观摩、研讨，以促进教师的专业成长。

3. 促进学校整体发展的微课

与服务于教师的微课相比，服务于学校的微课，其着眼点在于学校层面的提升，因此其受众不仅包括一线教师，还包括学校管理者。这一类微课可以分为以提升学校校本教研质量为目的的研究型微课，以推荐简单而有效的研究工具为目的的工具微课，以打造学校特色和提升学校知名度为目的的学校品牌微课，以拓展学校管理者和教师视野为目的的拓宽视野微课等。

4. 提升家长教育水平的微课

很多人认为教育是教师的事情，是在学校中完成的，可实际上给予孩子最初教育的恰恰不是教师，而是家长。孩子获取知识的场所不仅仅是学校，家庭也是学生教育的主要场所。因此，随着微课开发的持续推进，面向家长和家庭教育的微课也日益丰富起来。这一类微课可以分为家庭教育微课、亲子沟通微课、家校合作微课等。

本书聚焦于初中数学微课，因此，本书中的微课自然指服务于学生数学学科能力发展的微课。

二、基于录制方式的微课类型分析

录制方式有很多，但根据录制设备的类型，可以简单地将微谭分为以下两种。

1. 外部设备录制微课

借外部设备录制微课，即借助摄像机、微录仪或手机等外部视频录制工具，对在黑板、纸张或其他教学演示载体上进行的各类演算、书写、画图等教学过程进行实时的音视频录制而形成的微课。

其录制过程大致如下：①针对微课主题，进行详细的教学设计，形成教案；②用粉笔（或笔）在黑板（或白纸）上展现出教学过程，可以以画图、书写、标记、操作等行为，在他人或设备的帮助下，用摄像机、手机或微录仪将教学过程拍摄下来；③对视频进行简单的后期制作，并进行必要的编辑和美化。

该录制方式具有下列优势：工具随手可得，操作简单、直观，设计过程省时省力，突出问题解决过程。设计巧妙的话，可以实现翻折、移动及其他教学工具的操作演示，让学习者身临其境。但也存在一些不足之处，如录制效果粗糙，声音和画面效果较差，无法实现其他多种效果；微课的存储容量偏大对后期存储及网络传输与应用要求较高；常常需要他人帮助录制，还需要借助视频处理软件(如会声会影)进行后期处理。

该录制方式适用于需动手操作、演示实验过程的微课，如图形切割类、折叠类、旋转类问题或其他教学实验演示等。①

【案例 1.1】配方法的几何说明(手机＋实物演示)

录制目的：开阔学生视野，让学生看到“数形结合”的强大魅力。

展示时机：在讲述完用配方法解一元二次方程的步骤(所谓“先将二次项系数化 1，再配上一次项系数一半的平方”)后，进行展示。

图 1-2-1 配方法的几何说明

录制方式所体现的优势：因为配方法的几何原理需要通过矩形纸片的分割重组进行演示，从而得出结论，所以预先准备好纸片、彩笔，一边解说一边摆放事先准备好的卡片，直观又高效，相比用电脑软件制作动画效果，成本更低，操作更简单、更高效，学习情境也更贴近学习者(图 1-2-1)。

【案例 1.2】折叠系列微课之二次折叠(微录仪＋实物演示＋PPT)

录制目的：折叠问题，尤其是二次折叠问题，若缺乏实物演示，对学生的空间想象力是个很大的挑战，所以本视频的录制可以让学生通过教师演示纸片的翻折过程，比较清楚直观地看到折叠前后的等量对应关系。

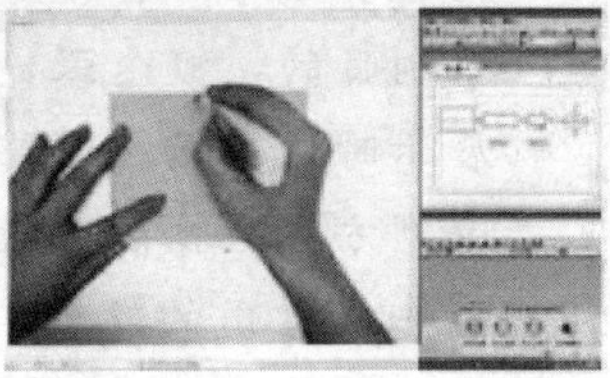
图 1-2-2

展示时机：在课中讲解题目时展示。

① 袁虹，李巧莉：《微课录制的常用方法及其特点分析——初中数学微课制作的探索与思考》，载《江苏第二师范学院学报(自然科学)》，2015(6)：64～66.

录制方式所体现的优势：结合 PPT，借助微录仪实际操作展示折叠过程，更加直观实用，更加贴合学习者的需求，有利于激发学习兴趣，也便于学习者理解和接受讲授内容(图 1-2-2)。

【案例 1.3】拆分问题，各个击破——实践探究“从两个方向看小立方块组合体”(微录仪＋实物演示＋PPT)

录制方法和效果与上面的案例类似(图 1-2-3)。

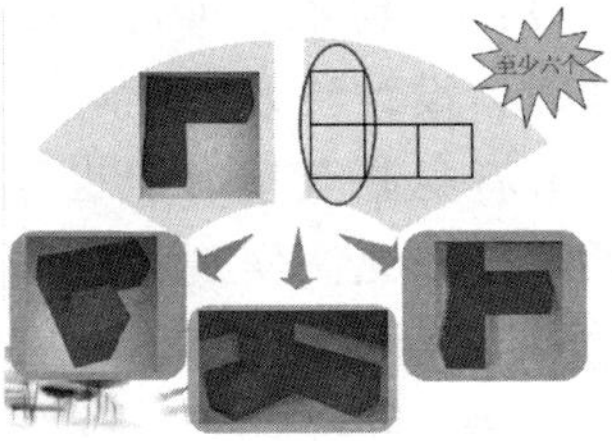

图 1-2-3

2. 借助软件屏幕录制的微课

借助软件屏幕录制的微课，即借助屏幕录像软件，对电脑屏幕(或平板电脑)和执教者的语音进行实时同步录制而形成的微谭。常用的录制软件有“Camtasia Studio”“屏幕录像大师机”“KK 录像机”“微讲台微课程制作系统”以及 Snagit 或 CyberLink，YouCam 等。该方式可以对电脑屏幕上的 PPT、Word、几何画板、Prezi 等文档进行实时录制。

该录制方式具有下列优势：录制微课较快捷方便，在个人电脑或平板电脑上即可实现；屏幕录制简单易学，并且能够和常用的软件 PPT 紧密结合在一起，如安装 Camtasia Studio 后，可以在 PPT“加载项”面板中找到一组录制和设置按钮，点击录制按钮即可开始录制屏幕及声音；所生成的 MP4 文件容量很小。只要配套的教学课件设计到位，该录制方式适用于所有课型。

【案例 1.4】二元一次方程(组)的概念(录屏软件＋PPT)

录制目的：概念课，认识二元一次方程(组)。

展示时机：新授课前的自主学习。

录制方式所体现的优势：PPT 已是大部分教师都能熟练运用的软件，只要备好课，按照 PPT 一页一页地讲解，基本都没有问题，操作简单，另外加上其自带的手写功能，可以实现边讲解边标记的效果(图 1-2-4)。

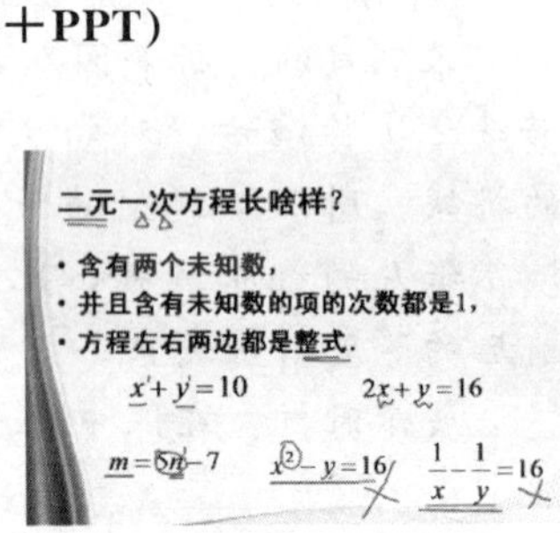

图 1-2-4

【案例 1.5】多边形巩固练习(录屏软件+Word)

录制目的：复习课，以练习的讲解帮助学习者及时拾缺补漏。

展示时机：多边形单元新课结束后或本单元测试前，学生个性化自主学习。

录制方式所体现的优势：对习题的讲解可以做到很全面，题题不落，学生自己完成后再看微课，会有把老师请回家的感觉。这类习题集中讲解的课型建议结合 Word 进行录制，无须制作任何课件，利用录屏软件自带的手写笔，直接讲解，简单高效(图 1-2-5)。

图 1-2-5

【案例 1.6】函数图像的平移与函数解析式的关系(录屏软件+几何画板)

录制目的：专题课，整理出学生不大擅长的内容形成专题，录成微课并保存，形成系列，供学生随时查看复习。

展示时机：课前预习，课中学习，课后巩固复习都可以。

录制方式所体现的优势：利用了强大的数学软件——几何画板，很好地呈现教学内容，突破教学重难点。此种录制方式在数学教学中最为实用常见(图 1-2-6)。

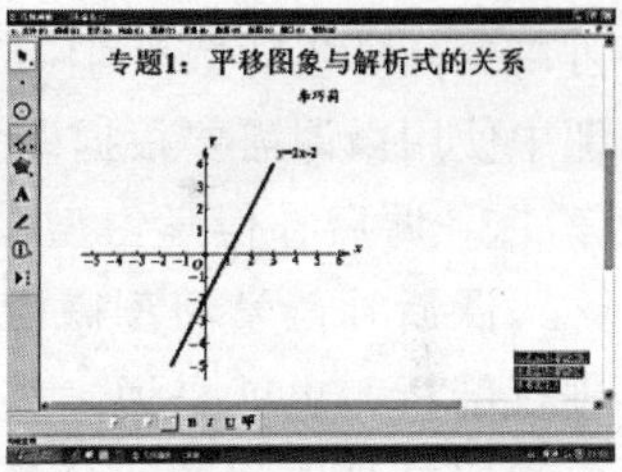

图 1-2-6

可汗学院模式，实际上也属于屏幕录制，只是在录制过程中借助了手写板、画图工具等对教学过程进行讲解演示，因而能更好把握教学节奏，更具有现场感。

随着技术的发展，一些公司开发了数码笔等摄录设备，在笔尖内嵌摄录设备直接录制笔迹的书写过程，实现了所写即所得，十分方便。

【案例 1.7】二次根式的化简(录屏软件+PPT+数位板)

录制目的：复习课，将二次根式化简的法则以及易错点通过手写讲解的方式呈现出来，供学困生自由学习以及学优生查漏补缺。

展示时机：课前预习、课后补偿学习都可以。

录制方式所体现的优势：将数位板连接到电脑中，在空白 PPT 中直接书写并且同步讲解，模仿一对一的情境，更具有现场感(图 1-2-7)。

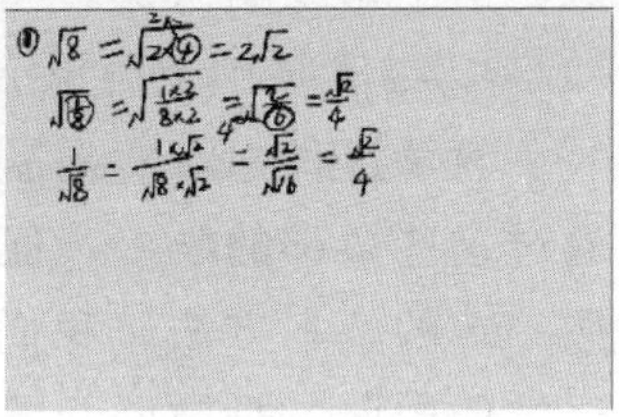

图 1-2-7

三、基于使用场合的微课类型分析

本书后续所说微课，主要是指学生数学学习用微课。根据这类微课的学生使用时间，可以分为以下三类。

1. 课前自主学习型微课

课前自主学习型微课的主要目的在于引导学生课前自主学习，这是现在微课使用最广泛的一种形式。一般地，学生在一定任务单的引导下，对新知识进行自主学习，遇到学习困难时，再查阅教科书或者观看微课。这样，学生在课前已经完成了新知识的学习，课堂上的重心是了解学生的学习情况，并通过师生的交流，促进知识的理解与深化，实现课堂的翻转。也就是说，课前自主学习型微课，是翻转课堂的一个重要的学习资源。

2. 课堂同步观看型微课

课堂同步观看型微课主要是技能的传授模仿及耗时费力、传统教学不方便呈现的探究过程及实验操作演示的微课，目的在于使教学更直观、形象，以达到课堂实效、高效。微课最大的优点就是动态性和趣味性，在课堂上使用微课，可以提高学生对数学学习的兴趣。当然微课使用的主要目的是提高课堂效率，课中使用微课需要根据课堂的实际情况，恰当地选择学习内容和学习时机。

3. 课后补偿学习型微课

课后补偿学习型微课主要对学习中的难点、重点、易错点、典型问题等进行剖析，也就是说，其作用在于释疑解惑。课后使用的微课的另外一个重要运用是具体问题的分析。例如，学习测试之后，教师一般都会对学生的作答情况进行分析，并选择一些公共的错误问题在课堂上进行交流。但学生是有差异的，教师可以将这些题目的分析与解答过程拍成微视频，让学生课后根据自己的测试情况选择性地学习，从而可以提高学习的针对性。

四、基于目标功能的微课类型分析

按照需要达成的目标，微课还可以分为夯实基础类微课、综合运用类微课、引申拓展类微课。

1. 夯实基础类微课

教学过程中，常常需要开发一些针对所有学生的基础知识类微课，希望通过这些微课的学习，促进学生掌握一些基础知识，形成一些基本技能，掌握一定的基本方法。我们姑且将达成这一目标的微课称为夯实基础类微课。这样的微课，是微课开发的主体。

(1)同步知识解析的微课。

以教材同步的基本知识点为出发点，精讲内容、归纳重点、突破难点，如概念讲解、定理探究、定理运用、题型精讲、技能传授等。

【案例 1.8】认识二元一次方程(组)

可用于新授课前的个性化自主学习。主要有概念的形成、定义、辨析。

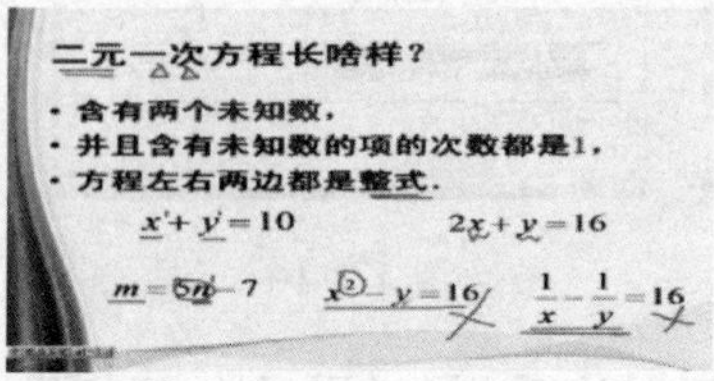

图 1-2-8

(2)常见问题解析的微课。

教师针对学生作业或练习中出现的问题设计微课，重点是对学生数学学习中易错、易混问题等矫正策略的讲解，可用于课后自主学习。

【案例 1.9】解分式方程的易错点

解分式方程的易错点讲解如图 1-2-9，可用于课后自主学习。

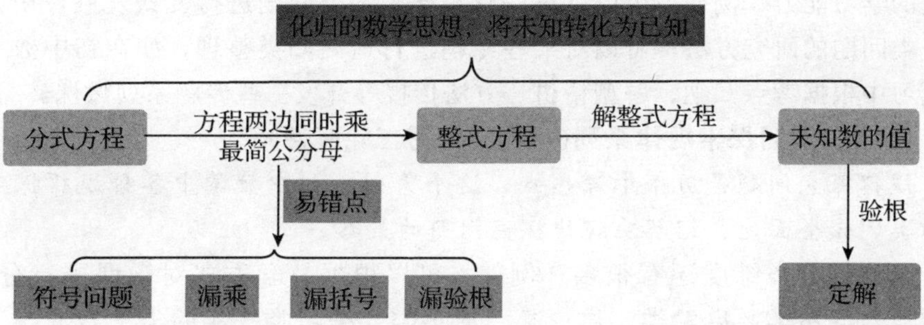

图 1-2-9

2. 综合运用类微课

综合运用类微课主要包括知识的综合运用、学习策略、方法、技能等的精讲。例如，同步教学单元综合复习系列微课、专题微课(方法与技巧的传授、数学思想方法渗透等“隐性知识”和“默会知识”的传授等)。

【案例 1.10】图形变换系列(可用于中考专题复习)

图形变换是近年中考热点问题，此系列由轴对称、平移、旋转三部分构成，通过对图形的三种全等变换的集中展示讲解，让学生掌握解决图形变换问题的方法及其蕴含的数学思想。

【案例 1.11】动态系列——动中求静，悟变中之不变(可用于中考专题复习)

此系列实质是图形变换系列的综合运用、能力提升。这里将三种全等变换(平移、轴对称、旋转)放在一起作为专题展示给学生，希望能让学生从动静互化的角度去感受三种图形变换(图 1-2-10)。

图 1-2-10

【案例 1.12】数学思想方法系列(可用于中考专题复习)

几种最常见的数学思想：数形结合、分类讨论、整体思想。通过此系列讲解，提升学生数学综合解题能力和数学综合素养。易于实现“隐性知识”“默会知识”等高阶思维能力的学习并实现教学观念、技能、风格的模仿、迁移和提升，从而迅速提升教师的课堂教学水平，促进教师的专业成长，提高学生学业水平。

3. 引申拓展类微课

可以开发一些引申拓展类微课，以提升学生对学科知识的理解水平，发展学生的学习能力。例如，可以针对课堂教学中某类问题进行变式发展，拓展到这一类问题的研究方法；可以对某些专题进行适当归类整理，如在初中数学中考复习中根据考点归纳、题型精讲、方法传授等开发一些专题系列微课。

【案例 1.13】探索规律系列(可用于中考二轮复习)

规律探究问题是历年中考热点，这个系列将初中数学中各种规律探究问题归类，较全面地介绍解决规律探究问题的策略。

微课的分类维度还有很多。例如，可以根据教学方式对微课进行分类：讲授类、问答类、启发类、讨论类、演示类、练习类、实验类、表演类、自主学习类、合作学习类、探究学习类。一般而言，教学方式更多的是服务于教学内容的，因此，本书不选择这样的分类方法。另外，同一个微课，按照不同的维度可以分成不同的类型，为了行文方便，全书展开时，只能选择某一种分类方式。考虑到本书聚焦于初中数学微课开发，因此，我们首先根据使用场合进行分类。当然在具体场合下，还会根据具体内容的特征进行分类，如对于课前自主学习型微课，我们又按照概念学习、命题学习、问题解决、结构建构进行了二次分类，因此，就有了第二章的各小节。

·第三节　微课设计——问题与对策

国外，近年来着重开展了基于网络的微课资源建设。最成功的案例是可汗学院，可汗学院的成功经验，使得世人看到了微课应用的广阔前景，为此，微课成为研究与实践的热点。2012 年，由 Coursera、Udacity、edX 三大课程提供商兴起的大规模在线教育(Massive Open Online Course，MOOC，常译作慕课)在美国取得了空前成功，这给更多学生提供了系统学习的可能。在这些慕课平台上，教师可以按照自己的理念建立相应的课程，并在平台上共享，从而极大地丰富了网络课程。

近年来，国内一些高校学者和一线实践者也开始了微课的研究与实施。例如，广东省于2010年建设了“广东省名师网络课堂”，以15 min以内的微视频为主，完整课例为辅，解析课程理念与教学重难点。广东省佛山市教育局胡铁生老师对“微型教学视频课例”进行了较为深入的研究，2011年起，佛山市开通了中小学优秀微课作品展播平台。李玉平老师带领一线教师设计了不少“微课程”案例，并对不同类型微课的课程结构、评价标准、设计策略、开发步骤进行了定义。2012年年底，首届全国高校微课教学比赛拉开帷幕。2013年，清华大学、北京大学相继宣布加入edX项目。华东师范大学在2013年也筹建了慕课中心，并建立了C20慕课联盟，并举办多届教师微课大赛。各省市主管部门也相继启动微课大赛，一些学校已经设计了大量的微课，并放到网络平台供学生自主学习。应该说，微课实践研究的态势喜人。

但是，纵观国内外的研究，微课研究和实践中还存在一些问题，为此需要找出问题，寻求对策。

一、微课设计中存在的问题

1. 选题偏大，不够聚焦

很多微课，选题偏大偏泛，没能聚焦于某个具体的教学重难点，因此，在几分钟的微课视频中，为了将所有内容都讲到，只能泛泛而谈，无法深入。知识密度高，但是忽视了通过在微课的前、中、后三个阶段提出系列问题引导学生深度思考，使学习者的学习只停留在知晓的肤浅层面。①

2. 零散设计，未成体系碎片化

多数微课，还是零散的、碎片化的，没有系统的顶层设计。由于微课实施初期，缺少适当的赢利模式，因此，公司运作还较为欠缺。现在多数微课尚处于散兵游勇状态，多通过征集、比赛等活动实施，因而，多数微课只是一个个碎片化的零散的微视频，或者是这些微视频组成的一个松散的并集，缺乏知识的完整性和系统性。从2014年开始，才有部分学校和组织开始了系统化微课设计的尝试。不能否认，知识碎片化只是适应学生自主学习环境的变化需求，但这并不是学校教学的需求，更不是知识本质的需求，可以说这种碎片化是人“有意为之”的碎片化。如果这样的碎片化资源没有系统的架构，就很

① 郑小军，张霞：《微课的浅阅读趋向及其对策探讨》，载《中小学信息技术教育》，2013(12)：67～69.

难成为系统的课程资源，也无法满足学生系统学习的需求，甚至和知识学习目标也存在较大的冲突(知识本身是追求关联性、完备性和系统性的)，这可能是在微课实践中提出“系列微课”“微课平台”等系列平台资源的潜在原因。

3. 讲解偏多，过程欠缺

因为时长的限制，微课在设计时会将许多过程性的东西直接跳过，如学生思考的过程、板书的过程、图形形成的过程，甚至知识形成的过程等，造成了过程性的欠缺。多数微课，是单向连续播放的微视频，而没有从学生个性化学习的角度进行资源的整体设计，这也是很多人诟病的：基于微课的学生学习，观看者只是简单的“观看—接受”，缺乏观看者与视频之间的互动，不利于学生的发现学习，对学生能力的发展不利；多数微课缺乏相应的学习检测体系，无法及时了解学生的学习反馈。总之，多数微课忽视过程，缺少学习者与视频的互动。

4. 追求感官效果，学科内涵欠缺

由于各种原因，一线教师制作的微课多是零散的，难能成为体系。因此，现在出现了一些公司化制作的微课，希望通过全覆盖的资源，提高微课的使用率。但是，部分公司化制作的微课，强调通过呈现方式吸引学生的注意力，注重微课的可视化、动态化、趣味性等效果。这样的设计，固然能够较好地吸引学生，但由于很多公司化的设计人员并非从事一线教学的专业工作者或者说专业水准尚有较大的提升空间，因而，这些微课的学科性尚有很大的提升空间，实际教学效果也不理想。

5. 具有一定技术要求，教师畏难心理重

作为一门新技术，特别是刚刚引入教育界几年的新技术，制作微课必然对一线教师提出了新的挑战。教师不断面对这样新的技术要求，难免不胜其烦，况且尚未形成系统化的资源平台，初始阶段网络资源又确实有限，一线教师很难从网络中获取优质的资源，因此，一线教师在初始阶段更多的是自我开发，奉献资源，这自然增加了一线教师的工作量。况且很多评比活动更多的只是关注美观化等要求，甚至一些评比活动对微课课件制作还提出了配色、动画效果、字号等多方面的要求。而一些一线教师，不仅缺乏动画制作的能力，甚至连简单的 PPT 设计都很欠缺，这无形中加大了一线教师微课制作的难度，也加重了一线教师的畏难心理。于是，出现了这样一种境况，能进行微课设计的优秀教师不一定是微课制作技术一流的教师，技术一流的教师又不见得能进行优秀的教学设计，因此，评比活动中优秀的微课常常是技术团队与设计团队合作的产物，这显然大大提升了微课制作的技术难度，甚至将微课制作变成了高大上的任务，自然就逐步远离了一线教师的视野。

二、微课设计的原则

1. 微型化原则

微课一般不要超过 10 min，以 5～8 min 最佳。视频简短不但有利于师生集中注意力，而且还能方便师生利用零碎时间进行学习。视频容量应尽量小一些，从而便于师生流畅地在线观看，也便于师生快速地将其下载到笔记本电脑、手机、MP4 等设备上进行移动学习，实现处处可学、时时可学的目的。

2. 系统化原则

为避免微课学习的碎片化，在制作初期就要开始进行顶层设计，知识点间是如何关联的，知识点处于整个知识体系中的哪一个层面等都要进行设计。只有这样，才能将每一个微课联系在一张知识网中，在学生学习时才能做到“心中有数”。在注重对单个知识点的微课开发的同时，更注重对某个学科系列化、专题式、结构化、完整性的微课建设，鼓励教师根据自己的教学风格和教学特色开发相对完整的、系列化专题式的微课。只有这样，才能使学生既能基于知识点“针对性、查缺补漏”式学习，也能选择某些学科专题开展连贯性、完整性的建构式微课学习，而不至于获得的只是零散杂乱的、不成体系的知识，这是当前我国微课建设的重要发展方向。①

同时要注重微课开发的团队协作开发，提高微课(特别是专题化系列化微课)的建设水平与开发效率，避免教师个人或学校闭门造车、各自为阵、低水平重复建设现象。

3. 主体性原则

新课程标准特别强调学生的主体地位，因此，我们的教学设计必须以学生为中心，突出学生的主体地位。我们的教学设计，首先考虑到的是学生，不同层次的学生对学习内容的要求是不同的，所以在设计教学内容时，既要考虑到学优生，还要考虑到中等生和学困生，不能出现“有的学生吃不饱，而有的学生吃不了的状况”。② 针对学生的个体差异，明确每一段微课的教学内容，要有针对性、目的性，方便学生自主选择学习内容进行片段式的学习，真正做到“因材施教”。其次，微课的设计重心应该是要抓教学的关键点，在短时间内高度集中学生的注意力，同时注意语言简练、准确、自然。比如在人称的选择上，不要用“同学们”“你们”等，最好用“你”，不要用“我们”，最好用“咱们”，如此会让学生感到亲切、自然，就像是在和老师面对面、一对一地交流。

4. 实效性原则

微课制作，必须抓住“实效”这个关键词。实效即实际的功效。落实到教

---

① 郑小军，张霞：《微课的浅阅读趋向及其对策探讨》，载《中小学信息技术教育》，2013(12)：67～69.

② 王红旗：《优化学生练习设计的几条原则》，载《小学教学参考》，2011(29)：64.

学上，就是对用户也就是学习者而言是“所需”“有用”“有效”的。既要是学习者需要的知识，这是前提；又要是有用的，这是核心；最后，用过之后还要是有效果的，这是终极意义。要达到这三点要求，需要从以下两个方面入手。选题，即选择的制作内容；形式，即呈现的方式。

5. 直观性原则

在微课中，视觉信息涉及两个层面的内容：一是教学内容的可视化处理，这与教学设计有关；二是画面的艺术性处理，与拍摄、制作水平有关。在教学内容的处理上，微课的主要任务是把教学信息尽量可视化。视频的优势并非是传递抽象的文字信息，而是传递具体、直观的图形、图像信息，特别是连续的、动态的图像信息。因此，把原先相对抽象的教学内容转换成具有较强可视性的画面信息，是微课设计中的关键技巧。

三、微课设计的具体策略

1. 系统设计，避免碎片化

微课，如果仅仅满足于便捷的资源，而没有系统的课程资源架构，学习者就不易检索，同时也无法识别良莠不齐的视频资源。系统而优质的微课资源，是微课运用和推进良性循环的基础。因此，微课研究亟须进行顶层设计，研究微课的资源框架，尽快遴选优质资源，形成系统而优质的微课资源。为此，可以仔细分析初中阶段数学学习的具体内容，形成初中数学的知识地图，进而根据其中的具体知识点设计系统的微课。

当然，如能将系统设计的微课，放到个性化学习平台中，自然可以更好地促进学生自主学习、个性化学习。这样的平台上，不仅仅有呈现丰富的微课，还应有学科知识的整体架构图，有学习者之间、学习者与平台之间、学习者与教师之间的互动交流。学习者在平台上可以很方便地了解自己的学习进程、学习状况，很方便地选择后续的学习主题，很方便地寻求他人的帮助。

此外，还可以结合教学实际，选择一些相近的内容，设计出围绕某个专题的系列微课，便于学生整体学习。

【案例 1.14】探索规律系列微课之四：循环规律

本节微课隶属于专题微课“探索规律”，为了让学生有一个全局的认识，制作课件时不妨在封面的标题位置注明，比如“系列微课之四”，同时设置一个目录页将专题的全部内容和本节微课的内容集体呈现(图 1-3-1)。这也是避免碎片化的常见方式之一。

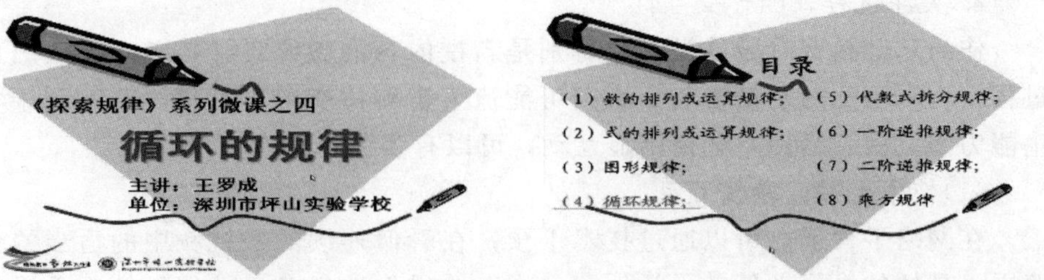

图 1-3-1

即使是单独一个微课，也要注意在微课中进行适度的总结，解决每一个知识点讲解本身的碎片化问题。

【案例 1.15】旋转中的不变

本节微课从一个典型图形入手，通过各种变式教学让学生体会旋转变化中“不变”的关系，然后在微课设计的最后一页(图 1-3-2)将整堂课知识脉络呈现出来，避免碎片化。

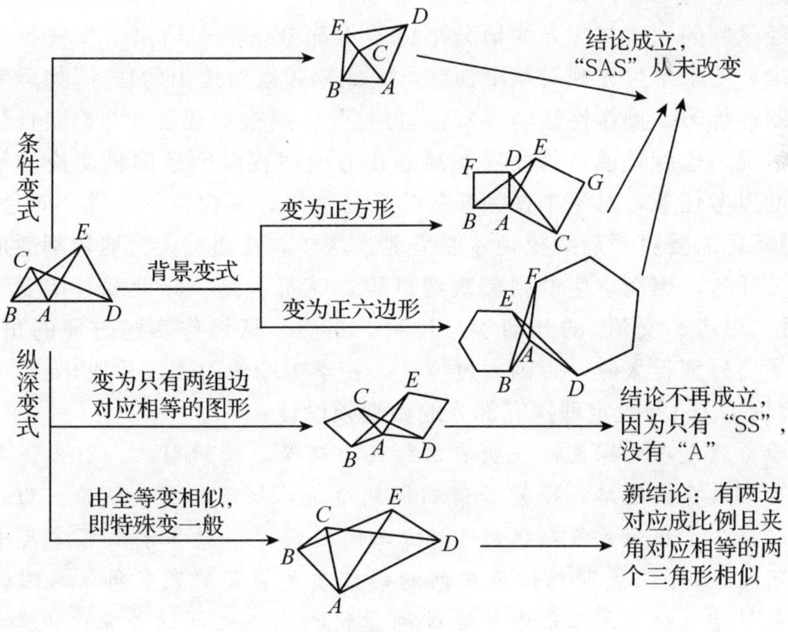

图 1-3-2

2. 关注过程，凸显交互性[①]

作为基础教育阶段的微课，特别是新授内容的微课设计，务必设法凸显过程，力求学生的互动参与，否则可能流于讲解接受的学习模式，不利于学生能力的发展。当然，如何凸显互动，可以有多种方式。

(1)技术干预，落实互动。

在网络平台下，可以通过技术干预，在看似连续的微视频中的适当的位置嵌入具体的操作性任务，学生在完成有关操作性任务后才能继续观看后续的视频。这样，通过具体的任务设计，很好地落实了学生与设计者、学生与视频的互动，学生的学习过程将是“视频观看—思考实践”的多次循环。

这样的任务，可以是具体的操作性活动，也可以是某些思考性问题，还可以是嵌入网络系统中的练习反馈题等。学生任务完成的状况还可以及时反馈给师生，并成为后续教与学的重要依据。

(2)分解录制，逼迫互动。

没有强大的网络平台支持时，我们也可以人为干预，通过分解录制等方式，逼迫学生互动。例如，根据学生学习的活动过程，分解录制相关视频或者将已经录制的完整视频人为地分割成若干部分，然后给出学生视频使用的明确要求，要求学生先观看某个视频，完成视频最后提出的任务(如思考性问题、检测性练习、操作性活动等)后，再打开后续视频观看，并检验自己的任务完成情况。也就是说，每段视频都是在对前述视频问题解析交流的基础上提出新的思考任务，对于本视频任务的活动结果，本视频不提供，而是“且听下回分解”，需要打开后续视频才能呈现。这样，就通过人为地切割逼迫学生完成相关任务。因而学生的视频观看过程，就不再是一味地观看接受了，而是“观看、思考、交流”的互动学习过程。当然，从操作实施方便的角度看，视频也不要分解得太碎，否则太过凌乱，使学生的学习太过片段化。

【案例 1.16】勾股定理探究部分的微视频设计

对于勾股定理的探究，一般有这样几个环节，情境引入，引出课题，明确任务后形成探究思路，探究并猜测得到结论，验证并明确结论。为此，可以设计这样几个视频片段：视频 1，出示问题情境，引导学生思考其中蕴含的数学问题；视频 2，明确情境中问题的本质是需要研究直角三角形的三边关系，引导学生画直角三角形并通过测量猜测三边之间的关系；视频 3，明确刚才活动的猜测结果，引导学生思考如何表示三边的平方，形成关于勾股定理的典型图形，引导学生设法验证三个面积的关系；视频 4，呈现不同的

① 章飞，袁虹：《微视频中促进师生互动的若干策略》，载《中学数学教学参考：中旬》，2015(7)：43～45.

验证方法，明确勾股定理。

(3)学案引领，引导互动。

微课，一般会与教材、学案(学习任务单)配合使用。

学生的学习，需要相应的课程资源。教科书是最为经典的课程资源，但教科书具有与生俱来的缺点：静态的，常常是结果性的，较难展开火热的思考过程或者说学生未必能从中感受到火热的思考过程，这就是教师要对教材进行二次加工的原因。微课则可以动态地呈现一些精彩的过程，弥补了教科书的不足，但设计好的微课，更多的还是结果的呈现，因此，需要设计一定的任务单，在任务单中明确如何使用教科书和微视频。实际上，如今使用微视频进行教学改革的成功实践案例，基本都是在学案导引下引导学生充分利用教科书和微课这些学习资源进行学习的。因此，可以在学案中明确教科书和微课使用的程序与方法，要求学生在使用微课时逐步完成相关活动，从而改变单一的视频观看的现状。

【案例 1.17】“平方差公式的探究与认识”的学案

【学习目标】略

【学习过程】

一、复习回顾

学习了整式乘法，我们再做几个，看谁做得又好又快！

①$(x+2)(x-2)=$________；　　②$(1+3a)(1-3a)=$________；

③$(x+5y)(x-5y)=$________；　　④$(y+3z)(y-3z)=$________。

二、探究公式

反思·交流

1. 相信大家已经感受到，上面 4 道小题的结果颇有特点。

结果有什么特点？没有无缘无故的“好事”，每道题左边的两个式子肯定也有一些特殊的地方。特殊在哪里呢？

相信你已经有所发现，用自己的语言叙述你的发现：____________。

尝试用符号表示这样的规律：________________。

2. 尝试推导这个公式，并与同伴交流。

(观看微视频前 2 分钟，再次检验你刚才的学习。)

三、认识公式

1. 公式中的 a 换成其他字母，这个公式还成立吗？换成数字 4 呢？

公式中的 b，换成 $5x$，公式还成立吗？你认为如何认识公式中的这两个字母 a 和 b？

2. 写两个符合公式特征的算式，与同桌交流。

（观看微视频 $2'\sim2'30''$，说说你对公式中字母的认识。）

四、运用公式

例题·示范

例　利用平方差公式计算。

(1)$(5+6x)(5-6x)$；(2)$(x-2y)(x+2y)$；(3)$(-m+n)(-m-n)$。

解：(1)原式 $=5^2-(6x)^2$ $=25-36x^2$　(2)原式 $=x^2-(2y)^2$ $=x^2-4y^2$　(3)原式 $=(-m)^2-n^2$ $=m^2-n^2$

先自己做一做，然后查看微视频中 $2'30''\sim2'40''$，检查自己的解答。如果出错了，把出错的地方勾出来并思考出错的原因。

反思·交流

1. 利用公式进行运算的解题步骤是什么？

2. 利用公式进行运算时要注意些什么？关键是什么？

（观看微视频 $2'40''\sim3'30''$，说明公式运用的步骤和注意事项。）

运用·巩固

1. 计算（套用公式）（略）。

2. 计算（变用公式）（略）。

3. 在运用公式中，有些式子好像不那么“规范”，你有哪些经验？

（观看微视频 $3'30''\sim5'20''$，检验你的认识，特别注意，对于那些不“规范”的式子，是如何处理的。）

五、自主反馈

计算下列各题（题目略）。

（先在学案上完成这些题目，然后打开微课平台，填写各题的答案。）

(4)语言引导，提醒互动。

在微视频中需要学生从事相关任务（操作性活动、问题思考或练习反馈等）时，通过语言、屏幕特征等，提醒学生暂停视频播放，先完成相应的任务，完成任务后再观看视频进行任务结果的比对、交流等。例如，在微视频中例题呈现的界面上可以给出一个特征明显的暂停符号，同时用适当的语言提醒学生先按暂停键然后观看视频。图 1-3-3 就是微视频中的一个截屏图片，其中醒目的符号并配以解说语言“我们看一下例 2，注意按暂停键，先自己做一做再对照答案哟”，很明确地提醒学生暂停播放，先行思考。

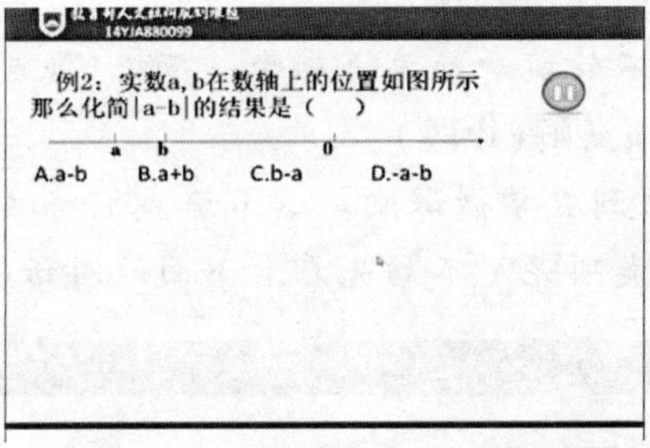

图 1-3-3

(5)对话交流，感受互动。

不管是否采用上述技术手段促进学生学习过程中的思考与互动，微视频设计中都应遵循问题引导、交互对话、变化起伏等几个原则。单纯的讲授，难免使学生感觉枯燥，为此可以通过问题引导，将学生带入问题的思考过程中；单纯地听，难免使学生感到厌倦，为此可以采用交互对话的方式，让学生切实感受到视频中教师与自己的对话互动。设计者可以想象着面前就坐着一个学生，采用对话的方式进行交流，并注意适当穿插激励性语言，这样，让学习者感受到老师就在视频里与自己交流。当然，为了达到较好的效果，还应注意：避免抽象的语言，尽可能口语化，做到通俗易懂；要根据视频情况，控制好语言的节奏，给学生留下思考的空间；语言力求幽默、有趣、灵活多样，甚至可以借鉴一下相应年龄段儿童的语言，适当的网络语言也可以添彩不少；声音应尽可能富有磁性和厚度，以更好地吸引和感染学生；适当地通过语音、语调、语速、语气的变化，音视频效果的变化以激发学生的兴趣，如可以设计不同人物的对话，也可以设计成师生对话的形式，甚至可以设计成卡通对话的形式，通过夸张的语言进行交流，即使是教师一个人进行解析，也应注意通过音调、语速等的变化，以形成不同的音频效果。下面是我们指导老师设计的微视频中的几个片段，以供赏析。

【案例 1.18】“欢迎你进入微课堂学习，本节课我们主要复习三角函数的有关概念。提到锐角三角函数，你还能回忆出有关的概念吗?”(稍停顿)“对，我们学过正切、正弦、余弦 3 种三角函数”“那么，它们是怎么定义的呢?”(稍停顿后就图说明)“如图……”。

【案例 1.19】“你好，喜欢全等三角形吗？你是不是因为全等三角形变得更喜欢数学了呢?”(稍停顿)“今天我们就从全等三角形的概念和性质进行复习，那么什么是全等三角形呢?”(稍停顿)“对，……(就图说明)”“全等三角形，除了见过这种位置之外，你们还见过哪些其他位置呢?”(稍停顿)“对，你们一定见过这样、那样的图形(边说边指着 PPT 上的几个图形解说)。”“这些图形是怎么变过来的呢?”(稍停顿)“相信聪明的你，已经发现了这些图形之间的变化关系了。”“我们不妨观看动画再感受一下吧!”(点击相应的动画过程)

【案例 1.20】同类项又解(片段)

师：你好！欢迎来到数学微课堂，这节课我们将共同学习同类项。(点击换页)那么，什么是同类项呢？不妨先看看下面的对话(图 1-3-4)。

图 1-3-4

小明(卡通配音)：小颖，给我带份早点。2 根油条，3 个烧饼。

小华(卡通配音)：我也要！3 根油条，2 个烧饼。

小颖(卡通配音)：老板，我先来 2 根油条，1 个烧饼，再来 2 根油条，3 个烧饼，还要 3 根油条，2 个烧饼。

卡通人(配音，不耐烦地)：天哪，你这到底要几根油条，几个烧饼啊？(点击换页)

小明(卡通配音)：小颖，我们要的 2 根油条，2 根油条，3 根油条，不都是油条吗?！也就是同类，同类直接合并就可以了。

师：同学，看完上述对话，你明白什么是同类项了吗？(点出标题，认识同类项)

总之，设计者要有对话交流的意识，要有促进学生主体参与的意识，要时时想到屏幕前面坐着的是你的学生，是年轻的朋友，应尽可能用对方喜欢的语言风格与他进行交流。相信有了这个对话交流的意识，一定可以制作出学生喜爱的高水平的微课。

3. 协调一致，确保同步性

微课中师生交流时，务必做到信息的同步传达，实现教师的讲授(外在的声音)与画面效果同步传达，使得学生所听即所见，所见即所想。例如，教师在解析具体问题时，可以用指针在画面上同步做出相应的批画，为了突出效果，还可以将重点信息通过适当的方式突出显示，如适当增大亮度、放大显示、改变颜色等。

【案例 1.21】整式的求值

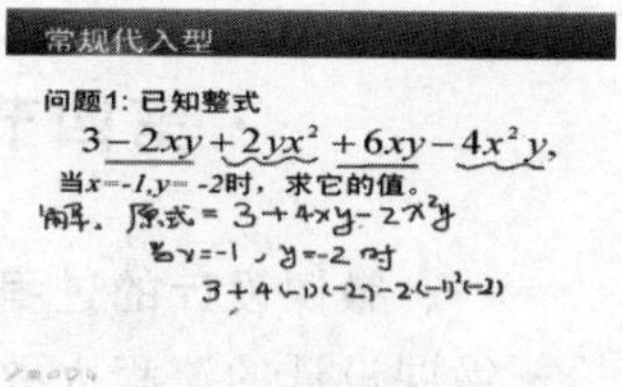

图 1-3-5

这节课的内容是展示整式求值的几种常见方法，对于一些可以先进行合并的多项式，需要先合并，而在讲解合并的过程中，利用 PPT 自带的指针进行批画是必要的，这样做直观、省力、效率高(图 1-3-5)。

4. 追求艺术，注重实效性

视频，相对其他学习资源，可以更多地调用学生的多种感官(特别是眼、耳)参与学习过程，因此，微课设计中，应充分运用这一特点，借助图像和声音效果提高学生学习的主体参与度，从而提升学习效果。例如，可以采用 PPT 中的动作效果或者设计一些动画，形成一定的动感，吸引学生的注意力，同时更好地剖析过程；通过一些技巧，对一些重要的内容给予更多的关注，给学生更为明确而强烈的刺激，如放大字体、改变字号、改变颜色、飞入飞出效果等。

另外，视频画面的美感也有助于提高学习效果，因此，应借鉴艺术设计中的合理要素进行设计，注意关注画面的视觉美感，如注意界面中色彩的搭配、图文的搭配，控制版面中文字的量，适度留白。

作为学生系列学习的微课，建议风格适当统一。例如，可以统一各级标题的字体、字号等。下面是某微课设计团队给出的具体建议，以供参考：字体搭配上，有微软雅黑(标题)＋宋体(正文)，黑体(标题)＋楷体(正文)，切记不乱用艺术字；标题字号是 44 号，一级文本 32 号，二级文本 28 号，最好不要有三级文本。

5. 精心准备，力求流畅性

与日常教学设计一样，微课设计，同样要求精心准备，充分预设。精心准备，充分预设，可以保证微课的条理更为清晰，使得教师更为熟悉微课中的各个环节，一气呵成地完成微课拍摄，确保微课的流畅性。

为此，在微课录制前，建议：将微课具体环节在头脑中仔细过一遍(必要时借助纸笔进行记忆)，确保熟悉微课设计的各个环节和细节性处理方式；适度进行情感准备，设想电脑前充满着渴望的学生，采用对话方式进行一定的预演，进而调整自己的情绪，顺利进入“对话”状态。

当然，为了更为精准地了解微课拍摄后的效果，也为了便于进行同行交流与研讨，可以设计出具体的微课脚本，并通过适当的文本描述在拍摄前让他人和自己就能初步了解微课拍摄的预期效果，这样可以将微课质量的监控环节适度前移。具体脚本设计要求及案例参见第四节。

·第四节　微课设计——方法与技巧

一、微课设计的过程分析

微课设计的流程大致如图 1-4-1 所示。

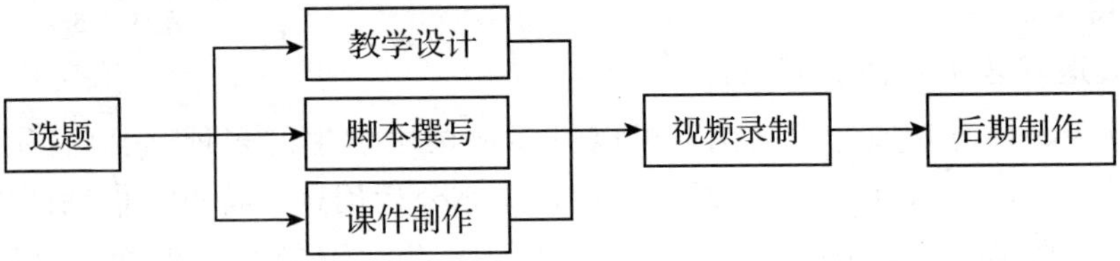

图 1-4-1

教学设计、脚本撰写、课件制作三者常常相互交融在一起，一般在大致有了教学设计后，在脚本撰写和课件制作的过程中，随着思考的深入，反过来又会对原有的设计进行适当地修改与完善。

微课的教学设计，除了遵循数学教学设计的自身规律外，还应充分考虑到微课的“微”“短”“精”等特点，因此，应注意内容尽可能聚焦，结构尽可能简洁，语言尽可能精炼等。例如，切入课题要迅速，微课中常见的切入方式有：①设置一个题目引入课题；②从以前的基本内容引入课题；③从生活现象、实际问题引入课题；④开门见山进入课题；⑤设置一个疑问、悬念等进入课题。结尾要快捷，好的微课小结可以起到画龙点睛的作用，可以加深学生对所学内容的印象，减轻学生的记忆负担。微课小结不在于长而在于精，力求言简意赅，突出揭示知识要点或者问题解决中所蕴含的思想方法。微课讲解要条理清晰，重点突出，难点解析精准，语言简练并力求生动形象。讲解时应尽量做到：口语化；不照本宣科；不将 PPT 当演讲稿；语调抑扬顿挫，有节奏感；头像视频时，要适当看镜头，与观众有眼神交流。

二、微课的选题

微课的选题，是微课制作关键的一环。选题时，需要关注内容本身的针对性、内容呈现方式的有效性以及微课学习对象的适切性等。

1. 内容聚焦教学的重点、难点、疑点与生长点

在每章节数学课中，都有一些需要着重解决的问题，如概念的形成、命题(公式、定理)的推导和应用、问题解决的策略等，这些教学的重点自然也成为各类考试的热点。选择教学重点制作微课，可以满足多数学生的学习需求。例如，袁虹老师的微课“再探全等三角形”，内容是全等三角形的判定定理及定理的运用，关联到整个初中几何问题的热点，微课中大量使用了各种

全等变换的图形，帮助学生建立良好的图感，形成良好的几何直观印象，具有较高的使用价值。再如，袁虹名师工作室成员、广东省深圳市坪山实验学校郑王玮老师的微课“一元二次方程的综合解法”，其中列举了一元二次方程的不同特点，根据不同的方程特点选讲了恰当的方法。学生学习后，能够掌握根据方程的不同特点，迅速从四种解法中选择最合适的方法，使解题过程简单合理。

由于教学内容的深度、广度与学生的认知水平会有一定的差距，教学难点就产生了。一般情况下，抽象程度高、结构比较复杂、知识综合性较强，以及需要运用新的观点或思维方式来学习的内容为教学难点。教学难点，成为多数学生建构知识的障碍。另外，在学生学习过程中，会不断留下疑问之处，一是对教学内容本身尚未完全消化所引起的疑问；二是对教材本身虽然已经理解，但在学习知识的基础上产生了新的疑问。这些疑点，也成为学生成绩提升、形成完整知识体系的羁绊。因此，教师精选教学中的难点、疑点制作微课，可以很好地满足学生释疑解惑的需要。例如，数学中的分类是将零散的、个别的知识系统化和条理化，从而形成有关客观世界概念的过程。分类既是一种思想，又是自然科学及社会科学研究中的基本逻辑方法，涉及的题目容易出错，一般情况难度也比较大。袁虹老师的微课“数学思想之分类思想”，根据数学本质属性的相同点和不同点，把数学的研究对象区分为不同种类。微课通过“化繁为简，化难为易，分而治之”有效地解决了这个难点，使学生学会对客观事物进行分析、综合、比较，发现事物之间的联系与区别，并抽象、概括出事物的一般特点与本质属性。总之，分类能力的发展对于同学们将来理解、接受和掌握系统化的知识，形成科学、严谨的思维方式有很大益处。袁虹名师工作室团队集体设计的系列微课“探索规律系列微课”，通过不同题目形式上的特征，帮助学生归纳出一些本质的规律，让学生进一步体验数学活动，学会探索与创造，学会解决规律问题，形成一些基本策略，发展了学生的实践能力和创造能力，有效地突破了探索规律这个难点问题。

优秀的教师，常常会跳出教科书的具体内容，在教学过程中通过挖掘知识联系、问题拓展提升等方式，创造性地开发一些新的教学资源，提升学生的知识理解水平和学习能力，不妨将这些称为“生长点”。例如，数学学习中不同章节的学习内容之间蕴含着丰富的联系，一些优秀教师通过挖掘相关知识之间的联系，引导学生从不同的角度认识学习对象，加强知识的联系，深化知识的理解。再如，一些优秀教师为了提升学生的问题解决能力，促进学生问题解决经验的积累，以典型例题为出发点，引导学生开展一题多解、一题多变、一法多用。一题多解，可以促进学生多角度地思考问题，发展学生的发散思维；一题多变，可以引导学生关注题目的引申、变化与发展，养成学生回顾反思的习惯和提出问题的能力；一法多用，揭示了不同问题之间的内在联系，提升学生的抽象概括水平。教学中，注意选用这些知识“生长点”设计微课，必然可以提高学生的学习能力。例如，南粤优秀教师、广东省深圳市坪山中学王启福老师的微课通过对一道经典题的多种解法进行分析，较好地展示了一题多解(证)、一题多变，给学习者留下了深刻的印象。

2. 素材便于多媒体表达

微课选材时，要注意关注其教学是否适合用多种媒体呈现，应尽可能选择适合借助丰富的图形图像、多姿的动画、声色兼有的视频进行学习的知识点来制作微课，突出微课的多媒体特征。

例如，前面提到的袁虹的微课“旋转中的不变”、袁虹名师工作室团队设计的图形变换系列微课“折叠系列”和“旋转系列”等，这些内容需要呈现图形变换的过程，适宜用微课可视化呈现，设计时也注意了图形、图像的大小、颜色与布局，设计出了视觉中心明显，观看悦目的画面。微课中，教师讲解的语音清晰、语速适中，合理地运用了音效，使学生注意力更集中，在重点知识的表达上，提高了信息传递效果。

3. 要求适合学习对象

学生的学习能力差异是客观存在的，因而，同一个数学知识点，在面对不同水平的学生设计微课时，选题的内容要有差异，以适应不同层次学生的学习要求。

例如，折叠问题题型多样，变化灵活，从考查学生空间想象能力与动手操作能力的实践操作题，到直接运用折叠相关性质的说理计算题，发展到基于折叠操作的综合题，甚至作为大型考试的压轴题，考查的着眼点日趋灵活，能力立意的意图日渐明显。这类问题对于识别和理解几何图形的能力、空间思维能力和综合解决问题的能力都提出了比以往更高的要求，设计微课帮助学生是必要的，但也应注意根据不同学习水平的学生有针对地进行微课设计。如前所提到的，袁虹名师工作室团队设计的图形变换系列“折叠系列”微课中，李巧莉老师的“认识折叠”、钟志强老师的“折叠问题初探”属于基础性知识，面向中等学生。而同样是折叠问题，李娟萍老师和衷诚老师设计的“二次折叠”以及冯绩老师设计的“矩形中的折叠”，则适合更高层次学生的学习。

三、微课的脚本撰写[①]

(一)微课脚本设计的必要性

微课的脚本，正如影视作品的剧本，是微课拍摄的依据。显然，要编制一个翔实的脚本，颇为费时，增加了设计者的工作量，而且最终录制时老师不一定完全按照脚本进行拍摄，常常会有很多生成性的临场发挥，因此，有人认为，微课的脚本是不必要的，它容易束缚设计者的手脚，不利于微课的多样化发展。但我们认为，正如电影的剧本，不能因为设计电影的剧本工作量大，我们就不设计剧本；不能因为最终拍摄时，影员会有自己的临场发挥，就事先不给出一个剧本作为拍摄的依据。因此，我们应抱着对电影剧本的态度看待微课的脚本，设计脚本。在拍摄之前精心设计脚本，一个好的脚本就是一节优秀课程的基础，基本可以预见微课的质量；真正拍摄时，可以在不违背基本设计的情况下，灵活生成，这样拍摄的微课才会更有激情，更具感染力。

脚本的撰写过程，是对教学设计的再次梳理和细化的过程。微课虽“微”，但它是课，而不是堆砌的材料，因此需要进行精心设计。脚本的撰写过程将对原先的设计做一个再次的梳理，同时，脚本设计过程对拍摄过程中的教师语言、媒体运用与效果等做了全面的预设和细化，对微课拍摄的细节做更多的预见和充分的准备，从而可以确保教学环节的科学、合理、环环相扣、层层深入，保证了将来微课的呈现形式恰当合理。这样充分的预设与准备，也可以节省后面拍摄微课的工作量，提高了拍摄的熟练程度。总之，把好的微课设计制作成主线清晰、目标明确、操作性强的脚本，它既方便设计者厘清授课思路，把握重点环节，也方便微课的拍摄，以及后期的编辑加工。

脚本撰写是微课开发者自身成长的一个重要环节。微课开发者在撰写脚本时，实际上已经进入了模拟的录制状态，对录制过程中要说的话、屏幕中将呈现的效果有了很精心地预设与准备，而且在这一过程中可能会有很多不同的选择，最终拍摄时又可能做一些微调。在这样的过程中，设计者实际上处于不断地判断与选择中，因而促进了自身的微课设计能力的提升。因此，从这个意义上说，脚本撰写是微课开发者自身成长的一个很好的机会。尤其建议那些作为新手的开发者撰写脚本。当然，随着微课设计的熟练程度的提高，可以逐步简化脚本，甚至可以不需要脚本而直接拍摄。

---

① 刘丹丹，章飞：《微课程脚本设计的意义与要求》，载《江苏第二师范学院学报(自然科学)》，2015(6)：67～70.

此外，脚本也是微课交流的很好的载体。在交流中(如杂志上)，不一定能完全利用微课的视频呈现你的设计，而脚本可以较好地体现你的设计思路和具体呈现效果，成为微课交流的很好的载体。

(二)微课程脚本设计的模板与要求

为了提高脚本撰写的质量，也为了交流的方便，一般应设计一个脚本撰写模板。当然，由于微课拍摄方式的多样(如外部视频工具拍摄，电脑屏幕录制、平板屏幕录制以及可汗学院模式等)，针对不同的拍摄方式，可以有不同的脚本模板。我们以基于 PPT 播放的屏幕录制方式的微课为例，设计了下面的脚本模板。

微课设计脚本模板

章节名称			微课名称	
教学环节 1				
序号	界面呈现	媒体效果	音频旁白	字幕呈现
1				
2				
…				
教学环节 2				
序号	界面呈现	媒体效果	音频旁白	字幕呈现
…				
…				
……				

“章节名称”和“微课名称”，这两个栏目是对微课内容的概括，也是观看者搜索微课资源的重要依据，因此，简洁明了、准确达意即可。微课，和一般的课堂一样，也可能分成几个教学环节，如情境导入、新知探究、练习巩固、回顾小结等，将微课分解为几个教学环节，可以让读者更好地了解课程的结构。

下面重点分析界面呈现、媒体效果、音频旁白、字幕呈现 4 个栏目设置的意图和撰写要求。

1. 界面呈现

基于PPT播放下的屏幕录制，其各个界面呈现一般就是相应的PPT界面，或者PPT链接的其他文档界面（如Word、几何画板、Flash等）。当然，在PPT没有完全设计出来之前，也可以是对PPT内容的描述。

界面反映了将来微课上的视频图案，因此，应做到背景选择恰当，内容分布合理。具体地，应尽可能注意以下几点：界面呈现的PPT背景风格要考虑到对应的微课内容，选择合适的界面背景，使界面呈现具有鲜明的统一性；在保证内容完整性的基础上，界面上呈现的内容要精炼，不要有过多的无关修饰；如果需要呈现的内容过多，可以采用标注的形式呈现，配以动画的效果，使界面的设计合理恰当，具有层次感；此外，还要注意界面呈现的可操作性。

2. 媒体效果

“媒体效果”一栏实际上是对界面内容的动态呈现，通过动画效果让静态的文字动起来，对这些枯燥抽象的文字赋予生命，让微课的内容通俗易懂，形象生动，有利于学生的理解。通过编写“媒体效果”一栏的内容，还有利于后期微课视频的录制与编辑。媒体效果的设计风格要符合微课内容和观看者的年龄特点，既简约又恰当；动画的运用要符合课程内容的逻辑关系，自然连贯，适当合理，能够吸引学生的注意力。此外，通过动画的使用可以有效地增加师生的互动，如“暂停”键的使用。总体而言，媒体效果要求设计风格恰当，动画合理流畅。

3. 音频旁白

一般而言，PPT等文本在脚本之前已经做好了，相应的媒体呈现方式也基本敲定。脚本设计阶段重要的一个环节就是教师如何更好地借助PPT等文档进行适当的环节过渡、问题剖析、思路启发、典例讲解、情感激励等，也就是说要配置视频同步的语音，这就是所谓的音频旁白。实际上，音频旁白的设计过程，本身就是微课录制的一个预演过程，很多设计者在撰写音频旁白的时候就已经在心中按照脚本中的节奏、语调进行了预演。因此，音频旁白是微课脚本设计中最为核心的内容。音频旁白的设计，应注意以下几点：①微课一般控制在10 min以内，因此，音频旁白应尽可能简洁明了，切忌空话、套话，避免重复和口头禅；②语言力求精练规范，但同时也要避免抽象的语言，应尽可能采用口语化表达方式，做到通俗易懂；③要根据视频情况，控制好语言的节奏，给学生留下思考的空间；④适当地通过语音的变化，形成抑扬顿挫的不同效果，吸引学生的注意力；⑤语言力求幽默、有趣，声音尽可能赋予磁性和厚度，以更好地吸引和感染学生；⑥想象着你的面前坐着一个学生，采用对话的方式进行交流，并注意适当的语言激励。

【案例1.22】探究正方体的展开图(片段)

教学环节2：探究正方体的展开图				
序号	界面呈现	媒体效果	音频旁白	字幕呈现
3	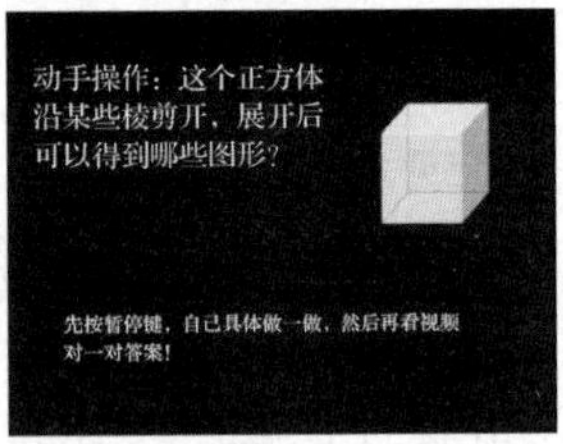	逐段出现	将正方体的表面沿某些棱剪开，展开后可以得到一个平面图形。 遇到这样的实际操作性问题，自然得亲自动手了！(欢快地)(停顿2 s) 大胆地剪一剪，看看你可以得到哪些图形？至少你得剪出两种不同的图形哟！ 注意：先按暂停键，自己具体做一做，然后再看视频对一对答案！ (下面停顿10 s，并配以轻音乐，提醒学生按暂停键自主操作)	无
4	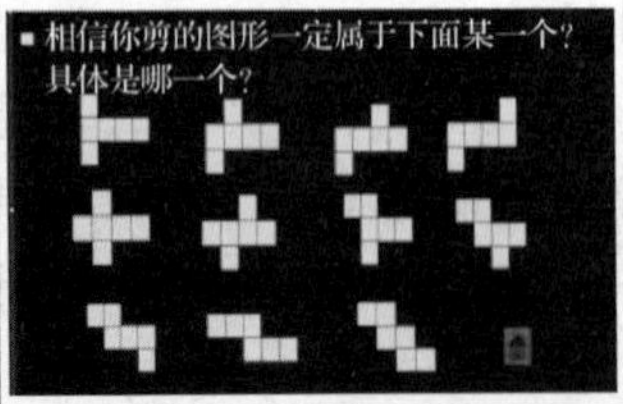	逐段出现	脑子中再次回忆一下你剪的图形。(停顿5 s) 相信你剪的图形一定属于下面某一个？具体是哪一个？(停顿10 s，并配以轻音乐，提醒学生按暂停键自主操作)	无

续表

教学环节 2：探究正方体的展开图				
序号	界面呈现	媒体效果	音频旁白	字幕呈现
5		两个展开图同时呈现，每个图链接有一个相应的动画过程，点击该图形即展现该图形展开的动画。	也许你得到的第一个图，瞧，老师这样剪得了第一个图。（点击图右边的按键，呈现相应的动画）你是这么剪的吗？（停顿 5 s） 也许你得到的是第二个图，其展开过程如下。（点击图右边的按键，呈现相应的动画）（停顿 5 s）	无
6		全屏一次性出现 PPT 中的内容。（每个图链接有一个相应的动画过程，点击该图形即展现该图形展开的动画）	刚才将正方体展开的时候，你可能只想将它剪开就是了，结果可是无意插柳的哟！ （在屏幕上点着文字）你能根据展开图形的要求剪吗？这可是考验你的空间想象能力的好机会哟！ 注意：按暂停键，自己先想一想，再具体剪一剪，最后再看视频对一对答案！（停顿 10 s，并配以轻音乐，提醒学生按暂停键自主操作） 这三个图形的展开过程依次是这样的（依次点击三个链接，呈现三个动画）。 你是这样的吗？（轻快地）	无

4. 字幕呈现

微课拍摄中，除了屏幕上原有的文字、图片外，教师还会结合屏幕上的图文进行适度地解析。这样的语音解析，一般与屏幕内容并不重复，往往是对屏幕内容的另外视角的解读，对屏幕上问题的引导、引申、发展、总结等。这些语音解析如能配置成同步字幕，固然可以调用学生眼、耳等多个感官参与学习过程，但工作量较大，会带来很多制作的不便。当然，可以选择其中部分重要的内容，用字幕的形式呈现于屏幕底端，以起到强调的作用。例如，在习题讲解中可以将问题设计的重要思想方法用字幕的形式呈现出来。对于字幕呈现，要求内容准确，表述清晰，并和音频旁白中的部分内容一致。

综上，6 个栏目是脚本不可缺少的部分，每个栏目各有作用。章节名称和微课名称就是微课的标签，教学环节构成了微课的结构，界面呈现和字幕呈现是微课的血肉，而媒体效果和音频旁白使得微课具有了生命。

当然，脚本模板不唯一，但不管哪种模板，都要根据相应的录制方式，将录制过程中所有的音视频效果做出较好的预设。

此外，微课设计中，随着微课录制的熟练以及设计水平的提升，可以逐步简化脚本，甚至脱离脚本、超越脚本，现场生成更有激情的微课。脚本的撰写只是微课开发的一个环节，还不能完全决定微课的质量。总之，开发优秀的微课需要研究者和一线教师的不懈努力。

四、微课摄录的要求

(一)微课摄录的技术要求[①]

1. 技术标准

(1)视频资源总体要求要具有稳定性：全片图像同步性能稳定，图像无抖动跳跃，色彩无突变，编辑点处图像稳定，镜头衔接处无明显色差等。

(2)音频信号源总体要求声音应无明显失真，声音和画面同步，解说音要清晰、饱满、圆润，无失真、无噪声杂音干扰、无音量忽大忽小现象等。

2. 分类摄录的技术要求

从目前来看，微课基本上分摄像拍摄类、屏幕录制类、其他软件类及混合制作类四种，对于常见四类的微课制作方法，对应的要求如下。

(1)摄像部分技术要求(包括数码录制和录播室录制)。

教师可借助专业摄像机、数码 DV、数码相机、智能手机、电脑摄像头等一切具有视频摄录功能的设备，将自己的教学过程场景拍摄记录下来。摄像部分的技术要求如下。

---

① 微课制作技术标准.[EB/OL]. https://wenku.baidu.com/view/19c2c506a26925c52cc5bffd.html, 2015-04-03/2017-10-20.

①视频格式通常为 MP4、AVI、FLV 格式。

②视频质量要求图像稳定、对焦清晰、构图合理、镜头运用恰当。

③在同一课程中，各讲的视频分辨率应统一，不得标清和高清混用。分辨率一般设定为 720×576、1280×720。

④声音采用双声道，要求清晰、饱满、圆润，无失真、无噪声杂音干扰、无音量忽大忽小现象。解说声与背景音乐无明显比例失调。

(2)录屏部分技术要求。

通过录屏软件内录可安装屏幕录制软件(如 Camtasia Studio 等免费录屏软件)，或交互白板自带摄录软件、手写板和声音输入设备等，同步录制教师在电脑屏幕上演示、操作、讲解的授课内容和声音，或者用 PPT 软件同步配音制作。这种方式适合于数理化等注重逻辑推理演算过程的教学内容，可以由教师一个人操作完成。技术标准如下。

①录屏的分辨率一般采用 1024×768 或 1280×720。要事先调整分辨率，不要高分辨率录制，低分辨率输出。同时，尽量不要出现特殊的分辨率。

②如果要用视频混合制作，建议采用与视频分辨率最接近的分辨率，使得合成后效果最好。

③录制 PPT 时，请将 PPT 事先调整为适合长宽比(1024×768 录制时，用 4∶3；1280×720 录制时，用 16∶9，录制时不留黑边)。

④声音采用双声道，要求清晰，无杂音，音量适中，解说声与背景音乐无明显比例失调。

⑤录屏输出时选择 MP4 格式。

(3)多媒体软件制作类要求。

如利用动画软件(Flash、Maya、3Dmax 等)、视频制作软件等多媒体软件制作，也可以由 StoryLine、Captivate 等课件制作工具制作而成。但输出必须支持在网络上运行，或生成标准的 Scrom 标准课程包格式。制作要求如下。

①如果没有交互性内容，要求输出 MP4 视频或 FLV 格式，要求每个微课都使用单个文件输出，要能够在网上在线学习。

②如果存在交互性学习内容，必须符合 Scorm，即可共享内容对象参考模型或共享元件参照模式。

③主体部分采用 800×600、1024×768 等通用分辨率，以便在各种显示器上得到最佳效果。

④动画清晰、流畅，声音清晰，与画面同步。

(4)混合类微课要求。

综合运用以上几种方式，通过拍摄、内录、制作、合成等形成微课教学视频。例如，教师将自己设计制作的教学动画(Flash、Gif 动画课件)输出合成视频格式；或通过自动播放的方式内录自己制作的 PPT 课件内容(声音可提前录制也可在播放时同步讲解)。需遵循以下要求：

①视频、屏幕录制或软件制作均采用相同的分辨率制作，宽高比统一为 16∶9。

②混合视频中各组成视频(摄像拍摄、录屏、软件制作)的制作要求参照前三种标准。

③画面清晰、流畅，声音清晰，前后音量大小一致。

④最后制作输出 MP4 或 FLV 格式。

(二)微课摄录的前期准备

微课摄录前要做好各项资料、环境的准备工作，确保摄录过程中材料准备充分，录制环境无干扰。

1. 准备好课件

录制前请准备好相关课件材料，一般采用 Word、PPT、几何画板等制作课件。确认材料中是否有错误，数学科目需要确保文档中的公式、符号可以正常显示。建议录制中的课件(Word) 字体使用四号以上，需要详细讲解的试题尽量一题一页。

2. 选择摄录环境

安静是最重要的。大多数情况下，需要选择一个只有你一个人的环境，比如书房、小会议室、教室等。确保自己在录制的过程中不被打扰而且没有大的噪音。不要依赖于后期使用软件去处理噪音，毕竟软件的降噪能力是非常有限的。远离手机、风扇之类的电器，以免产生电流干扰。

3. 关闭软件提醒

一定要关掉那些不定时弹出消息提醒的软件，比如聊天软件、电子邮件软件等。这些无法预料的消息提醒随时会打断摄录。如果这些消息提醒最终出现在微课摄录课视频里面，学生会认为教师不专业，也会分散学生的注意力。

4. 准备相关文件

提前打开录制时需要用到的软件和文件，把它们最小化到任务栏，录制过程中要用到的文件可以放置在桌面上的一个文件夹里。不要在录制的过程中临时地在你的电脑硬盘里面翻找，这是浪费学生的时间。比如你讲幻灯片，就先打开幻灯片；你讲一个网页上的内容，就先打开那个网页；你讲哪一款软件，就提前打开那款软件。

5. 确保麦克风正常工作

请勿使用笔记本内置话筒，请使用外接话筒。话筒离嘴的距离最好为 10 cm左右，以免产生“破破”喷麦现象。

6. 试录

上述设置完毕后，试录一段，以查看画面和音频是否正常。

(三)微课摄录有关问题研讨

关于微课摄录，我们进行了文献研究并组织教师进行了研讨，大致有以下一些思考，与各位教师共享。

问题 1：多长时间的微课视频最能吸引人？

基于 edX 数据的统计，无论视频多长，用户实际观看时长的中位数都不超过 6 min。[①] 而且 6～9 min 长的视频是个拐点，更长的视频实际观看的中位数反而会下降。比如长度超过 12 min 的视频，实际观看中位数只有 3 min。所以，“微视频到底多短最合适”这个问题有了标准答案——6 min。不同学科、不同学习对象略有不同，可根据实际情况讲解内容相关程度较高的多个知识点，但时间不宜超过 10 min，5～8 min 最为适宜。

问题 2：教师设计的微课是否应该自己录制？

选题微课既可以是教师自己录制的，也可以是其他教师录制的。但要注意的一点是，教师在教学过程中选择或者制作的微课要和教学设计保持一致，基于教学设计思想，完全一对一地“启惑”“解惑”，要让学生觉得教师的确是在给自己进行个别化辅导。

问题 3：教师怎样才能降低制作微课的工作量？

微课作为一个有效的课堂补充，教师们相信微课的应用可以取得好的学习效果。可是在实际的教学过程中，大家却觉得制作微课很费时费力。甚至有教师说，相对于制作微课所付出的精力来讲，微课能产生的效益是不高的。

实际上，根据我们的经验，制作一个精美的微课，很大一部分精力是被放在一些形式上的东西上。当然，如果制作微课的目的是参赛，是出版等，那么这些是必不可少的，甚至在其他细节方面要求得更高。对于常态的微课，我们大可不必拘泥于这些形式上的东西。我们在日常教学中，提倡制作“草根微课”，用手机录下自己评讲某一个学生试卷上典型错误的视频，也是一个微课；在平板上打开一张空白 PPT，用其自带的笔迹功能，讲解一个易错点，用平板自带的录屏功能录制下来，也是一个微课；讲折叠问题，用手机录制

① 庄丽君：《MOOC 视频的分类和吸引力研究》，载《当代继续教育》，2015(186)：56～59.

一个现场折叠的视频，也是一个微课。微课可以来源于一个很小的点，也可以用任何方式录制。这样的微课录制方便，即时性强，学生更喜欢。当然录制过程中一些跟学生交流的语言、互动等技巧是一个好的微课必不可少的，不能因为形式上"草根"，内容也"草根"，这样就不好了。

问题 4：在微课中，用"同学们"还是"同学"？

这个问题实际上是在微课中，教师该以何种口气与学生交流的问题。我们都有这样的经验，同样一堂课 40 min 的教学内容，教师在一对一为一位缺课的学生补课时，往往只需要 10～20 min 就完成了，而且效果也不错。造成这种现象当然也有其他的一些原因，但很重要的原因就是"一对一"的这种形式。在"一对一"的这种模式下，学生的状态是集中的，教师的讲解也是有针对性的，效率自然就高。所以，在微课的讲解过程中，营造"一对一"单独授课的氛围是一种很智慧的做法，在语言上尽量多用"同学"而不用"同学们"，用"我们"而不用"大家"。这样，"一对一"的氛围就明显了，学生即使坐在电脑前，也有教师在身旁耳提面命的感觉，学习的主动性和学习成效自然大大提升。有些微课中还会在起始与小结等环节插入教师的头像，增强教师的"现场感"和"亲切感"，这也是一种提升关注度的好做法。

五、微课后期编辑的技巧

由于在微课录制过程中，存在着噪音干扰、音量过大过小、画面以及表述有一些小错误等意外的情况，或者是需要在录制后，希望加上字幕等信息，以帮助学生理解微课的内容，捕捉关键信息，因此在微课录制后，有必要进行相关的编辑工作。

对于微课后期的编辑，主要有以下一些技巧。(以 Camtasia Studio 为例)

1. 音频的处理

(1)降低噪音。在录制微课的过程中，由于受到设备硬件的限制，有些教师直接利用笔记本内置的话筒，或者利用平板电脑直接进行微课的录制，有些教师用效果不好的耳麦和话筒进行微课的录制。这样录制出来的微课可能会带有机器的电流等噪音，导致微课的听感不好，最终影响微课的效果。这种情况下，我们可以利用 Camtasia Studio 的去噪功能，降低微课中的噪音，提高微课的学习效果。

微课录制完毕后，将其导入 Camtasia Studio，并添加到时间轴，选中需要降低噪音的时间段，点击工具菜单上的"音频"，在"素材区"的"音频"标签页选择"启用噪声去除"，就可以去除微课录制中的噪音了(在 6.0 版本中，"音频增强"→"消除背景噪音")。

(2)提高、降低音量。录制过程中，由于受解说声音大小、话筒离得远近等因素的影响，导致最后录制出来的微课音量大小听起来不合适，这个时候就需要利用 Camtasia Studio 进行简单的编辑，提高或者降低某一时间段的音量。我们可以这样操作，选中需要改变音量的时间段，在“素材区”选择“音频”标签页，在里面选择“提高音量”或“降低音量”即可。

(3)添加背景音乐。在微课录制中，需要导入一些背景音乐，以增强微课的学习效果。例如，在微课中，我们常常通过“请按暂停键，思考一会”这种方式与学生进行互动。暂停的几秒钟，如果加上背景音乐效果就会好一些。我们可以这样来操作：①点击轨道功能区上的加号，添加一个新的音频轨道；②将需要导入的音频文件添加到素材库；③将音频文件用鼠标直接拖入到新添加的音频轨道中(事先可以先将需要添加的音频进行剪切，达到要求)；④打开“音频”标签，选择里面的“淡入”“淡出”可以使得背景音乐更加自然。

(4)修改微课的配音。微课录制的过程中，教师容易出现一些口误，这个时候如果我们掌握一些技巧，就可以避免重录，大大减小工作量。

如果我们在录制的过程中，发现自己出现了口误，这个时候我们不要停止录屏，保持安静几秒，然后直接从出现误读前重新开始再录制一遍，直到整个视频录制完毕。在后期编辑的过程中，我们直接利用 Camtasia Studio 在时间轨上找到误读的那一部分，直接选中删除就可以了。由于在录制的时候，我们保持安静了几秒，音频轨上相应的地方明显看出来声音没有波动，方便找到误读的地方。在剪切的过程中，一定要注意跟后面重录部分的衔接。

如果录制完毕后，我们才发现自己出现了误读，也没必要再录制一遍，Camtasia Studio 的录制旁白功能可以帮助我们进行修正。具体步骤如下。

①因为录制好的微课中，视频和音频是合在一起的，我们需要先在时间轴中，右键单击选择“分离视频和音频”，这样我们就可以将二者分离在不同的轨道。

②点击选中分离出来的“音频”轨道，将指针移到需要修改部分的开始位置，然后点击分割；再将指针移到需要修改部分结束的位置，再次点击分割，这个时候需要修改部分就独立出来，点击选中，按“删除”键删除。

③将播放指针移到需要修改部分的开始位置，点击“工具栏”上的“语音旁白”，再到“语音旁白”的功能区选择“开始录制”。录制的时候，要注意声音与画面同步。当播放指针到达结尾部分时，点击“停止录制”即可。

2. 视频的处理

录制完成后，如果我们发现其中的一张幻灯片中有小的错误，我们就可以利用 Camtasia Studio 的编辑功能，修正幻灯片中的错误，避免重录增加工作量。

(1)打开微课录制中用到的幻灯片课件，找到出错的地方，并在改正错误后点击保存。然后打开文件菜单，将修改的那张幻灯片保存为图片。

(2)打开 Camtasia Studio，用上面讲到的方法将音视频进行分离。

(3)将指针移动到出错的那张幻灯片所录制视频片段的开始位置，点选轨道上的视频文件，再点选轨道工具栏上的“分割”按钮，将视频分割开。然后将播放指针向后移动，找到出错幻灯片的结尾部分，再次点击分割。最后，选择分割后的视频，删掉出错的视频。

(4)然后将图片导入素材库，用鼠标拖到刚才删除视频后空出来的位置，再调整好该幻灯片持续的时间就可以了。

3. 突出和强调某一块知识的一些技巧

(1)字幕的添加。

字幕可以弥补讲解发音不准的不足，还能起到提示和总结的作用，有助于学习者理解相关内容。我们可以通过两种方式来添加字幕，增强微课的可学性：一是将字幕设计在 PPT 中；二是用 Camtasia Studio 添加字幕。

在 PPT 中设计字幕要注意以下问题。

①需要提前设计好字幕词。

②每一张幻灯片，字幕出现的位置要相同，也就是要固定字幕的位置。

③字幕自定义动画放在最前面，自动播放，方便同步设置，字幕自定义动画一般采用出现或擦除动画。

用 Camtasia Studio 添加字幕的步骤如下。

①在工具栏媒体区下面找到字幕按钮[有些在 more(更多)中隐藏了]，如图 1-4-2 所示。点击后出现如图 1-4-3 所示的界面。

图 1-4-2

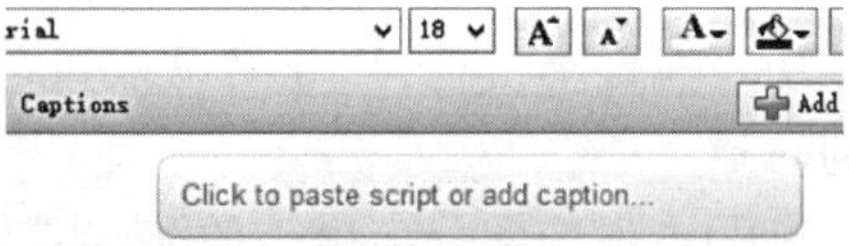

图 1-4-3

②将播放条拖动到需要添加字幕的视频进度上如图 1-4-4 所示，在如图 1-4-5 所示的区域输入我们的字幕。

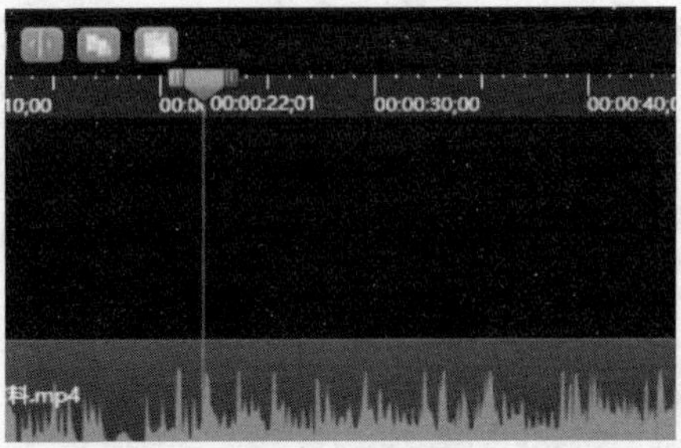

图 1-4-4

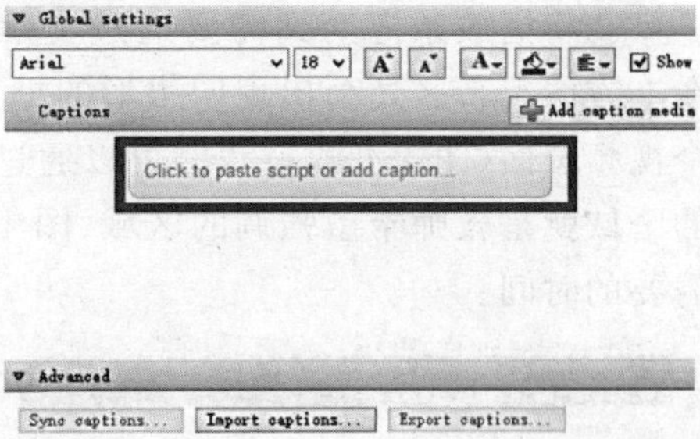

图 1-4-5

③字幕的添加效果我们可以在上方的字体编辑区调整，如图 1-4-6 所示。

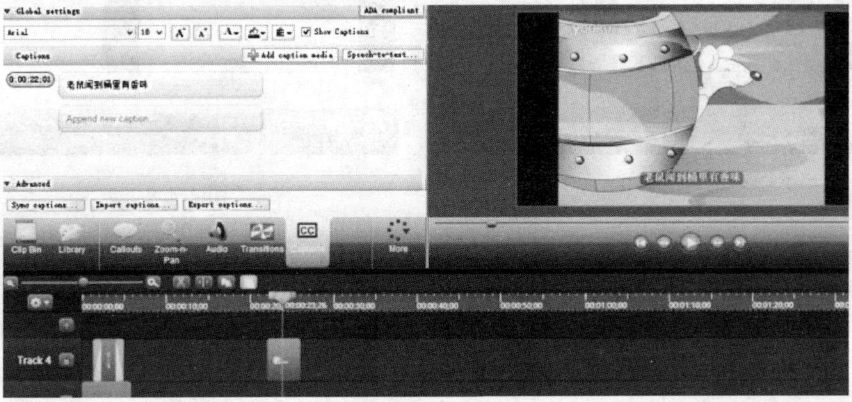

图 1-4-6

④最后按下这个“添加字幕媒体”，适当调整字幕持续时间，就大功告成了！

(2)对关键帧放大。

我们在讲解过程中，可以对幻灯片某个位置进行放大，以强调关键点。我们可以借助 Camtasia Studio 的变焦功能可实现这一功能，具体操作如下。

①在工具栏媒体区下面找到变焦按钮，并点击，如图 1-4-7 所示。

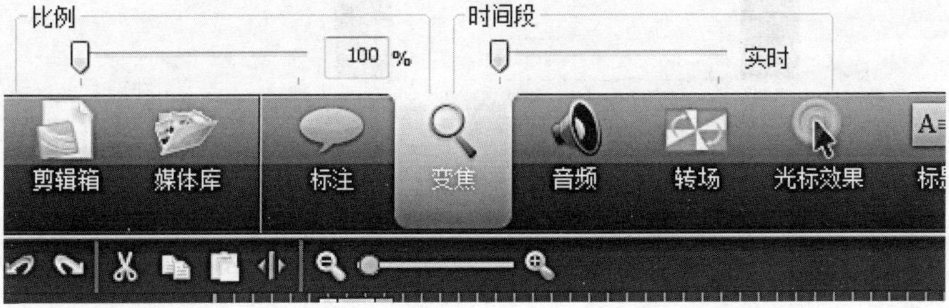

图 1-4-7

②将播放条拖动到需要通过变焦来强调幻灯片中关键点的位置。此时，在上方的编辑区处会出现四边形的框(周围有 8 个小圆点)，这个框覆盖了这个视频画面(图 1-4-8)，我们可以通过调整四个小圆点，将这个框缩小，缩小的区域就是教师希望强调的区域(图 1-4-9)。下面我们可以设置强调这个过程需要的时间。

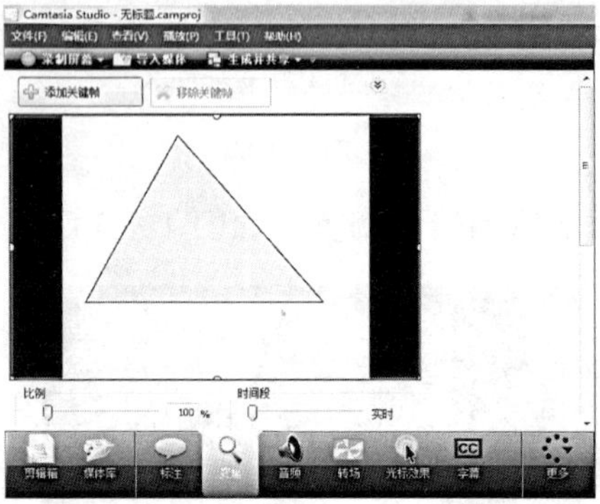

图 1-4-8

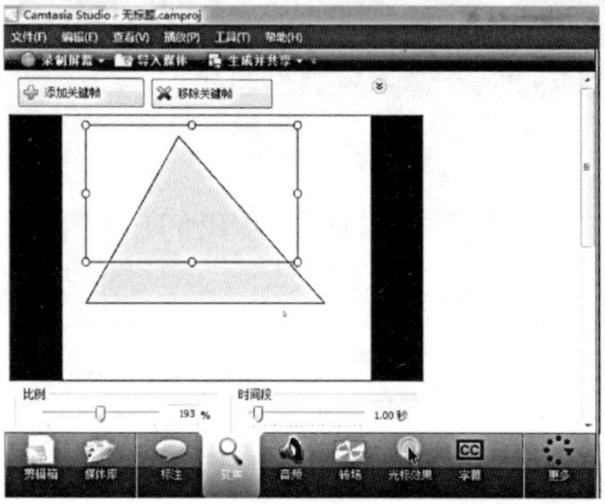

图 1-4-9

③强调结束后，我们想要恢复原来画面的大小，可以将播放拖动条拖到希望恢复画面大小的位置。此时，在上方编辑区，仍有之前拖动变小的这个矩形框，我们需要通过调整周围的圆点，将其放大，以覆盖整个画面(图 1-4-10)。放大到这个画面的过程所需的时间在下面也可以进行调整。

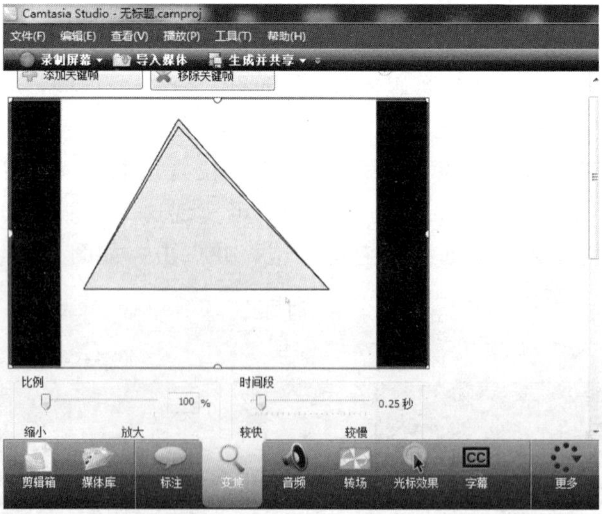

图 1-4-10

4. 片头片尾的添加

精彩的片头能引起学生对微课的学习兴趣，同时有些系列微课，需要用一个统一的片头和片尾。一般来说，微课的片头时长为 10～30 s，可以体现教师与教学中的部分信息，制作的风格要求既要贴合教学内容，又要简洁明快，引人入胜，这样才能使学生迅速进入学习的气氛。

片头片尾，可有以下几种制作方式。

①利用 PPT 制作简单的动画展示。

②利用 Camtasia Studio 8.0、会声会影等多媒体软件制作精美动画。

③到片头相关的素材网站搜索。例如，素材风暴、站长素材、片头之家、素材之家等。

第二章　课前自主学习型微课的设计

自主学习是指学习者在适当环境下，能通过自主探索、主动发现来获取知识的过程。课前自主学习是一种良好的学习习惯，能很好地提高学习效率，提升学生的自主学习能力。课前自主学习型微课，为学生的课前自主学习提供了丰富的资源，为翻转教学提供了可能。课前自主学习型微课，是指教师在充分了解学情、课程标准、教材内容的基础上，从学习者学习新知识的角度把学习内容、目标、方法以及教师的指导有机地融入学习过程中进行设计的微课。在这种微课中，教师的角色从内容的呈现者到学习的指导者。因此，微课设计时，应根据学生的认知水平和知识经验，注意引导学生进行主动的知识建构，以问题承载知识，力求引发学生思考，着力培养学生自主学习和建构知识的能力。设置的问题既要面向全体，又要体现层次性和差异性，要向学生展示知识的发生、发展过程，促进学生认识的内化，发展其理解力和判断力；同时要便于即时评价反馈，让学生带着思考，带着问题进入数学课堂，凸显前置学习与课堂教学的相辅相成。根据学习内容的差别，我们将课前自主学习型微课分为四类：概念学习类、命题学习类、问题解决类、知识梳理类。下面分四节分别介绍其设计。

·第一节　概念学习类微课设计与案例赏析

数学概念是现实生活中某一数量关系和空间形式的本质属性在人的思维中的反映，是学习数学理论和构建数学框架的奠基石。数学概念教学是数学教学的一个重要组成部分，是数学基础知识和基本技能教学的核心，因此概念教学在数学教学中有着重要的地位。

关于数学概念的类型，有人从教学实施的角度，做了如图 2-1-1 所示的分类。[①]

① 章飞：《数学概念的分类及度量性概念的教学思考》，载《数学教育学报》，2010(5)：40～42.

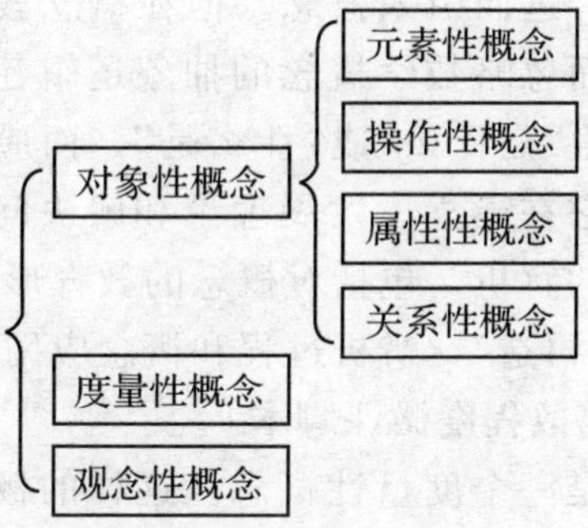

图 2-1-1

概念获得一般可以分为以下两种基本方式。①

概念形成。在教学条件下，从大量具体例子出发，从学生实际经验的肯定例证中，以归纳的方法概括出一类事物的本质属性。其心理过程如图 2-1-2 所示。

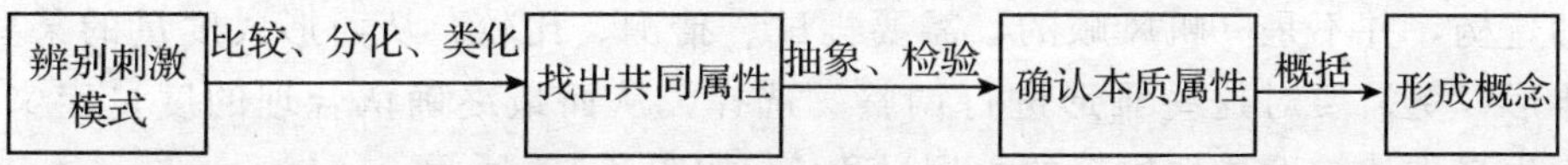

图 2-1-2

概念同化。利用学生已有的知识经验，以定义的方式直接向学生揭示概念的本质。其心理过程如图 2-1-3 所示。

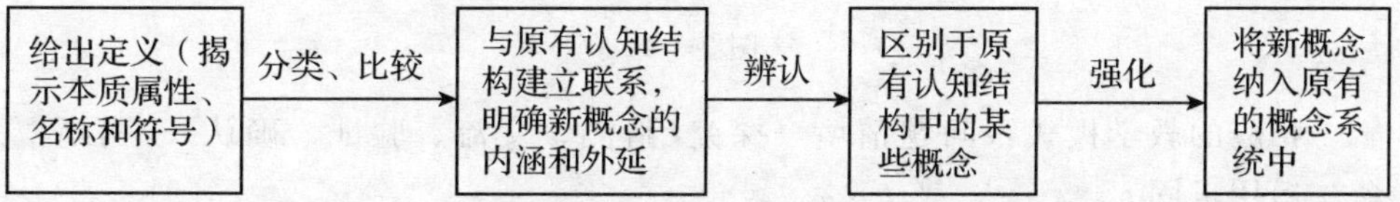

图 2-1-3

对于微课而言，概念同化，常常是以教师解析的形式呈现的，因此，不妨将课前自主进行概念学习类的微课分为两类：概念形成类微课和概念解析类微课。下面结合具体案例分别介绍。

一、概念形成类微课设计与案例赏析

新概念是由现实对象或关系直接抽象而成的，常采用概念形成教学方式，即通过创设情境从客观实例引入，抽象共性特征，概括本质属性，形成数学概念。一般来说，学生学习概念是从直观感知学习对象开始的，经过对所感知材料的观察、分析或通过语言文字的形象描述所唤起的回忆，在头脑中建

① 肖柏荣：《数学概念学习的心理分析》，载《数学通报》，1994(2)：9～10.

立学习对象的正确表象，进而引入概念。但在概念教学中要避免过于强调情境化、生活化、活动化而忽略数学概念的抽象逻辑建构特征的倾向。概念教学不能只满足于告诉学生“是什么”或“什么是”，而应让学生了解概念的背景和引入它的理由，知道它在建立、发展理论和解决问题中的作用。重点放在概念的发生、发展过程的解析，包括对概念的教育形态和教学表达进行分析，对概念抽象概括过程的“再造”、辨析过程和概念应用等。

【案例 2.1】数据的离散程度微课脚本①

数据的离散程度，是一个度量性概念。这样的概念，是人们为了比较两个事物某个方面的差异，人为引进的一个量，以对两个事物该方面的差异进行量化比较。因此，度量性概念获得的第一个环节，应是呈现某种比较任务，在任务解决中感受到建立比较标准(度量)的必要。具体度量的方法，不是天然存在的，而是人类创造的，是人类探究的结果，因此，度量性概念的教学，只要学生学力许可，一般应引领学生经历概念的自主建构过程。当然，学生的建构，并不是一帆风顺的，需要尝试、猜测、比较，从而形成度量的某些雏形，更需要对这些雏形进行调整、选择，从而最终确认合理的度量定义。学生自主建构度量性概念的心理过程②，如图 2-1-4 所示。

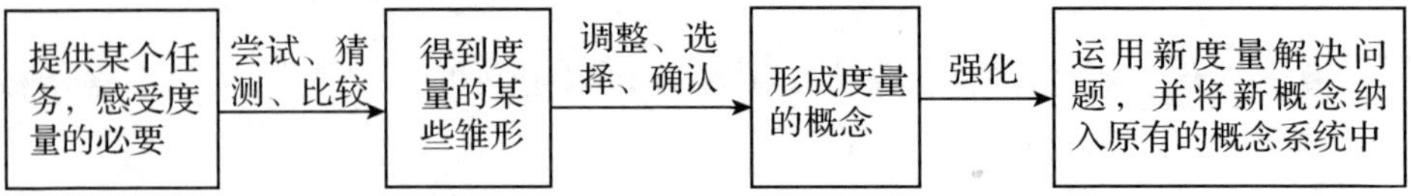

图 2-1-4

相应的教学模式：问题情境—探究(猜测、交流、验证、确认)—明晰概念—运用巩固。

正是基于上面的思考，有了下面的微课脚本。

说明：脚本本来包括画面呈现、效果说明与讲解词等部分，为了节省篇幅，这里仅仅呈现音频旁白部分，括号中的文字是对解说时注意事项的注释。请读者自行揣摩。后面其他几个案例也是类似处理的。

一、情境引入，激发学习兴趣

师：你好，欢迎来到京师数学微课堂。

师：前面我们已经学习过描述数据集中趋势的几个量：平均数、中位数和众数。我们看一个实际问题：甲、乙两箱各有 25 个苹果，品种相同，平均

① 设计：山东省青岛第二十六中 刘玲，指导：江苏第二师范学院 章飞.

② 章飞：《数学概念的分类及度量性概念的教学思考》，载《数学教育学报》，2010(5)：40～42.

每个苹果都是 200 g；但甲箱中的苹果大的很大、小的很小，而乙箱中的苹果大小比较均匀。你认为顾客一般会选购哪一箱呢？

师：对，相信大家一般会选择乙箱。因为乙箱中的苹果均匀嘛！

师：这说明，实际生活当中，人们除了关心数据的集中趋势外，还会关注相对于集中趋势的偏离情况，这就是本节课我们要学习的内容——数据的离散程度。

二、呈现问题，引入探究素材

师：我们还是从一个具体问题开始吧。

师：这个问题是这样的——为了提高农副产品的国际竞争力，一些行业协会对农副产品的规格进行了划分。某外贸公司要出口一批规格为 75 g 的鸡腿，现有 2 个厂家提供货源，它们的价格相同，鸡腿品质也相近。

师：质检员分别从甲、乙两厂的产品中抽样调查了 20 只鸡腿的质量情况，并把所得数据表示成这样两张图。

师：观察这两张图（图 2-1-5），你有什么感觉？你能从中估计出甲、乙两厂数据的平均数吗？

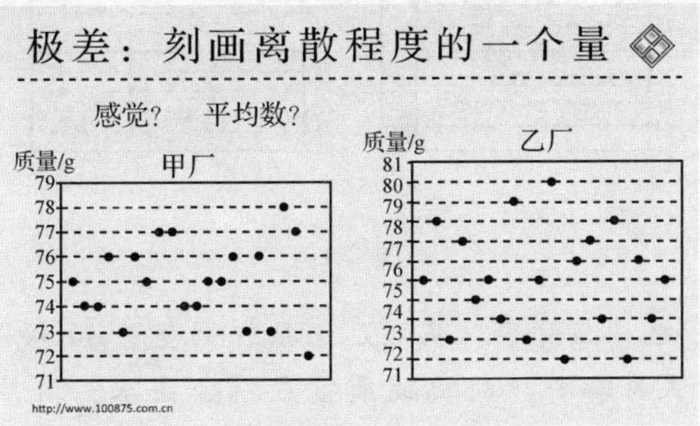

图 2-1-5

请按暂停键，自己先思考一下。

三、尝试探究，逐步形成概念

师：让我们看看小颖的观察结果吧！

小颖：从直观上看，乙厂的数据分布比较“散”，而甲厂的数据则更多地聚集于 75 g 附近；此外，两厂的数据大体上都对称地分布在 75 g 左右，因此我估计它们的平均数应该都是 75 g 左右。

师：是的，相信大家都与小颖有同感。实际算一算，它们的平均数的确都是 75 g。这也验证了我们的直观估计。

乙厂的数据比甲厂数据“散”，意味着（语速放慢）乙厂数据偏离平均数的程度，比甲厂数据偏离平均数的程度更大一些。但是，怎样刻画这种偏离程度呢？

小明：这一点也可以从图 2-1-6 中最上面的数据与最下面的数据的差距反映出来。甲厂最上面的数据是 78 g，最下面的数据是 72 g，相差 6 g；而乙厂最上面的数据是 80 g，最下面的数据是 71 g，相差 9 g。

师：很好，小明说的实际上是最大值与最小值的差，这就是刻画离散程度的一个统计量：极差。一般地，一组数据中最大值与最小值的差称为这组数据的极差。通常来说，一组数据的极差越小，就表明这组数据偏离其平均数的程度越小，因而就越稳定。在刚才的问题中，甲厂数据的极差等于 6 g，乙厂数据的极差等于 9 g，所以甲厂鸡腿的质量更稳定，更符合外贸公司的要求。

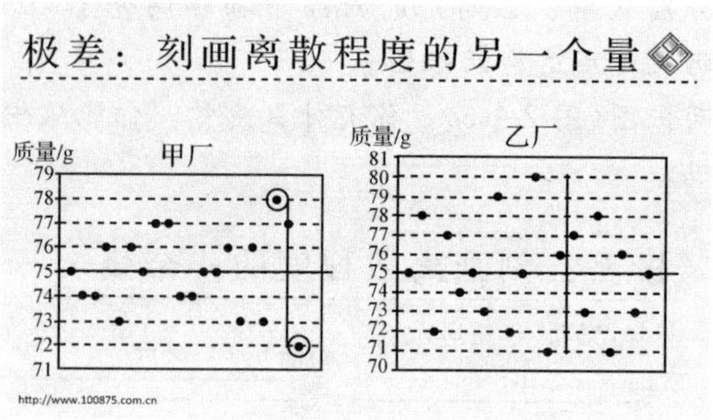

图 2-1-6

师：假设丙厂也参与竞争，从该厂也抽样调查了 20 只鸡腿，数据如图 2-1-7 所示，那么你认为哪个厂的鸡腿质量更符合要求？请按暂停键，自己先思考思考。

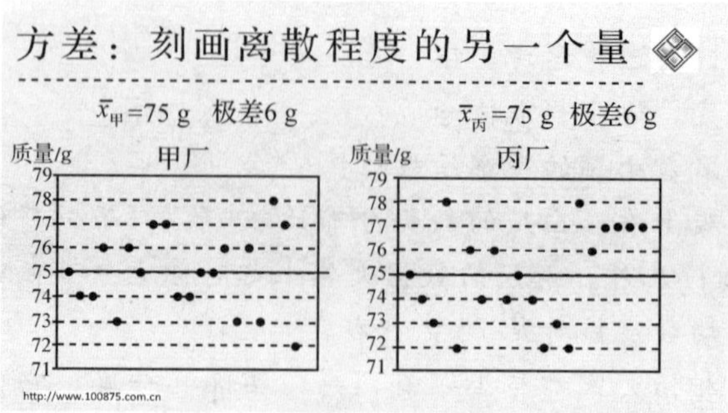

图 2-1-7

小颖：我算了一下，丙厂数据的平均数为75 g，与甲厂相同；极差为6 g，也与甲厂相同。这可怎么判断？

小明：从直观上看，丙厂数据要比甲厂数据“散”，偏离平均数75 g的数据多一些，而且偏差大的数也较多。

师：可是，在平均数相同、极差也相同的情况下，如何用数量来刻画两组数据的偏离程度呢？

小颖：可不可以先分别计算每个数据与平均数的差，然后再加起来？

师：好，这是一个很好的思路，偏离，不就是差距吗，试一试。

小明：老师，我发现，它们的和都是0。怎么回事？噢，噢，我明白了，差加起来的时候，正负抵消了。看来，这种思路行不通。怎么办？

小颖：噢，我明白了。差距应该是正的，用绝对值加起来就好了。

师：瞧，大家讨论后，思路越辩越明了。照小颖的思路再试一试吧。（稍停顿）

相信大家已经算出，甲厂的和等于26，丙厂的和等于34，26小于34，和我们刚才的感觉是一致的，甲厂的鸡腿质量更稳定一些。看起来，小颖最后的思路是可行的。当然，还应再将所得到的和除以鸡腿的数量，也就是计算“距离的平均值”(加重语气)，因为假如两组数据的个数不同的话，比较总和是没有意义的。好，我们算算甲厂数据“距离的平均值”，等于1.3；再算丙厂的，等于1.7。这个距离的平均值越小，就说明这组数据的离散程度越小。

师：刚才我们通过计算一组数据中(放慢语速)每个数据与平均数差的绝对值的平均数，来反映数据的离散程度。

师：大家打开课本，看一看这段内容吧。（稍停顿）

小颖：老师，课本上，好像没有用我们刚才的“距离的平均值”，而用了一个挺复杂的方差、标准差，怎么回事？

明晰概念，解析概念的合理性

师：是的，距离平均值，用到绝对值。绝对值，运算时一般要分情况讨论。到了大学，你会发现这种需要讨论的量有很多不足，因此，数学家选择了差的平方，这就不要讨论了。差的平方的平均值，自然就是方差了。（加重语气，在屏幕上点出方差的概念和算法。）

师：一般地，方差是各个数据与平均数差的平方的平均数。通常用小写s的平方表示。

师：另外，由于方差的单位与原数据的单位不一致，为此我们可以将方差开平方，这里当然是取正的平方根了，从而得到标准差。也就是说，标准

差是方差的算术平方根。(在屏幕上点出标准差的概念和算法)

师：方差和标准差，都是刻画数据离散程度的统计量。通常来说，一组数据的方差和标准差越小，就表明这组数据偏离其平均数的程度越小，因而就越稳定。

运用概念，解决问题

师：大家算一算，甲、丙两厂鸡腿质量的方差和标准差吧，看看是否和原来的感觉一致。

(限于篇幅，后面略去)

【赏析】首先抛出一个实际问题，说明实际生活当中，人们除了关心数据的集中趋势外，还会关注相对于集中趋势的偏离情况；接着呈现了一个具体情境，在情境中提出问题，引导学生具体刻画两组数据的离散程度；最后明晰概念，并运用概念解决原来的实际问题。这样的设计，很好地体现了度量性概念的学习过程。

为了形成较好的数据直觉，数据以图表的形式呈现，这样学生不难从图形中感受到某组数据相对比较散，这为形成具体的度量提供了很好的直觉基础。

本节需要学习的统计量有极差、方差和标准差，为了渐次得到这些统计量，首先进行甲、乙两厂数据的比较，接着增加丙厂数据，既分解了难点，又让学生感受到学习多种统计量的必要性。为了凸显统计量的形成过程，微课中采用了师生交流、生生交流的方式，形式活泼，让学生感觉到这些概念的形成，完全是同学间自我交流的产物，可以较好地激发学生的学习兴趣，同时也很好地暴露了学生的思维过程，在统计量形成过程中经历尝试、猜测、调整的过程，更好地感受统计量的合理性，发展学生概念建构的能力。另外，用方差、标准差刻画数据的波动大小，对学生而言有一定的探究难度(通常相对直接的方法是距离的平均值)，因此，微课中采用生生交流的形式，在探究出更贴合学生的“距离的平均值”这个统计量的基础上，让学生阅读教材，发现差异，产生冲突，进而通过教师的解析，说明数学上采用方差、标准差刻画波动大小的合理性。应该说，这样的设计，更贴合学生的认知实际，同时，最后抛出为什么数学家更青睐平方的平均值的问题，学生也许会带着这样的疑问进入未来的学习，教学中需要不时留下这样的伏笔。

【案例2.2】无理数概念引入(片段)脚本[①]

师：七年级我们学习了有理数，知道了整数和分数统称为有理数。今天

① 设计：四川省成都石室中学 荣彬、叶欣，指导：江苏第二师范学院 章飞.

我们一起来认识既不是整数又不是分数的另一类数——无理数。

师：说起无理数，还得从数学史中的一段故事说起。公元前5世纪，以古希腊哲学家、数学家、天文学家毕达哥拉斯为代表人物的毕达哥拉斯学派认为，世界上只存在整数和分数这两种数。后来，出现了一个问题：当一个正方形的边长为1时，它的对角线长a是多少呢？

师：这个问题的提出，导致整数和分数不够用了，这是怎么回事呢？

师：我们一起来分析一下。由直角三角形的勾股定理可知

$$a^2=2。$$

师：那么，a可能是整数吗？请暂停一下视频，先想一想(停顿6 s)。

师：相信你已经得出结论了，a不可能是整数。瞧，$1^2=1$，$2^2=4$，$3^2=9$，…后面越来越大了。

师：那么，a可能是分数吗？也暂停一下吧。(暂停6 s)

师：你想出来了吗？我们先看看小明的想法吧。

小明(配音)：如果a是分数，$\left(\frac{1}{2}\right)^2=\frac{1}{4}$，$\left(\frac{2}{3}\right)^2=\frac{4}{9}$，…其结果都为分数，所以$a$不是分数。

小亮(配音)：仅举了几个例子，没找到一个分数的平方是2，不等于就真的没有呀！

小颖(配音)：我从他举的几个例子找到感觉了！看，分数的平方不还是分数吗！详细点说，一个数是分数，而且已经约过分了，分子分母没有公共的因数了，平方以后不还是约不掉吗，怎么可能是整数呢！

师：你理解小颖的想法吗？是的，根据上面的分析，我们可以知道，在$a^2=2$中，a既不是整数，也不是分数！

师：事实上，这样既不是整数也不是分数的数，还有很多。这可把毕达哥拉斯学派急坏了。据说，为此还引发数学史上的一个惨案呢。发现无理数的希帕修斯，被毕达哥拉斯学派一些门徒丢到大海中淹死了。

师：当然，任何人无法阻挡科学前进的脚步。数学家认识到，这样的数很多，值得研究，因此，就将这些既不是整数也不是分数的数，称为无理数。

……

【赏析】无理数的概念，相对比较“数学”，没有那么直观形象，历史上也是数学思考的结果。为此，需要较为完整地展现这个思考过程，让学生切实感受到研究无理数的必要性。当然，为了让尚处于初中阶段的学生感受无理数的客观性，最好还是选择直观的背景。为此，我们创设了问题情境：“当一个正方形的边长为1时，它的对角线长a是多少呢？”让学生在认知冲突中发现数不够用了，下面必然思考这样的数是否还有，从而发现这样的数还有很

多，具有研究的必要性，自然引出无理数的概念。考虑到概念的严谨性，教材采用无限不循环小数作为无理数的概念，因此，后面还需要揭示无理数就是无限不循环小数。限于篇幅，这里仅仅呈现了引入部分的脚本，未及展开。

二、概念解析类微课设计与案例赏析

为了促进学生自主学习能力的提升，固然应该倡导学生自主探究，因此，微课设计中倡导概念形成的微课。但是，我们也应认识到，并非所有的概念都应该自主探索，并非所有的概念学生都能够自主探究，需要根据这个概念探究活动的价值和可行性进行整体判断。事实上，一些数学概念，完全是为了交流的方便给出的一个名词，本身没有多大探究的空间；一些概念，对学生而言，具有一定的理解障碍，更别谈自主探究了；还有一些概念，存在多个维度的理解，其中有些角度的理解，学生不太可能自主形成，这些都需要教师适度解析，可以设计成概念解析类的微课。特别是，对于存在一定的理解障碍或者需要提供多角度理解的概念，课堂教学未必能够完全展开，展开也未必能够为学生所理解，而图文并茂、动态变化的微视频可以多次反复观看，可能给学生更为深刻的印象，促进学生的理解。当然，在这样的概念解析的微课中，目的是促进学生理解概念，因此，促进学生对概念意义的理解是设计的第一原则。具体设计中，务必注重与学生生活经验的联系，关注儿童自身的语言和解释，即使这样的语言是“不规范”的，也不要局限于教材中规范标准的解读。

【案例 2.3】“同类项又解”的设计脚本[①]

同类项，教材中的定义：所含字母相同、相同字母的指数也相同的项称为同类项。这个定义是形式化的，看似是“标准的”，也可以很好地帮助学生进行同类项的判别，但难以揭示同类项的本质。实际上，只要揭示了同类项的本质，后续学习的合并同类项法则，是这个概念的自然推演。数学上，很多概念都存在这样的问题。例如，方程的定义：含有未知数的等式。仅仅提供了一个判断是否是方程的依据，并不能解释出方程概念的本质：借助方程建立已知与未知的桥梁，通过已知量确定未知量。对于这些概念，绝不能仅仅照本宣科式的解读，而需要通过适当的方式揭示概念的本质，帮助学生形成对概念本质的理解，从而更好地运用概念解决实际问题。相对于教材纸质的、静态的资源，微课，这样动态交互的资源，在这方面颇有优势，因此，我们设计了下面的微课。

师：你好！欢迎来到京师数学微课堂。这节课我们将共同学习同类项。（点击换页）

① 设计：江苏第二师范学院 章飞，广东省深圳市坪山区教育科学研究管理中心 袁虹．

师：那么，什么是同类项呢？不妨先看看下面的对话。

小明(卡通配音)：小颖，给我带份早点。2根油条，3个烧饼。

小华(卡通配音)：我也要！3根油条，2个烧饼。

小颖(卡通配音)：老板，我先来2根油条，1个烧饼，再来2根油条，3个烧饼，还要3根油条，2个烧饼。

卡通人(配音，不耐烦地)：天哪，你这到底要几根油条，几个烧饼啊？……(点击换页)

小明(卡通配音)：小颖，我们要的2根油条，2根油条，3根油条，不都是油条吗?！也就是同类，同类直接合并就可以了。

师：同学，看完上述对话，你明白什么是同类项了吗？(点出标题，认识同类项)

师：对了，同类项就是同一类的项，把同类项合并在一起，做什么都简洁！(点击换页)

师：2根油条，2根油条，3根油条，它们都是油条，当然是同类项。合并，只是将个数相加，2＋2＋3＝7，因此，7根油条。

师：如果把油条换成烧饼，当然，2个烧饼，2个烧饼，3个烧饼，合起来当然还是7个烧饼了。(点击呈现动画)

师：换成铅笔，也一样。(点击呈现动画)

师：换成一个大箱子(点击呈现动画)，都是一回事：只要是同类，就可以合并！(点击换页)

师：当然，提醒你一下，不是同类的，可不能合并哟！(点击换页，呈现动画)

师：例如，2根油条与3支铅笔，你就不能合并成5个了，因为它们不是同类。

师：我们还是考虑同类的东西。(点击换页)

师：回到前面，我们看只要是同类就能合并，不用理会它是油条，还是箱子。

师：当然，数学不只是研究这些具体的箱子、油条了，而常常用字母来表示。

师：比如，字母a；再比如，a^3，b^3。(同时页面上呈现相应的动画)

师：总之，只要这部分是同类，就可以合并！

师：那么，数学上，什么是同类项呢？

师：就像上面，$2a$，$3a$都是a的倍数，只是倍数不同而已；$2a^3b^2$，$3a^3b^2$也一样。我们把这些**至多只相差一个数字倍数的两项，称为同类项。**(加粗的

部分在屏幕上凸显出来)

师:按下暂停键,阅读一下教材中同类项的概念吧。(停顿5 s,配轻音乐)

(下面采用卡通配音的方式呈现两人的对话过程,同时屏幕上给出简单文字)

生1:可教材上是这样定义的——字母相同,相同字母的指数也相同的项,称为同类项。

生2:是的,这两者并不矛盾呀!同类项只相差一个数字倍数,当然字母相同,而且相应字母的指数也相同了。实际上,书上的定义,是从外在的形式上给出的,这样,可以方便你判断两个项是不是同类。

生1:我明白了,同类是本质,具体什么字母、字母的指数,是外在判别的形式。

生2:是的。所谓合并同类项的法则,也不是什么新东西了,不就是"2个烧饼+3个烧饼=5个烧饼,系数相加呗!"(点击换页)

师:现在,你理解了同类项的本质了吗?

师:当然,作为学生,你还得会判断同类项。下面我们做一道题。以下各组中的两项是同类项吗?(题目略)

师:先按下暂停键,自己判断。(停顿10 s后,逐步呈现每道题的解答及解释,略)

【赏析】对于同类项的本质,教材上没有类似的表述,要求学生自主形成这样的理解,比较困难,因此,基于形成同类项本质理解的微课,采用概念形成的方式可能有点难度,通过教师的解析,外显本质意义,让学生感知理解,相对较为可行。本案例就采用了这样的方式。

当然,外显本质意义时,为了帮助学生理解,最好能结合学生的生活经验,通过生活经验的类比更好地理解,为此,选择了日常生活中购买早点这样一个场景。特别地,为了给学生更为深刻的直观感受,设计了几位同学的对话过程。在这个过程中,让学生更好地理解合并烧饼、油条等"同类项"的必要性、简洁性,这样自然地推演到数学上,遇到同类的也需要合并。当然,哪些是同类的,需要类比生活经验,从而引出同类项的概念。

生活经验类比产生的同类项概念是本质的、通用的,可是与教材中的表述不相同。为此,需要引导学生思考两者之间的关系,微课中设计了几位学生的交流过程,在交流过程中逐步理解了两种定义方式的侧重点不同。这样学生既理解了概念的本质,又学习了教材中的形式化的定义,给所谓的"同类项判别"提供了操作性的工具。

·第二节　命题学习类微课设计与案例赏析

从形式上看，数学命题是用表示判断的陈述句或符号的组合反映的数学结论。从本质上看，数学命题是反映数学概念相互联系的一种思维形式，它说明了事物是否具有某属性或事物之间是否具有某种关系，揭示了从现实世界的空间形式和数量关系中抽象出来的一般规律。

数学学习，固然需要抽取数学研究对象，学习数学概念，但学习概念并非目的，而需要进一步研究概念所具有的属性以及概念相互之间的关系，并进而运用这些属性解决问题，因此，命题学习成为数学学习中的一个主体内容。有效的数学命题教学，有助于学生牢固掌握数学知识的结构，有助于数学思维的发展和解决问题能力的提高。因此，数学命题的教学对学生的数学学习具有重要意义。

正确的数学命题一般包括公理、定理、公式、法则等。命题学习的认知过程主要经历命题的获得、命题的证明、命题的应用三个阶段。[①] 所谓命题的获得，是学习者在已有知识经验的基础上习得有关命题，具体表现为能感知命题的形式结构，表征并掌握命题的数学内容。命题获得的基本形式有呈现式与发生式。呈现式是直接呈现命题，学生逐步理解掌握命题的一种命题获得方式。呈现式一般经历下列学习心理活动：明确目标，如分析命题的条件与结论；理解条件与结论中涉及的数学概念，从而明确命题所表明的数学事实与规律；激活知识，联想、激活与该命题有关的已有知识，并对其进行筛选与组织；形成联结，在筛选与组织的基础上确认联系，形成有效的联结，获得证明的思路；梳理表述，根据已有经验，选择恰当的方法，尝试根据逻辑规则进行推理、表述。发生式是学生通过体验命题产生与发展的过程来获得命题的方式。发生式一般经历下列学习心理活动：感受情境，探索结论；归纳整理，形成结论；再次推理，确认结论。这种教学方式，首先呈现一定的活动(任务)，在活动中探究出有关命题，进而给予证明。一句话，学生参与了命题的发现过程。发生式的教学过程中，教师的主要任务是充分发挥“教育支架”的作用，为学生创设适宜的问题情境，从而引发学生的思考；在学生探索活动中提供适度的帮助，从而确保学生能顺利完成命题的获得。

作为课前自主学习的微课，建议还是要充分展开命题形成的过程，以发展学生的探究能力和学习能力，也就是说，我们建议采用发生式的命题获得

① 喻平：《数学教育心理学》，215页，南宁，广西教育出版社，2004.

方式进行微课设计。因此，下文仅结合具体案例阐述命题学习型微课设计的注意事项。

【案例 2.4】有理数的加法法则[①]

有理数加法法则是有理数运算的第一个法则，是初中数学的重要法则之一。它是进行有理数运算必不可少的工具，它的应用贯穿整个初中数学学习。掌握这一法则可以熟练地进行有理数的加法运算，也为今后学习有理数的减法、乘法、除法以及有理数混合运算奠定了基础。因此，对于这样一个原初的法则，一般而言还是建议让学生经历探究过程，以积累相关经验，为后续探究或理解其他法则奠定基础。另外，学生在先前已经有丰富的加法学习经验，也有有理数生活背景的积累，这些都成为法则探究的重要基础，学生自主探索得到法则是可行的。具体地，可以采用下列模式进行法则探究：

$$\text{现实情境}\xrightarrow{\text{抽象}}\text{相关数学算式}\xrightarrow{\text{归纳}}\text{数学法则}$$

毫无疑问，这里主体是两个过程：一是从现实情境中抽象出算式，并且能根据情境算出算式的结果，而且要求算式比较丰富，为后面归纳提供基础；二是基于算式的结果归纳法则。

为了便于从情境中抽取出若干算式，务必要求情境比较简单，抽取算式比较方便；情境相对单一，抽取算式效率较高，最好能对于一个情境通过数字的变化产生多个算式，为此，微课中，采取教师示范得到一个算式，然后要求学生自主形成若干算式。另外，对于具体各个算式的计算，关注了加法意义的本源——合并，采用正负相消的方式，相信也有助于学生的理解。

具体的微课脚本如下。

师：你好！欢迎来到京师数学微课堂。

师：前面我们认识了有理数的意义，下面自然需要研究有理数的运算了。最简单的运算是什么？对，是加法。本节课我们就研究有理数的加法法则。

师：我们从一个实际问题开始。甲、乙两支球队进行足球比赛，如果甲队在主场赢了 3 个球，在客场赢了 2 个球，那么甲队的净胜球是多少？你能列出算式表示这一结果吗？

师：所谓净胜球数，就是两场比赛一共赢(或输)了几个球。因此，由这个问题可以列出算式 $3+2=5$，或 $(+3)+(+2)=+5$。

师：当然，足球比赛的结果有 n 种可能了，因此，就有 n 种不同的算式。

师：请你先假设一下，一支足球队进行主客场比赛，都会出现哪些不同的情况？请你举出 5～7 种情况，并列出算式表示比赛的过程和结果。

---

① 设计：山东省青岛市胶州市第八中学 刘乃志，指导：江苏第二师范学院 章飞.

师：请按暂停键，自己先想一想、写一写，然后再继续看视频！

师：相信你已经得到了很多算式。

师：下面让我们一起欣赏一下小颖同学的成果。(点击，呈现结果如图 2-2-1 所示)

情境引入

序号	主场	客场	列出算式	净胜球
1	赢了3个球	输了2个球	(+3) + (−2)	1
2	输了2个球	输了3个球	(−2) + (−3)	−5
3	输了3个球	赢了2个球	(−3) + (+2)	−1
4	赢了2个球	输了2个球	(+2) + (−2)	0
5	赢了3个球	赢了2个球	(+3) + (+2)	+5
6	赢了3个球	不输不赢	(+3) +0	+3
7	输了2个球	不输不赢	(−2) +0	−2

http://www.100875.com.cn

图 2-2-1

师：(呈现小颖结果后)根据小颖的数据，实际上可以得到 7 个算式，其中第 5 个算式就是我们刚才提到的。

师：下面我们重点关注一下第 1 个算式(图 2-2-2)。这是一个正数与一个负数相加，怎么算呢？(停顿片刻)

师：我们还是先听听小颖是怎样想的吧！(呈现相应的动画过程，并用卡通配音)

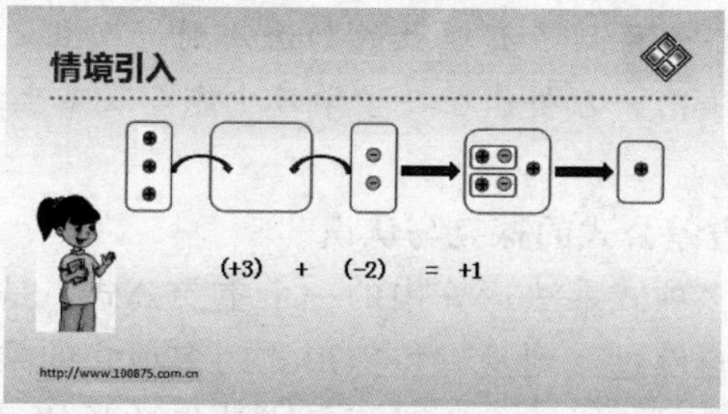

图 2-2-2

小颖：我是这样想的，规定赢 3 个球记作＋3(呈现左数第一个框图和下面的＋3)，输 2 个球记作－2(呈现左数第三个框图和下面的－2)，计算净胜球数就是把＋3 和－2 合起来(依次呈现第二、四个框图)，即(＋3)＋(－2)。赢了 2 个球与输了 2 个球相互抵消(呈现第四个框图动画)，所以净胜球数是赢 1 个球(呈现第五个框图)，也就是说(＋3)＋(－2)＝＋1。

师：小颖的想法很好，赢 2 个球和输 2 个球相互抵消了。你明白小颖的

想法了吗？（停顿片刻）请你按照小颖的想法解释一下另外几个算式的计算结果。（停顿片刻）

师：接下来，我们观察一下小颖写出的这几个算式，从这些算式及其计算结果中，你能领悟到哪些规律性东西呢？

师：注意，式子比较多，可以分分类。（停顿片刻）

小颖：我分成四类，分别是正加正、负加负，正加负，0和其他数加。当然，“正加正”和“负加负”还可以合并成一类，都属于同号两数相加。

师：根据前面的探究过程，我们可以得到有理数的加法法则。

· 同号两数相加，取相同的符号，并把绝对值相加。

· 异号两数相加，绝对值相等时和为0；绝对值不相等时，取绝对值较大的数的符号，并用较大的绝对值减较小的绝对值。

· 一个数同零相加，仍得这个数。

（停顿片刻）

师：我们刚才借助净胜球的背景得到了有理数的加法法则。实际上，体现有理数加法的背景还有很多，如盈亏问题、温度升降问题、走路问题等。那么，你能换一种背景来解释有理数的加法法则吗？

师：下面是小明以在一条直线上走路为背景提出的若干算式，你能借助生活背景得到相应的算式吗？你得到的结果符合刚才的有理数加法法则吗？

（下面在直线上动画展现连续走路的过程）

师：相信你也算对了，当然结果还是符合有理数加法法则的。

师：我们今天不仅得到了有理数的加法法则，而且还用了不同的情境来解释有理数的加法法则。希望你在数学学习中能多联系生活实际，总结规律，应用规律。

【案例2.5】平方差公式的探究与认识①

平方差公式是多项式乘法运算中的一个重要公式，是在学习多项式乘法等知识的基础上，自然过渡到具有特殊形式的多项式的乘法，体现教材从一般到特殊的意图。教材为学生在教学活动中获得数学的思想方法、能力、素质提供了良好的契机。通过对它的学习和研究，不仅得到了特殊的多项式乘法的简便算法，而且为以后的因式分解、分式的化简、二次根式中的分母有理化、解一元二次方程、函数等内容奠定了基础，同时也为完全平方公式的学习提供了方法，因此，平方差公式在教材中有承上启下的作用。

本节微课设计的大致思路：激趣引入，旧知回顾—形成若干归纳素材—

① 设计：山东省青岛第三十九中学 鞠文静，指导：江苏第二师范学院 章飞.

归纳结论—验证结论—理解结论—运用结论。微视频脚本如下。

师：同学，你好，欢迎一起探究平方差公式！

师：在一次速算比赛中，主持人提供了两道题(图 2-2-3)，话音刚落，小明同学就说出了答案。你知道他是如何计算的吗？你想学他快捷、简便、准确的运算技巧吗？让我们一起来探究小明速算的“奥秘”吧！(轻快地)

师：通过学习“字母表示数”一章，我们知道“字母”不仅可以表示数字、运算中的规律，还可以帮助我们发现、验证、揭示规律！下面，请你先按下暂停键，计算下列各题(图 2-2-4)。(暂停 8 s，配轻音乐)

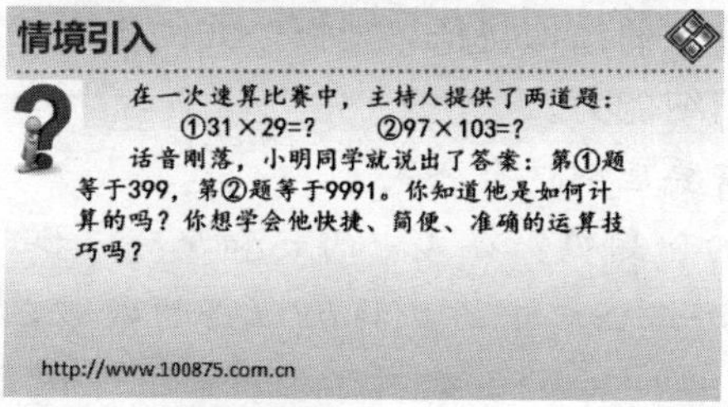

图 2-2-3

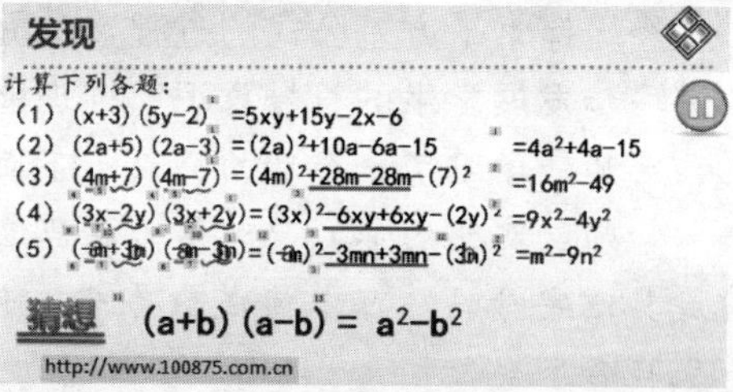

图 2-2-4

师：怎么样？你都算对了吧？你有没有发现后 3 道小题的结果很特别呢？

师：第(3)题等于$(4m)^2-7^2$；第(4)题等于$(3x)^2-(2y)^2$；第(5)题等于$(-m)^2-(3n)^2$！这些结果特别在哪里呢？请按暂停键，思考一下。

师：二项式乘二项式，展开后本来应该是四项。相信，你已经发现，这三个算式的结果只剩下两项，为什么呢？(稍停顿)

师：对！四项中有两项的和为 0，剩下的两项刚好是平方差的形式。为什么会出现如此“特别”的结果呢？

师：这么“好”的事可不是随便就能碰到的！一定是题目本身有什么特别之处！左边的两个式子有什么特别之处呢？(稍停顿)

师：对，左边两个相乘的二项式，“关系”很不一般啊！它们有一项完全相同，另一项只有符号不同！(稍停顿)

师：学数学的人喜欢用字母表示发现的规律，你能尝试用符号语言表示你发现的规律吗？(稍停顿)

老师将发现的规律表示为$(a+b)(a-b)=a^2-b^2$，你和老师的一样吗？

【赏析】引领学生经历观察(每个算式外在的形式特征)、比较(不同算式间的异同)、猜想(可能具有的规律)、归纳(用字母表示规律)的过程。给学生一些学法指引，希望学生形成一定的归纳意识和能力，了解公式学习的一般思路，可以将方法迁移到以后的公式学习中。

师：我们可不能仅仅停留于观察、猜想一个规律，还得设法验证这个规

律哟！如何验证呢？按下暂停键，想一想吧！（稍停顿）

师：怎么样？相信，你一定已经验证出来了吧！下面，我们一起来分享一下几位同学的验证方法！

小颖：等式的左边不就是两个多项式相乘吗？利用多项式乘多项式法则，计算一下不就行了！（点击出现推导过程）（卡通配音）

师：这个公式右边是两个平方的差的形式，因此称之为“平方差公式”！即“两数和与这两数差的积，等于它们的平方差”。

【赏析】引导学生揭示规律后，再通过符号运算对规律进行验证。引领学生经历探索平方差公式的过程，掌握公式外在的结构特征，把握公式的本质，进一步发展学生的符号意识、推理能力和归纳能力。

师：学习了一个新的公式，下面自然需要理解这个公式了。

师：聪明的你，此时是否在思考这样的问题呢？公式中的 a 和 b 可以换成其他字母吗？可以换成数字吗？你怎样认识公式中的 a 和 b？（停顿数秒，配轻音乐）

师：回想前面的探究过程，不难发现，不管 a，b 换成数字还是其他字母，公式仍然适用，也就是说公式中的 a 和 b 可以换成任意的单项式！

师：那么，a，b 可以换成多项式吗？我们还是举例说明吧（点击出现例子），虽然这个题目是三项式乘三项式，但如果把 $(2x+y)$ 看成一个整体“a”，仍然可以运用平方差公式简化运算，所以 a，b 也可以换成多项式！其实，a，b 还可以换成其他的代数式，我们会在以后的学习中继续研究。

师：现在，你对公式的理解是不是更深入了，你能编出一道符合公式特征的题目吗？（稍停顿）

师：这是 5 位同学编出的题目，请你判断一下哪些能用平方差公式计算？你可以按下暂停键慢慢看（图 2-2-5）。（停顿数秒，配轻音乐）

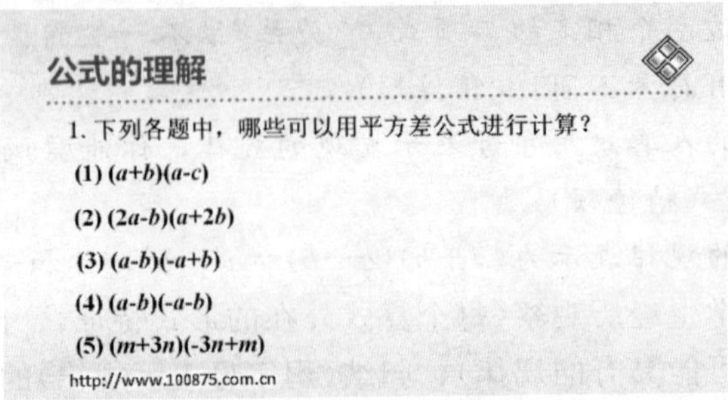

图 2-2-5

师：好！你选对了吗？你能说出前 3 道小题不能用平方差公式运算的原

因吗？（停顿数秒，配轻音乐）

师：虽然这3道小题不能使用平方差公式——这种特殊的方法简化运算，但我们仍然可以使用基础方法——多项式乘多项式法则计算其结果。通过以上的探究，现在你知道小明“速算”的奥秘了吗？（停顿数秒，配轻音乐）

师：对！正因为使用了平方差公式，小明才得以快速又准确地回答了问题！你，现在也能做到了。

【赏析】公式中字母的含义对学生来讲很抽象，是本节的难点，也是学生运用公式解决实际问题的最大障碍。这里引导学生认识字母 a，b 的任意性，让学生自主建构符合公式特征的具体式子，再通过问题深化、巩固公式，让学生逐步体会，真正理解公式，从而为今后学习其他乘法公式打下良好的基础。

【案例2.6】三角形内角和定理的证明[①]

学生在小学里已经知道三角形内角和是180°，七年级又学习了三角形的有关概念、平角的定义和平行线的性质、判定，而且也会用“撕纸”的方法简单说明三角形内角和是180°。本节微课在原有探究基础上，注意引导学生回顾原有的探究活动过程，关注与前面的探究的联系，借助平角定义和平行线性质，利用辅助线把三角形的一个或两个内角“搬家”，将三角形的三个内角巧妙地转化为一个平角或平行线间的一对同旁内角，形成证明思路，再进行严密的演绎推理，让学生感受证明的必要性。这里定理证明的思路和方法是探索的重点，由180°联想到平角、平行线间的同旁内角，由“撕纸”拼图联想到作辅助线，引导学生从实验操作到理性思维。再提出问题：前面证明方法是将三角形的三个内角集中到某个顶点处。请你想一想，可不可以把三角形三个内角的顶点集中到某一边上，或者集中到三角形内一点，或者集中到三角形外一点呢？学生初次接触添加辅助线，让学生体会思维的多向性、推理的严谨性，为发展逻辑思维、推理论证能力奠定基础。视频脚本如下。

师：前面我们学习了平行线判定定理和性质定理的证明，本节课我们继续研究三角形内角和定理的证明。

师：在七年级下学期，我们曾经探索过三角形的内角和，并得出了“三角形的内角和等于180°”这一结论。你还记得当时是如何探究出这一结论的吗？

师：请按暂停键，自己先回忆回忆。（稍停顿）

师：让我们听听小颖和小明是怎么说的吧！

小颖：我是通过“剪拼”的方式，把三角形的三个内角凑在了一起。具体做法很简单。将∠A和∠B撕下，凑到∠C旁边的位置，或是将∠B和∠C撕下，

① 设计：河北省邯郸市肥乡区第三中学 王世昌，指导：江苏第二师范学院 章飞.

凑到$\angle A$两旁的位置，都可以将这三个角凑到一起，组成一个平角(图 2-2-6)。

小明：我当时的做法与小颖的做法类似，但我是通过“折叠”的方式，把三角形的三个内角凑在了一起。具体做法是先将三角形纸片一角折向其对边，使顶点落在对边上，折线与对边平行，然后把另处两角相向对折，使其顶点与已折角的顶点相嵌合，同样也能拼成一个平角(图 2-2-7)。

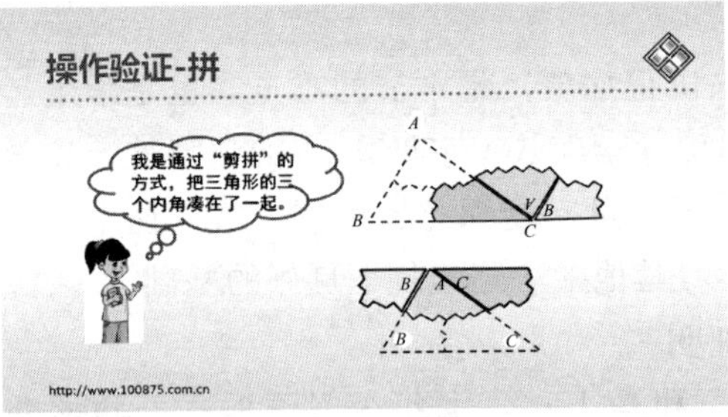

图 2-2-6

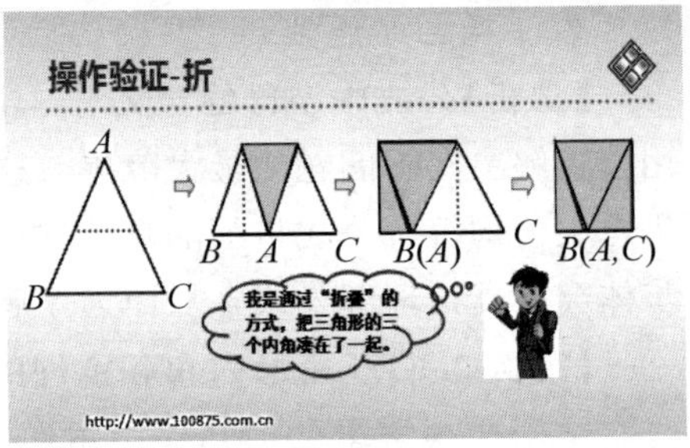

图 2-2-7

师：两位同学讲得非常好！不过，我们今天的任务是根据前几节学习的基本事实和定理证明(加重语气)这一结论。

师：那么，如何证明呢？刚才小颖、小明两位同学的探究过程能带给我们什么启示呢？

师：以刚才小颖讲的方法为例，她的目的是把三个角拼到一起，构成一个平角。我们是否可以按照这种想法来思考证明的思路？也就是说，如果不让你实际移动$\angle B$和$\angle C$，那你还有什么方法可以达到同样的效果呢？(稍停顿)

师：对，那就要添加辅助线！如何添加辅助线才能达到这样的效果呢？请按暂停键，自己先想一想、试一试。

小明：老师，我是这样作辅助线的。把BC延长，再过点C作BA的平行线，这样$\angle 1=\angle A$，$\angle 2=\angle B$。就相当于把$\angle A$移到了$\angle 1$的位置，$\angle B$移到了$\angle 2$的位置！

师：是的，小明作辅助线的方法的确可以达到与小颖刚才讲的“先撕后拼”同样的效果。哦？小颖也有话要说。

小颖：老师，我也想出了作辅助线的方法。大家看，过点A作BC的平行线，这样$\angle 1=\angle C$，$\angle 2=\angle B$。这不就相当于把$\angle B$移到了$\angle 2$的位置，$\angle C$移到了$\angle 1$的位置吗?!

师：真不错，小颖这样作辅助线也达到了与她刚才讲的“剪、拼”一样的效果。

师：两位同学分别提供了两种证明思路。接下来，我们一起来整理一下他们的思路，并写出完整的证明过程。

师：我们把已知条件与求证的结论写出来(点击，出现“证明”——版面上的已知、求证)，不妨先考虑小明的证明方法吧。作 BC 的延长线 CD，过点 C 作 $CE /\!/ AB$，由此可以得到 $\angle B=\angle 2$，理由是两直线平行，同位角相等。$\angle A=\angle 1$，理由是两直线平行，内错角相等(图 2-2-8)。

师：又因为 $\angle 1+\angle 2+\angle ACB=180°$，为什么？是的，这是根据平角的定义。所以 $\angle A+\angle B+\angle ACB=180°$，理由是等量代换。

师：这样，我们就把小明的证明方法完整地表达出来了。

师：同学，你能把小颖的思路完整地写出证明过程吗？请按暂停键，自己写一写，再和答案对一对。

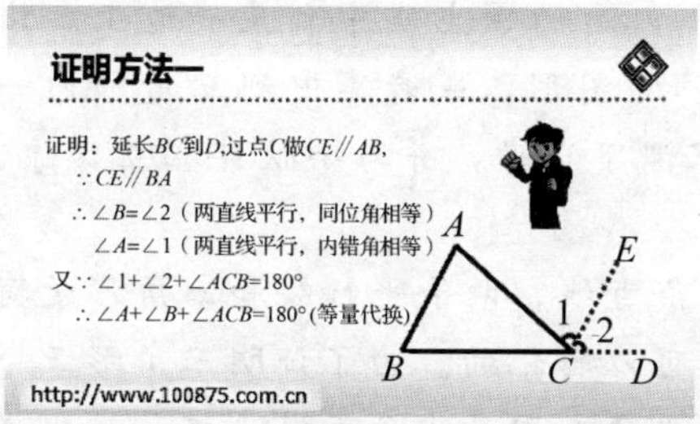

图 2-2-8

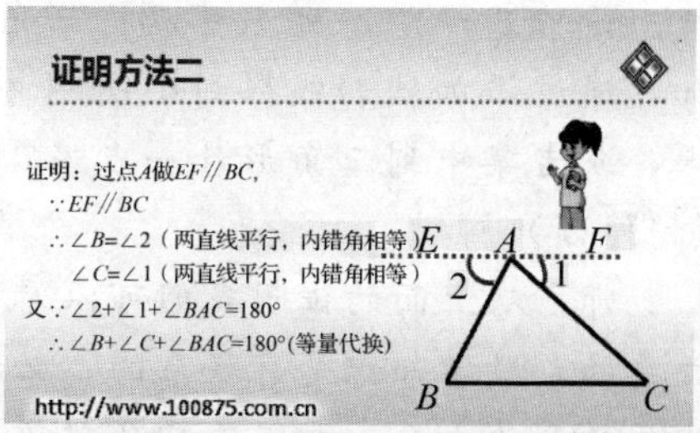

图 2-2-9

师：小颖的证明方法如下。先作辅助线 $EF /\!/ BC$，由此可以得到 $\angle 1=\angle C$，$\angle 2=\angle B$。理由是两直线平行，内错角相等。因为 $\angle BAC+\angle 1+\angle 2=180°$，这是根据平角的定义，所以 $\angle BAC+\angle C+\angle B=180°$。理由是等量代换(图 2-2-9)。

师：大家还有什么问题吗？

小亮：老师，受刚才小明所作辅助线的启发，我又想出了另外一种证明方法。我是这样想的，在我们所学过的知识中，除了一平角等于 180°外，两直线平行时，两个同旁内角的和也等于 180°。因此，只需过点 C 作 BA 的平行线，就可以利用同旁内角互补证明结论。具体证明过程是这样的(图 2-2-10)。(稍停顿)

过 C 作 $CE /\!/ BA$，

因为 $CE /\!/ BA$，

所以 $\angle A=\angle 1$，(两直线平行，内错角相等)

$\angle B+\angle BCE=180°$。(两直线平行，同旁内角互补)

即 $\angle 1+\angle B+\angle ACB=180°$。

所以 $\angle A+\angle B+\angle ACB=180°$。

师：小亮同学的这种方法很好，他通过添加平行线，巧妙地将三角形的三个内角转化为同旁内角，从而证出结论，你想到了吗？

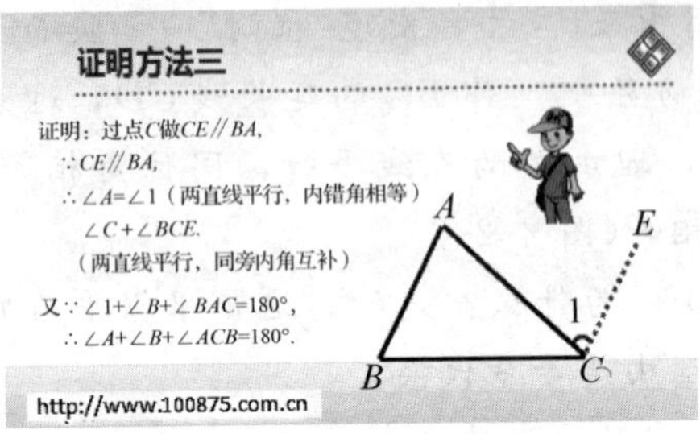

图 2-2-10

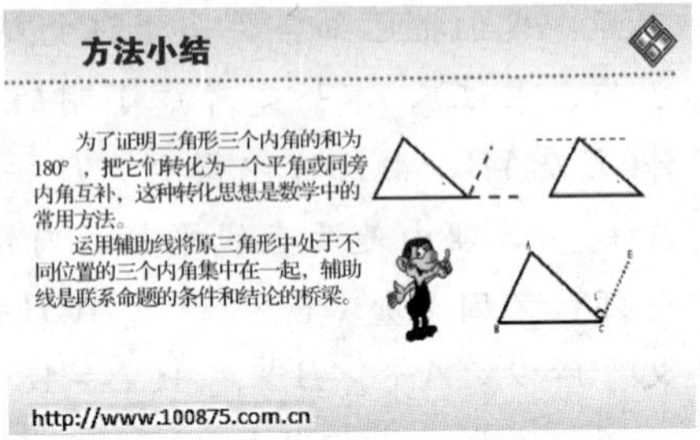

图 2-2-11

师：在刚才的证明中，我们都是将三角形的三个内角集中到某个顶点处。请你想一想，可不可以把三角形三个内角的顶点集中到某一边上。比如，通过添加辅助线得到小明刚才“折叠”的图形，或者集中到三角形内一点，或者集中到三角形外一点呢？请大家课下思考，并与小伙伴相互交流。（稍停顿）

师：从上面的证明我们可以看出，一条直线、两条平行线和三角形是有关系的，数学知识是有联系的，必要时是可以转化的。为了证明三角形三个内角的和为180°，把三个内角转化为一个平角或同旁内角互补，这种转化思想是数学中的常用方法。另外，运用辅助线将原三角形中处于不同位置的三个内角集中在一起，拼成一个平角或组成同旁内角，辅助线是联系命题的条件和结论的桥梁，你可要积累添加辅助线的方法哦(图 2-2-11)。

【案例 2.7】平行四边形的性质[①]

学生在小学阶段已对平行四边形有了初步、直观的认识，为平行四边形性质的研究提供了一定的认知基础，但八年级学生正处在从实验几何向论证几何的过渡阶段，对于严密的推理论证，从知识结构和知识能力上都有所欠缺。而利用视频直观演示实验操作来实现探究活动，对学生较适宜，而且有一定吸引力，可进一步调动学生强烈的探究欲望，引发深入思考。因此本节微课采用“创设情境—大胆猜想—实验探究—反思评价”的数学活动模式，通过人物对话的形式努力营造自主、合作、探究的学习氛围，生动、直观地反映问题情境，有利于学生在学习中获得愉快的数学体验。视频脚本如下。

师：你好！欢迎来到京师数学微课堂。今天我们共同来探究平行四边形的性质。

---

① 设计：广东省深圳市坪山区教育科学研究管理中心 袁虹，广东省深圳市坪山区同心外国语学校 谢莉.

图 2-2-12

师：仔细观察，伸缩门、竹篱笆中都有哪些你熟悉的几何图形(图 2-2-12)？(停顿 2 s)对，平行四边形，它在生活中有着广泛的应用！回忆一下，我们学过哪些关于平行四边形的知识？(暂停数秒，播放轻音乐)

小明：平行四边形的两组对边总是平行的。

小颖：它有四个顶点、四条边、四个内角。

小明：平行四边形还有两条对角线呢！

【赏析】以视频形式真实展现平行四边形在生活中的应用，如伸缩晾衣架、活动铁门、竹篱笆等，引导学生回忆平行四边形的相关知识，明晰平行四边形的定义、对边、对角、对角线等相关概念。

师：大家对平行四边形的知识掌握得很好。下面，我要考考你们哦！

师：给你一张方格纸，你能在上面画出一个平行四边形吗(图 2-2-13)？(暂停数秒，播放轻音乐)。

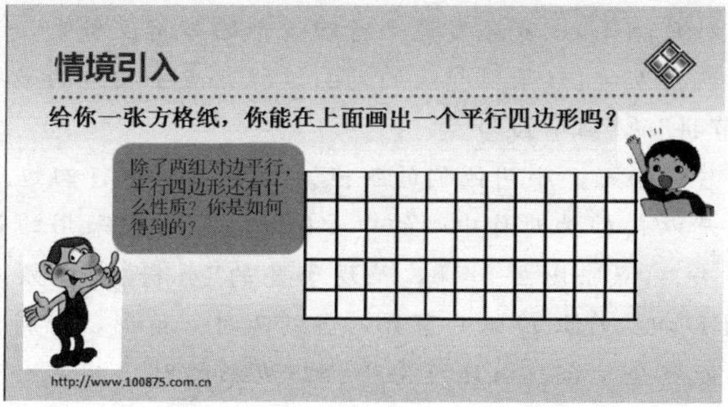

图 2-2-13

小刚：我能，我是这样画的(点击方格纸，呈现画平行四边形的视频：先借助方格中的横线画出两条平行线，再在上面各取一点 A，B，构成线段

AB，平移线段 AB，得线段 DC，▱$ABCD$ 就画出来了！）

师：好的，每人在方格纸上画一个平行四边形，看看除了对边平行之外，平行四边形的边、角、对角线还会有什么性质呢？请你猜一猜，并尝试加以说明。（暂停数秒，播放轻音乐）

小颖：我猜想平行四边形的对边相等，对角相等。我利用的方法是度量法，借助的工具有刻度尺和量角器。我是这样做的（点击图 2-2-14，呈现小颖的“度量法”的视频：先借助刻度尺测量▱$ABCD$ 各边的长度，得 $BC=4.4$ cm，$CD=3$ cm，$AD=4.4$ cm，$AB=3$ cm，因此我猜测平行四边形对边相等；再用量角器量取四个内角的度数，得到 $\angle B=60°$，$\angle C=120°$，$\angle D=60°$，$\angle A=120°$。因此，我猜测平行四边形的对角也相等！）

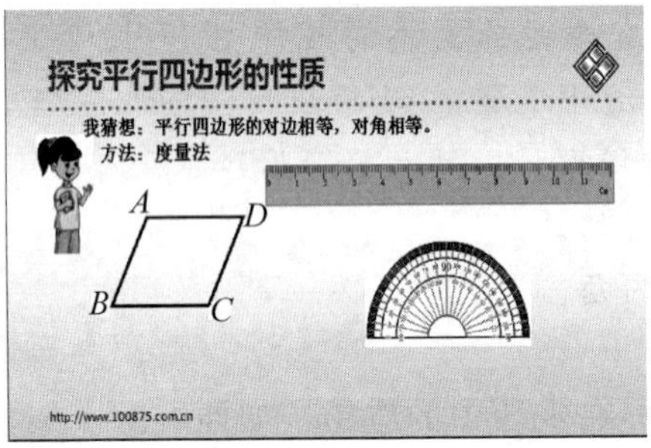

图 2-2-14

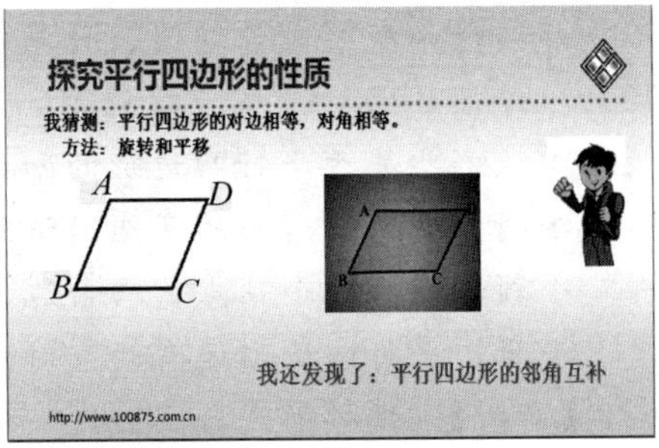

图 2-2-15

小明：我的结论和小颖的一样，但我利用的是旋转和平移的方法，你们看（点击图 2-2-15，呈现小明的“旋转和平移”的视频：先将▱$ABCD$ 的纸片绕点 D 旋转 180°，得▱$CDAB$，再将▱$CDAB$ 向左下方平移，刚好可以与原平行四边形重合，此时点 A，C 重合，点 B，D 重合，显然可得平行四边形的对边相等，对角相等）。我还发现平行四边形的邻角互补呢，这是因为两直线平行，同旁内角互补！（呈现相应的动画过程：点击左边的平行四边形图片时，会出现“剪拼”的“画中画”）

小亮：我赞同小颖、小明他们的观点。我还发现平行四边形的对角线互相平分，它还是以点 O 为对称中心的中心对称图形，我采用的是剪拼平行四边形纸片的方法。（点击图 2-2-16，呈现小亮的“剪拼”的视频：我先分别沿对角线 AC，BD 把▱$ABCD$ 纸片剪开，得到两对三角形，分别将它们拼在一起，发现它们能完全重合，因此可得平行四边形的对边相等、对角相等。我又拿出一张平行四边形纸片，沿 AC，BD 各剪一刀，得到了四个小三角形，发现 $\triangle AOB \cong \triangle COD$，$\triangle AOD \cong \triangle COB$，这说明点 O 为 AC，BD 的中点；换句话说，点 O 为线段 AC，BD 的对称中心，若把相对的两个三角形绕点 O 旋转 180°，均能互相重合。因此我认为▱$ABCD$ 的对边相等、对角相等、对角线互相平分，它还是以点 O 为对称中心的中心对称图形!)

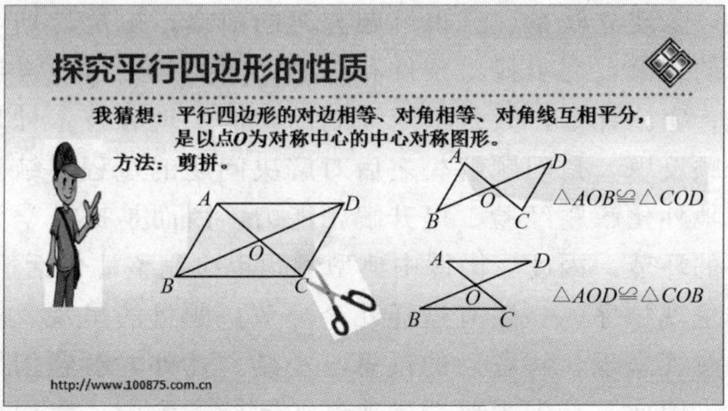

图 2-2-16

小颖：的确，我刚刚借助刻度尺测量，也发现了“▱$ABCD$ 的对角线互相平分”呢!

【赏析】平行四边形的性质是在学习和掌握了“图形的平移与旋转”“中心对称和中心对称图形”的基础上编排的。平行四边形作为中心对称图形的一个典型范例，对它性质的研究有利于加深对中心对称图形的认识。而用中心对称作为工具，借助图形的旋转变化来研究平行四边形性质，有助于培养学生以动态观点处理静止图形的意识和能力，为以后论证几何的学习打好基础，且为下节学习平行四边形的判定提供了良好的认知基础。

视频中通过呈现画图、测量、剪拼、旋转等多种方法，引领学生经历测量、观察、猜想、推理等数学活动，尽可能多地寻找、发现平行四边形的有关性质，体验平行四边形是中心对称图形，并得出平行四边形的性质，使学生对知识的发生发展过程有了一个清晰的了解：提出问题—试验操作—猜想—验证—归纳总结。若验证后发现不合理，则重新探索，不断往复，形成新知，从而形成对数学知识的理解和有效的学习策略。

·第三节　问题解决类微课设计与案例赏析

数学学习离不开问题解决。问题解决既是对学生学习的概念、命题有关知识的一个检验，又是发展学生分析问题、解决问题能力的好机会。数学教学中例习题教学、方法的探究、实际问题的建模等都是典型的问题解决。为此，这里将问题解决类微课分为解题指导类微课、方法探究类微课、建模应用类微课。

一、解题指导类微课设计与案例赏析

美籍匈牙利数学家波利亚在名著《怎样解题：数学思维的新方法》中将解

决问题的过程分成了4个步骤[①]：弄清问题、拟定计划、实施计划、回顾反思。弄清问题，是建立联系、获得解题方案的前提；拟定计划，是解题者根据自己对问题的理解，逐步找出条件和结论之间的联系，最终导出探求结论的流程的过程；实施计划，只是拟定计划的具体实现和技术处理，靠的是耐心和细心；回顾反思，是问题解决之后对解决问题的过程、结果、方法的反思，可以更好地外化解题经验、提升解题能力，因而是提升学生解题能力的一个十分重要的环节。因此，微课中典型例题也应完整地包括这样4个过程。按照微视频的呈现顺序，一般有这样几个环节：题目的呈现、题目的理解与分析、题目的解答呈现、解题后的反思与小结。此外，解题指导，自然是基于典型问题的，因此，首先需要选择典型的问题。为此，我们分别从典型例题的选择、题目呈现、思路分析、解答呈现、解后反思5个方面加以论述。

(一)典型例题的选择

1. 典型例题的选择原则[②]

例题是帮助学生理解、掌握和运用数学概念、定理、公式和法则的数学问题，是教师用来示范的具有代表性的典型数学问题。典型例题的选择一般遵循以下原则。

(1)针对性。

任何一个教学活动，都有一定的目的性和针对性，因此，微课设计中，选择具体题目，设计者需要明确该题目设计的目的何在，只有具有很好的目的性和针对性，才更容易达成最终的教学目标。一般而言，在学生习得某个新知后，教师会设计相应的练习巩固新知，但不同的阶段练习的目的并不完全相同。一般而言，练习可能有这样几个不同的层次：①明确新知，巩固新知。可以将其形象化、具体化，如再次明确概念，可以要求判断、找出符合要求的概念，表示出、做出某个对象等，如对于某个命题，直接在某个背景下要求学生寻找命题的条件、结论等。一般在新知获得后即可进行，由于简单可以进行口答。②新知的简单运用。③新旧知识的结合运用。④相对比较综合的运用，目的在于发展学生综合运用相关知识解决问题的能力。微课设计中，需要明确具体某个例题设计的目的，并据此设计相应水平的问题。

(2)典型性。

例题应具有典型性、代表性。典型的例题，其运用的知识相对比较重要，往往处于知识结点的位置；其解决方法应具有一般性、普适性，便于举一反

---

① [美]G·波利亚：《怎样解题：数学思维的新方法》，i～xi页，上海，上海科技教育出版社，2002.

② 章飞：《数学教学设计的理论与实践》，168～170页，南京，南京大学出版社，2009.

三、触类旁通。为此，一般要求：数据一般，不要使用一些特殊数据；图形一般，不要研究过于特殊的对象；解题的方法一般，不需要特殊的技巧。

例如，在学习完平行线的性质之后，设计如下例题："如图 2-3-1(1)所示，已知$AB/\!/CD$，求$\angle BAP+\angle APC+\angle DCP$。"题目难度不大，过点 P 作 AB 的平行线后，利用平行线的性质，可以得到结论。这道例题的特点在于它的典型性、代表性。这种解决问题的方式，是解平行线问题的一般方法。如果问题改变，思想方法依然可用。例如，改变点 P 的位置(图 2-3-1(2))，增加点 P 的个数(图 2-3-1(3))，依然可以寻求类似的结论，方法不变，让学生学习举一反三。

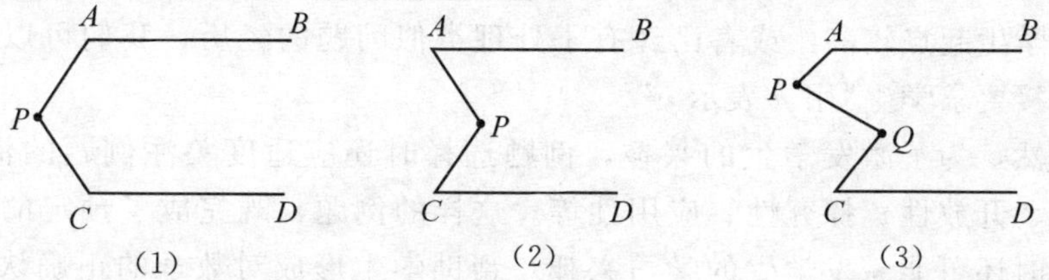

图 2-3-1

(3)适切性。

典型例题的难度应与学生的认知水平相近，确保多数学生在自身努力下能解决问题，所有学生在教师和同伴的帮助下能理解解法。当然，微课的典型例题，更多的是学生的课后练习，另外还配以了解答的解析，相对而言学生有更多的学习思考的时间，因此，难度上可以稍高于课堂用的典型例题，但也不应太高，避免学生产生畏难心理。为此，我们需要了解学生的"最近发展区"，如果学生起点较低，在例题的设置上应帮助学生多搭几层台阶；反之，可以帮学生拆掉一些台阶，让学生大步前进。关于搭、拆台阶，有很多方式，有时我们可以将一般问题先特殊化，降低难度；可以增加已知条件，降低难度；可以先通过一系列小问题作铺垫，降低难度……反之，也可以适当地增加难度。

例如，学习"探索规律"时，面对情境如图 2-3-2 所示。(按规律摆放三角形)

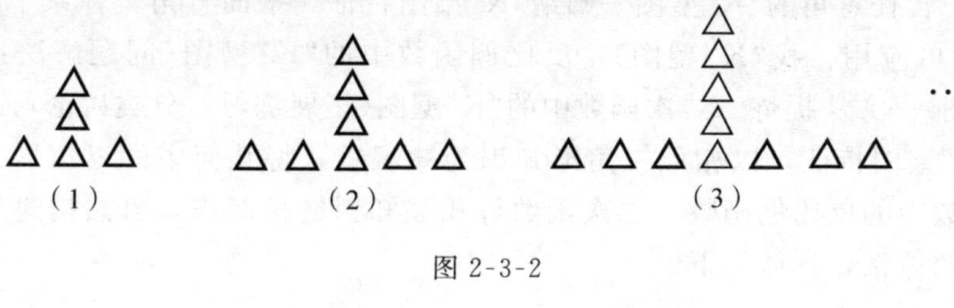

图 2-3-2

对于起点较低的学生，我们可以设计问题，先针对特殊情况进行讨论，再在特殊化的基础上，得到一般性的结论，故有下面的设计。

(1)填表。

序号	第1个图形	第2个图形	第3个图形	第4个图形	第5个图形	……
图形中的三角形个数(y)						

(2)序号每增加1，三角形的个数是如何变化的？

(3)第n个图形中三角形的个数是__________。

若学生起点较高，或者已经有了处理类似问题的经历，我们可以加大难度，直接要求学生"用n表示y"。

当然，为了激发学生的兴趣，例题选择时还应适度关注例题的活动性、趣味性、开放性、探究性、应用性等。这样的例题，既完成了预定的教学目标，同时还可能激发学生的学习兴趣，帮助学生形成对数学的正确认识，何乐而不为呢！

2. 典型例题的编排原则

上面的几个属性是对于具体的某道题而言的，实际上，微课中可能会设置多道题，这时，还需要考虑不同题目之间的编排，也就是说，需要考虑题目之间的顺序以及不同题目的选择，即考虑题目的系统性和渐进性。

(1)系统性原则。

数学是一门系统性很强的学科。在数学教学中很好地贯彻系统性原则，是数学教学的一项根本任务。所谓系统性原则，是指按照学科知识的内在逻辑顺序和学生认识活动的顺序进行教学的原则。贯彻好这一原则，可使学生很好地掌握系统的基础知识和基本技能，否则，学生只能学到支离破碎、杂乱无章的零星知识。数学知识本身具有系统性和层次性，因此，例题设计时，要从系统的角度思考，力求题目涉及知识系统，梯度自然，有代表性。

例如，几何"基本图形"——"K"型图的应用与拓展，可以下面的思路进行设计："三垂直"的"K"型图(含三个直角)—含特殊角的"K"型图(45°角、60°角)—含任意角的"K"型图—归纳"K"型图特征—平面直角坐标系中的"K"型图(简单应用：找"K"型图)—反比例函数中的"K"型图(问题解决：构造"K"型图)—方法提炼—二次函数中的"K"型图(拓展练习：分类讨论)。这样，抓住"K"型图特征，以相似三角形知识为知识链，将几何中的三角形、四边形，代数中的反比例函数、二次函数等相关知识链接起来，自然构建了知识和方法的体系，具体如下。

基本图形探究(研究“K”型图的特征：特殊——一般)。

探究 1：如图 2-3-3 所示，O 为线段 CD 上任一点，分别过 C，D 作 $AD\perp CD$ 于点 D，$BC\perp CD$ 于点 C，且 $OB\perp OA$，图中两个三角形相似吗？

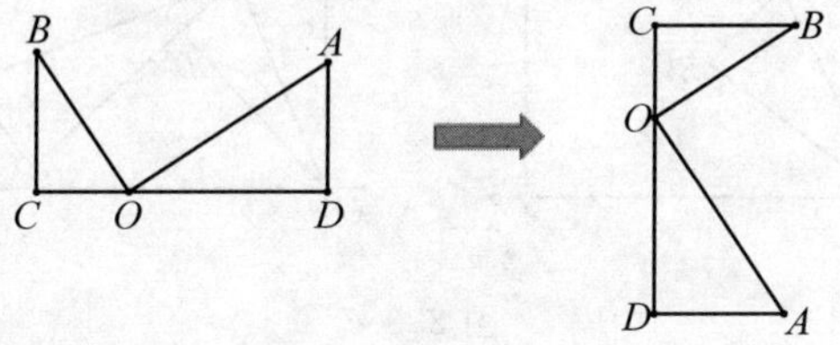

(1)　　　　　　(2)

图 2-3-3

将图 2-3-3(1)旋转得到图 2-3-3(2)，你能给它取个名字吗？

探究 2：(1)如图 2-3-4 所示，$\triangle ABC$ 为等腰直角三角形，$\angle DEF=45°$，图中$\triangle BEF$ 与$\triangle CDE$ 相似吗？相似的理由是什么？

(2)如图 2-3-5 所示，$\triangle ABC$ 为等边三角形，$\angle DEF=60°$，图中$\triangle BEF$ 与$\triangle CDE$ 相似吗？相似的理由是什么？

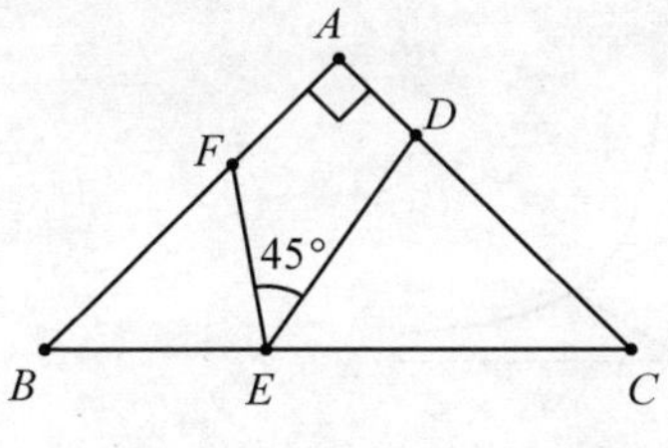

图 2-3-4

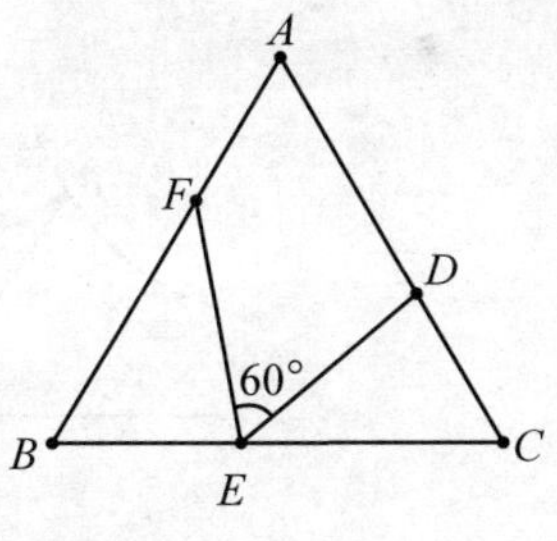

图 2-3-5

(3)图 2-3-6 中两个三角形相似吗？

图 2-3-6

问题解决(应用模型：找“K”型图—构造“K”型图)。

问题 1：已知一个矩形纸片 $OACB$，将该纸片放置在平面直角坐标系中，点 $A(11，0)$，点 $B(0，6)$，点 P 为 BC 边上的动点(点 P 不与点 B，C 重合)，沿 OP，PQ 折叠纸片，使点 C 落在直线 PB' 上，得点 C'。

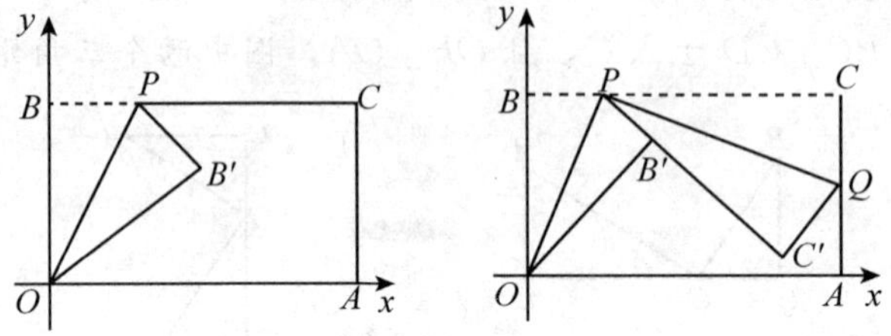

图 2-3-7

(1)若 $BP=2$，求 CQ 的长；

(2)设 $BP=x$，$CQ=y$，试求 x 与 y 的关系式。

问题 2：如图 2-3-8 所示，在平面直角坐标系中，点 A 是 $y=\frac{3}{x}(x>0)$ 上的动点，连接 OA，过点 A 作 $OB\perp OA$，且点 B 在第二象限，$OB=2OA$，若点 B 在 $y=\frac{k}{x}$ 上，求 k 值。

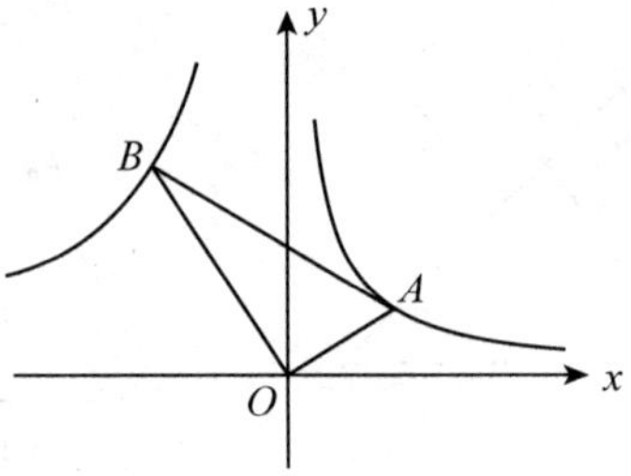

图 2-3-8

变式：如图 2-3-9 所示，在平面直角坐标系中，点 A 是 $y=\frac{3}{x}(x>0)$ 上的动点，A，B 关于原点对称，以 AB 为边在右侧作等边三角形 ABC，若点 C 在 $y=\frac{k}{x}$ 上，求 k 值。

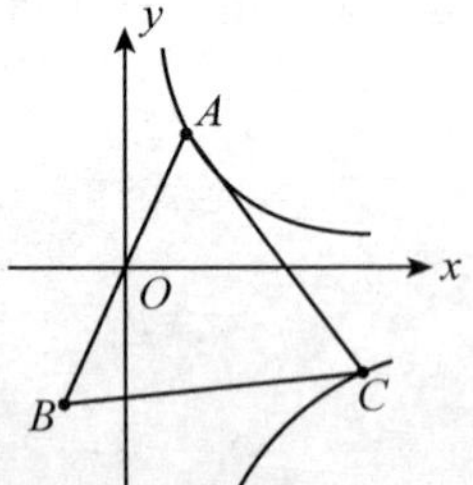

图 2-3-9

拓展：如图 2-3-10 所示，抛物线 $y=x^2-2x-3$ 与 x 轴交于A，B 两点，与 y 轴交于点C，顶点为点 D。探究坐标轴上是否存在点 P，使得以 P，A，C 为顶点的三角形与$\triangle BCD$ 相似？若存在，请求出点 P 的坐标；若不存在，请说明理由。

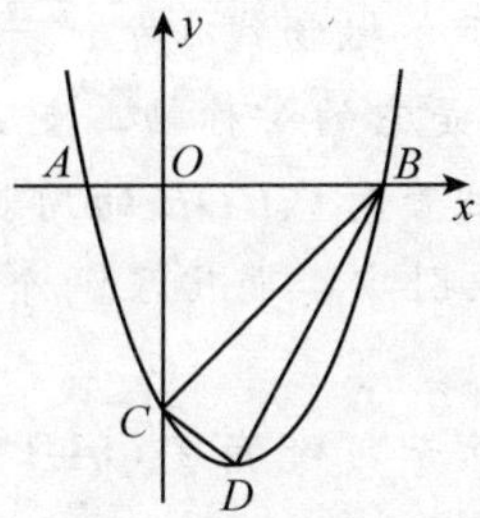

图 2-3-10

(2)渐进性原则。

要注意这些例题的顺序和梯度，最好能够遵循由近及远、由浅入深、由简到繁、由易到难的顺序。相继问题的难度不断递增，这就是所谓的渐进性原则或梯度性原则。当然，在保持梯度的同时，如能关注问题之间的联系，通过变式设计不同层次的问题，教学可能就更为连贯、流畅。设计中如果不仅仅关注变式，还能外显这些题目之间的内在联系和变式方法，这样学生习得的可能就不仅仅是几道题目，而是题目的设计方法，更上位的学法指导，这对于学生学习能力的提升功莫大焉。

例如，在解决"饮马"问题时，可按照下面的思路设计：已知两个定点和一条直线，求距离和最短—已知一个定点、一个动点和一条直线，求距离和最短—知识拓展—方法提炼—课后练习。这样，注重教学的渐进性原则，做到一题多用，使这些题目放出奇光异彩。具体地，可以依次研究下面的问题。

首先呈现教材中的原题。

如图 2-3-11 所示，要在街道旁修建一个奶站，向居民区 A，B 提供牛奶，奶站应建在什么地方，才能使居民区 A，B 到它的距离之和最短？

接着进行结论的直接应用。

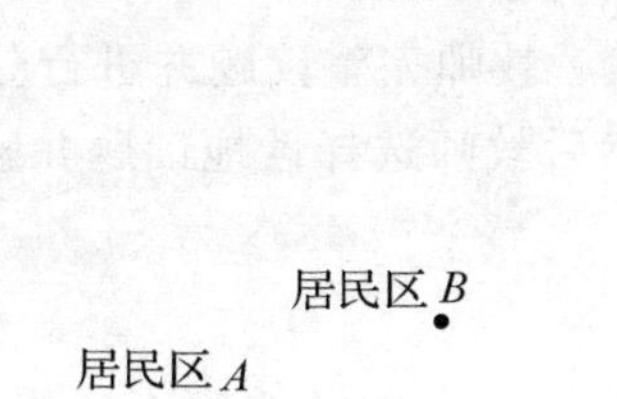

图 2-3-11

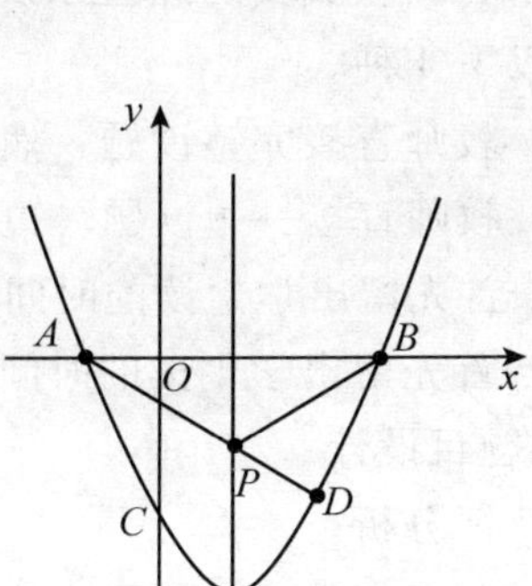

图 2-3-12

变式 1：如图 2-3-12 所示，抛物线 $y=x^2-2x-3$ 与 x 轴交于 A，B 两点，与 y 轴交于点 C，直线 l 是它的对称轴，点 $D(2,\ -3)$，P 是直线 l 上一个动点，当点 P 运动到什么位置时 $\triangle PDB$ 的周长最短？请求出点 P 的坐标。

再由一个动点向两个动点引申，弱化了两个定点的条件，把原题的结论一般化。

变式 2：如图 2-3-13 所示，锐角 $\triangle OAB$ 中，$OA=2\sqrt{2}$，$\angle BOA=45°$，$\angle BOA$ 的角平分线 OC 交 AB 于点 C，D，E 分别是 OC，OA 上的两个动点，求 $AD+DE$ 最小值。

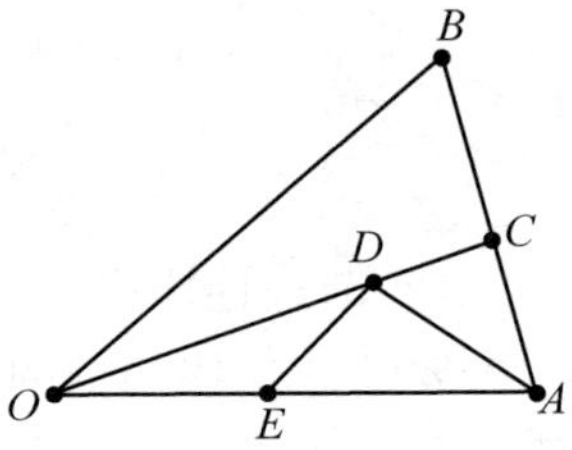

图 2-3-13

最后可以进行知识的拓展，如将原题的条件不变，结论向代数范围拓展，可产生触类旁通的效果。具体例题不再赘述。

(二)题目呈现[①]

1. 研究设计

题目的呈现方式自然需要考察题目的特征，不同特征的题目，相应的呈现方式往往是有差异的。因此，我们依次研究了题目的呈现方式、题目本身的特征，然后进行了相应的调查研究设计，以期得到各个特征的题目相应的呈现方式。

(1)读题方式设计。

经过团队成员研讨，我们认为，微课中屏幕呈现了题目之后，作为教师一般会思考这样几个问题：①是否留出时间给学生读？②不管是否留出时间给学生读，接着教师是否读？③如果教师读，又如何读，是完整地读还是选择性地读？结合团队成员的经验以及对大量微课的观察，我们将题目的呈现方式归纳为以下 4 种。

方式 A：教师直接完整读题，然后再进行题意分析。

方式 B：教师直接一边读题一边标注信息、分析题意。

方式 C：首先留出学生读的时间，然后教师完整读题并进行分析。

方式 D：首先留出学生读的时间，然后教师选择性地读题并解释。

(2)调研题目设计。

①题目特征分析。

经过研讨，我们认为，题目文字量的长度与理解的难度成为影响题目呈

① 袁虹，章飞，王罗成：《微课中题目呈现方式的调查研究》，载《中学数学教学参考》，2016(6)：59～62.

现方式的最为重要的两个因素，为此，我们主要从这两个维度对初中阶段的数学问题进行了梳理，大致类型如下表。

	题目类型	题目的特征		内容领域		
		文字量的长短	题意理解的难度	数与代数	图形与几何	统计与概率
大题	应用问题	一般文字较长	涉及背景与术语，有一定的理解难度	√	√	√
	阅读探究题	一般文字较长	涉及阅读理解，有一定的难度	√	√	√
	纯数学题	文字量较长的	题意理解难度较大		√	
		文字量较短的	题意理解难度不大	√	√	√
填空题	应用问题	一般文字较长	涉及背景与术语，有一定的理解难度	√	√	√
	阅读探究题	一般文字较长	涉及阅读理解，有一定的难度	√	√	√
	纯数学题	文字量较长的	题意理解难度较大		√	
		文字量较短的	题意理解难度不大	√	√	√
选择题	信息主要在题干中：应用问题	一般文字较长	涉及背景与术语，有一定的理解难度	√	√	√
	信息主要在题干中：阅读探究题	一般文字较长	涉及阅读理解，有一定的难度	√	√	√
	信息主要在题干中：纯数学题	文字量较长的	题意理解难度较大		√	
		文字量较短的	题意理解难度不大	√	√	√
	信息主要在选择支中	题干文字短，关键信息在选择支中	题意理解难度不大	√	√	√

通过分析，我们认为：信息主要在题干中的选择题、填空题，它们的文字信息特征和大题相近，具体呈现方式也应一致，为了减少调查的工作量，不予单独出题进行调查，而是参考相应大题的调查结论；文字特征相近的不同领域的题目的呈现方式也应基本相近，为了减少调查工作量，我们可以选择其中某个领域的题目为代表进行调研。基于上述思考，为了适当兼顾各个领域的题目，我们选择了 7 类题为例进行调研(见上表中阴影部分)。

②调研题目设计。

为了解师生对于每一类题目呈现方式的喜好程度，本应该用 4 种不同的方式呈现同一道题，但考虑到调研中同一道题呈现 4 次，学生可能会感到厌烦，另外难免受先入为主等因素的影响，因此，每一个类型选择了 4 个题目，分别采用 4 种不同的方式录制微视频。

当然，同一类型的题目要尽可能保证同质，这里的同质是指题目的文字信息特征相同。例如，对于第 4 种，我们选择了下面 4 道题。

1. 如图 2-3-14 所示，$EC=AC$，$\angle BCE=\angle DCA$，$\angle A=\angle E$。求证：$BC=DC$。

2. 如图 2-3-15 所示，CD 垂直平分 AB，AB 平分 $\angle CAD$。求证：$AD /\!/ BC$。

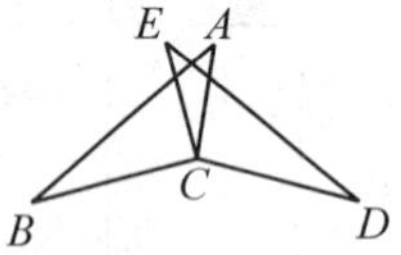

图 2-3-14

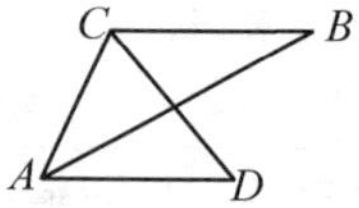

图 2-3-15

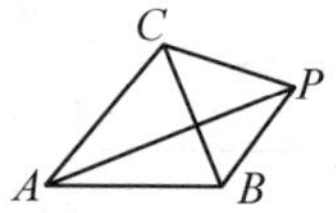

图 2-3-16

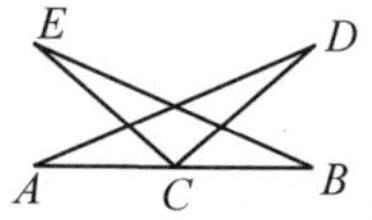

图 2-3-17

3. 如图 2-3-16 所示，点 P 为等边$\triangle ABC$ 外一点，且$\angle BPC=120°$。求证：$PB+PC=AP$。

4. 如图 2-3-17 所示，点 C 是 AB 的中点，$AD=BE$，$CD=CE$。求证：$\angle A=\angle B$。

(3)录制教师选择。

考虑到教师的语言表现能力也可能成为影响学生选择的一个重要因素，如一些语言表达能力强、声音悦耳、语言幽默的教师更受学生欢迎，如果选择这样的教师录制微视频，可能会有更多的学生选择教师读题的方式，而本研究是希望了解普通学生对于几种呈现方式的偏好程度，而不是研究教师个体的影响，因此，我们选择了一位语言表达能力中等的教师录制微视频，以尽可能减少教师因素对学生选择的影响，保证调查结果的客观。

(4)调查对象选择。

本研究希望了解初中生对于各类题目的呈现方式的偏好，我们认为，初中生年龄差距较小，对题目的呈现方式的偏好基本相近，本研究暂时也不关注三个年级的差异，但为了能够较好地反映初中生的整体状况，我们选择了八年级学生进行调研。另外，学生的认知水平差异也可能会影响到学生的选择，但本研究是希望给出初中数学微视频拍摄的普适性的建议，因此，我们暂不关注不同学力水平学生的偏好差异。基于这样的想法，我们选择了广东省深圳市坪山新区的光祖中学和坪山实验学校两所学校的八年级的4个班级进行调研，这两所学校的生源状况基本可以代表深圳市初中生的总体状况。

(5)调查过程实施。

2015年5月初，我们邀请一位教师对7种类型(28道题)录制了微视频；2015年5月中旬，对两所学校八年级的4个班级173名学生进行了调研。调研时，在班级内按序播放各类题目的4种呈现方式，要求学生填写下表。

题目类型序号	题目特征	你喜欢的题目呈现方式(请在下面的表格中打上√)			
		A	B	C	D
1	应用问题(大题)				
2	阅读探究题(大题)				
3	文字量较长的几何大题				
4	文字量较短的几何大题				
5	文字量较短的代数大题				
6	文字量较短、信息主要在题干中的选择题				
7	信息主要在选择支中的选择题				

2. 调查数据与结论

(1)调查数据。

本次调查共发放问卷173份，收回有效问卷171份，数据如下表(其中每类题目学生最为偏好的呈现方式见阴影部分)。

题目类型序号	题目特征	人数(所占比例)			
		A	B	C	D
1	应用问题(大题)	7(4%)	43(25%)	47(27%)	74(43%)
2	阅读探究题(大题)	12(7%)	45(26%)	79(46%)	35(20%)
3	文字量较长的几何大题	8(5%)	25(15%)	60(35%)	78(46%)
4	文字量较短的几何大题	39(23%)	67(39%)	27(16%)	38(22%)
5	文字量较短的代数大题	33(19%)	65(38%)	23(13%)	50(29%)
6	文字量较短、信息主要在题干中的选择题	21(12%)	64(37%)	34(20%)	52(30%)
7	信息主要在选择支中的选择题	26(15%)	67(39%)	24(14%)	54(32%)

(2)调查结论。

基于上面的数据，我们不难得到下面的结论。

①对于文字量较长的题目，学生倾向于先自己读题，然后进行解读。

对于应用问题(大题)和文字量较长的几何大题，学生更倾向于“首先留出学生读的时间，然后老师选择性地读题并解释”这种方式。对于阅读探究题(大题)来说，学生同样倾向于“首先留出学生读的时间，然后老师完整读题并进行分析”。总之，对于题目较长、具有一定的理解难度的题目，学生一般倾向于“自己先读题，再由教师进行分析”这种方式。

②对于文字量较短的大题，学生倾向于一边读题一边解读。

对于文字量较短的几何大题和代数大题，学生更加倾向于“教师直接一边读题一边标注信息、分析题意”。一般而言，对于文字量较短的题目来说，学生通过教师直接读题，标记信息，已经能够很好地理解题意，因此，这种直接、简练的呈现方式更受学生的喜欢。

③对于文字量较短(或者题干较短)的选择题，学生倾向于读题的同时进行解读。

对于文字量较短、信息主要在题干中的选择题，37%的学生选择了“教师直接一边读题一边标注信息、分析题意”，39%的学生选择了“首先留出学生读的时间，然后教师选择性地读题并解释”，两者没有显著性差异。对于信息主要在选择支中的选择题，同样存在这样的现象，30%的学生倾向于“教师直接一边读题一边标注信息、分析题意”，32%的学生选择了“首先留出学生读的时间，然后老师选择性地读题并解释”。而且另两种方式的差异也不大。因此，可以认为，学生对于是否留出时间自己读题暂时没有形成整体性的偏好，但都希望在读题时进行针对性地解读。

综上，我们可以得到各类题目的呈现方式的学生偏好状况如下表(表格中A、B、C、D代表4种呈现方式)。

题目类型		题目的特征		内容领域		
		文字量的长短	题意理解的难度	数与代数	图形与几何	统计与概率
大题	应用问题	一般文字较长	涉及背景与术语，有一定的理解难度	D	D	D
	阅读探究题	一般文字较长	涉及阅读理解，有一定的难度	C	C	C
	纯数学题	文字量较长的	题意理解难度较大	D	D	D
		文字量较短的	题意理解难度不大	B	B	B

续表

<table>
<tr><th colspan="3" rowspan="2">题目类型</th><th colspan="2">题目的特征</th><th colspan="3">内容领域</th></tr>
<tr><th>文字量的长短</th><th>题意理解的难度</th><th>数与代数</th><th>图形与几何</th><th>统计与概率</th></tr>
<tr><td rowspan="4">填空题</td><td colspan="2">应用问题</td><td>一般文字较长</td><td>涉及背景与术语，有一定的理解难度</td><td>D</td><td>D</td><td>D</td></tr>
<tr><td colspan="2">阅读探究题</td><td>一般文字较长</td><td>涉及阅读理解，有一定的难度</td><td>C</td><td>C</td><td>C</td></tr>
<tr><td colspan="2" rowspan="2">纯数学题</td><td>文字量较长的</td><td>题意理解难度较大</td><td>D</td><td>D</td><td>D</td></tr>
<tr><td>文字量较短的</td><td>题意理解难度不大</td><td>B</td><td>B</td><td>B</td></tr>
<tr><td rowspan="5">选择题</td><td rowspan="4">信息主要在题干中</td><td>应用问题</td><td>一般文字较长</td><td>涉及背景与术语，有一定的理解难度</td><td>D</td><td>D</td><td>D</td></tr>
<tr><td>阅读探究题</td><td>一般文字较长</td><td>涉及阅读理解，有一定的难度</td><td>C</td><td>C</td><td>C</td></tr>
<tr><td rowspan="2">纯数学题</td><td>文字量较长的</td><td>题意理解难度较大</td><td>D</td><td>D</td><td>D</td></tr>
<tr><td>文字量较短的</td><td>题意理解难度不大</td><td>B、D</td><td>B、D</td><td>B、D</td></tr>
<tr><td colspan="2">信息主要在选择支中</td><td>题干文字短，关键信息在选择支中</td><td>题意理解难度不大</td><td>B、D</td><td>B、D</td><td>B、D</td></tr>
</table>

3. 研究反思与展望

本研究是就不同特征的题目的呈现方式对初中生进行的调查研究，其结论对于初中数学微课设计具有很好的指导意义，同时对其他学科微课设计中典型例题的呈现方式也具有借鉴价值。

本研究没有考虑教师个体风格的差异以及学生认知能力的差异等因素对各种呈现方式的偏好程度的影响。但是，在调查中，通过和学生的交流，初步感受到学生认知能力的差异对呈现方式的偏好存在一定的影响。例如，对于第 7 类题目，成绩稍高的一个班级的学生选择 B、D 两项的数据分别是 29%，41%，即该班更多的学生选择了 D，而成绩稍低的一个班级的学生选择 B、D 两项的数据分别是 47%，24%，即该班更多的学生选择了 B。第 6 类问题也有类似的现象。这个数据似乎显示着学习成绩高的学生更愿意自主读题，但本研究的初衷并没有考虑学生的认知状况对学生的影响，调查设计时只是获取了群体数据，没有对学生个体数据的记载，因而没有学生个体数据的分析，至于这一现象是否蕴含着一般性结论，还有待进一步研究。因此，随着微课使用的普及，甚至成为一些教师的教学常态，可以进一步研究教师的个体风格的差异以及学生认知能力的差异对呈现方式的影响，从而得到更具个性化的调查结果，以便更好地根据班级学生的实际状况和任课教师的风格，选择适切的呈现方式，从而更具针对性地指导一线教师的微视频实践工作。

(三)思路分析①

1. 理解题意

弄清题意是问题解决的第一步，也是形成解题思路的前提，因而，这一环节是问题解决的重要环节。为此，微课应很好地外化理解题意的过程，以帮助学生形成较好地理解题意的习惯和能力。

(1)相关调研。

如何帮助学生理解题意，形成较好地理解题意的习惯呢？我们还是看看学生在理解题意阶段有哪些困惑和数学大师对于理解题意有什么建议。

通过调研，学生反映，理解题意阶段出现的主要困难有：①对文字量较大的题目，容易感到厌烦，影响了阅读的情绪；②对文字量较大的题目不太能抓住有用的信息；③对题目的背景、关键的概念和关键的信息不易理解。对于理解题意，波利亚给出下面的建议："未知量是什么？要求证的是什么？要做的是什么？""已知数据是什么？条件是什么？""条件有可能满足吗？条件是否足以确定未知量？或者它不够充分？或者多余？或者矛盾？""画一张图，引入适当的符号""将条件的不同部分分开，你能将它们写出来吗？"波利亚的建议，并非针对具体题目的个性化要求，而是指向了理解问题的一般要求与思路：首先需要明确具体的目标(如未知量是什么？)、已知的条件(如已知数据是什么？)以及题目的正确性(如条件是否足以确定未知量？)，其次希望尽可能直观地表示题意(如画一张图，引入适当的符号)。当然，不能将这些建议教条化，波利亚的建议并不是说一定要按序完成这些任务，而是希望通过其中的部分视角，准确地理解题意。因此，其中的条件是什么？绝对不是简单地复述题目中的信息，常常需要对该条件的意义做出适度地解读。

(2)设计建议。

基于调研结果和大师的建议，我们建议：读题时即时对题干信息进行选择性地标记和直观表征。这样的做法，是有一定的理论依据的。

①选择性的标记，可以有效地强化重要信息。

对于一些文字量较大、难度较高的问题，学生容易感到厌烦，而且常常抓不住有用的信息，甚至出现信息的遗漏，而根据题目进行选择性地标记，

① 章飞，袁虹，唐云：《典型例题思路探析的微课呈现研究》，载《中学数学》，2016(7)：58~61.

实际上已经进行了信息的筛选，从而可以再次强化其中的重要信息，避免信息的遗忘。

②及时标记，可以增进对关键信息的关注。

实际问题中可能出现学生并不熟悉的概念，也可能有一些容易出现理解偏差的词语。在阅读题目时，要注意引导学生对这些概念、词语进行解读，从而形成正确的理解。也许有些信息暂时还很难进行准确理解，在读题的时候可以做出适当的标记符号，给自己提个醒，后面在与其他信息的相互作用中，也许会不经意间理解了这个信息。

③直观表征，可以深化对重要信息的理解。

读题的时候，通过指针或者标注笔画批，只是对信息做了一个筛选工作，起到了强化的作用，为了更好地理解题意，还需要对这些信息进行适当地解读，即将题目中的重要信息通过适当的方式表示出来。当然，这样的表征最好是直观的图形，因为图形直观、形象，有助于理解相关概念，有助于反映相关量之间的关系。对于几何题，常常就是设法将这个信息标注到图形中；对于代数问题，也往往是用另外一种方式将题目中的信息说出来，如可以设法用一个图形表示相应的关系，或者在题目旁边将这句话的意思用相应的式子表示出来。直观表征，还常常对信息做了一定的挖掘，实际上相当于将条件向前推进了一步，从而不经意间降低了题目的难度。下面分别选择几何、代数各一个例子加以说明。

【例 1】如图 2-3-18(1)所示，AD 是$\angle EAC$ 的平分线，$AD /\!/ BC$，$\angle B=30°$，求$\angle BAC$ 的度数。

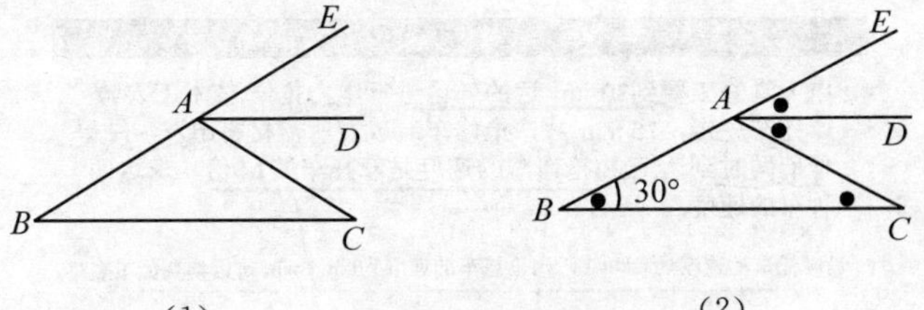

图 2-3-18

微视频中，题目呈现之后，建议一边读题(同时用鼠标指着对应的文字)一边在图形中标注，得到图 2-3-18(2)。具体过程大致如下：“AD 是$\angle EAC$ 的平分线，图形中怎么表示呢？(稍停顿)，对，说明$\angle EAD=\angle CAD$(图形中做出相应的标记)”“$AD /\!/ BC$，这两条线平行(鼠标对应指认)，怎么表示这个关系呢？可以得到同位角相等、内错角相等，也就是说，$\angle B=\angle EAD$，$\angle C=\angle DAC$(图形中做出相应的标记)”“四个角都相等，$\angle B=30°$(图形中做出相应的标记)，相信你一定可以求出所有角的度数了”通过这样的信息解读与标注，问题已经迎刃而解了。这里，AD 与 BC 的平行关系，不好标注，而借助平行线的性质，在图形中标注了“$\angle C=\angle DAC$，$\angle B=\angle EAD$”，实际上已将条件往前推进了一步。

【例 2】电力维修工要到 30 km 远的郊区进行电力抢修。技术工人骑摩托车先走，15 min 后，抢修车装载着所需材料出发，结果两车同时到达。已知抢修车的速度是摩托车的 1.5 倍，求两车的速度。

根据课题组的调研，本题宜采用“首先留出学生读的时间，然后教师选择性地读题并解释”这种方式呈现。本例中，教师可以选择性地读题，并依次对“30 km”“先走，15 min”“同时到达”“抢修车的速度是摩托车的 1.5 倍”“求两车的速度”这些信息用标签笔进行标记，并在标注的时候做出相应的解释：“30 km，说明两种车的行驶距离都是 30 km”“摩托车先走，15 min 后抢修车出发，结果同时到达，说明什么？对，说明摩托车比抢修车的行驶时间多 15 min”“抢修车的速度是摩托车的 1.5 倍，要求两车速度，如果设摩托车的速度为 v，那么抢修车的速度就可设为 $1.5v$ 了”。实际上，至此已经完成了题意的解读工作，但这些信息之间的关系还很凌乱，因此，有必要将相关信息整理出来，为此，可以和学生继续交流：“这里涉及两车的时间、速度、路程，需要将这些信息更清楚地整理出来，你们有什么好的经验?”(稍停顿)“对，涉及两个对象，每个对象又分别有几个不同的量，可以列出一个二维的表格……”通过这样的交流，不难在屏幕上生成图 2-3-19 的表格。“还有哪个信息没有用到？对，15 min。再利用两车行驶时间相差 15 min，相信你已经得到了相应的方程了”。

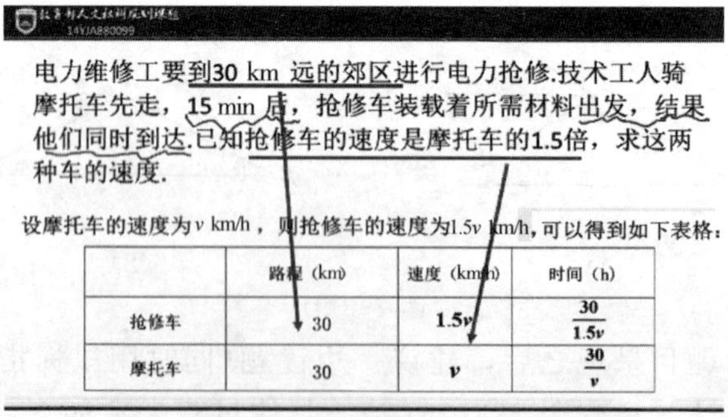

	路程（km）	速度（km/h）	时间（h）
抢修车	30	$1.5v$	$\frac{30}{1.5v}$
摩托车	30	v	$\frac{30}{v}$

图 2-3-19

2. 思路探析

有了第一步，对于条件和结论的标注、解释，下面自然是分析它们之间的差距了，将条件与结论联结起来，形成解题计划。那么，具体如何形成解题计划呢？显然，不同类型题目的理解难度以及理解问题的侧重点有所不同，因此，不同类型题目解题计划的拟定过程有一定的差异。下面，我们以案例的形式，分类研讨在微课中理解与分析各类问题的具体策略。正如前面所分析的，我们选择了其中 5 类问题作为代表。

【例 3】解方程：$\begin{cases} x+y=8, \\ 2x-y=1。 \end{cases}$

学生已经学习过二元一次方程组的解法后，本例就不再是一个新的问题了，而只是原有知识的一道巩固练习题。巩固练习题的思路探析的一般做法是：确定题目的特征，回忆这类问题的解法，然后直接套用方法解题，如微课中呈现本题后的引导语言可以是："这是一个典型的二元一次方程组，二元一次方程组有哪些解法，你准备用哪种解法？""对，可以试着用加减消元法，为了消去 x，可以……"。

如果学生还没有学习过二元一次方程组的解法，这道题目就是一个原始问题了。面对原始问题，最好能引领学生自主形成解决方案，为此，一般的做法是：调用原有的解决问题的经验，将现有问题转化为已经能够解决的问题，凸显蕴含其中的化归思想。具体地，微课中本题的引导语言可以是："这是一个方程组，我们以前学习过哪些方程，它们有什么特点？""对，以前学习的是一元一次方程，就是只有一个未知数的一次方程，这里是二元一次方程组，有两个未知数，怎么办呢？""那就想办法'扔掉'一个未知数呗！但可不能直接'粗暴地'将两个式子中的 y 扔掉哟，还得保证得到的新式子仍然满足原来的方程组，你有哪些好办法？""有人发现，两个式子相加就可以扔掉 y 了，你同意吗？……""下面先自己解一解，待会儿再对答案"。

一般地，对于多数文字较短的代数题，题意的理解难度不大，拟定计划的思路基本相近，大致如下：分析题目的特征，回顾原有的经验，直接可用原有经验已经形成了解题计划；如果不直接可用，设法消除差异，借助原有经验形成解题计划。

【例 4】如图 2-3-20(1)所示，$AB=BC=CD=DE=EF$。若 $\angle A=18°$，求 $\angle DEF$。

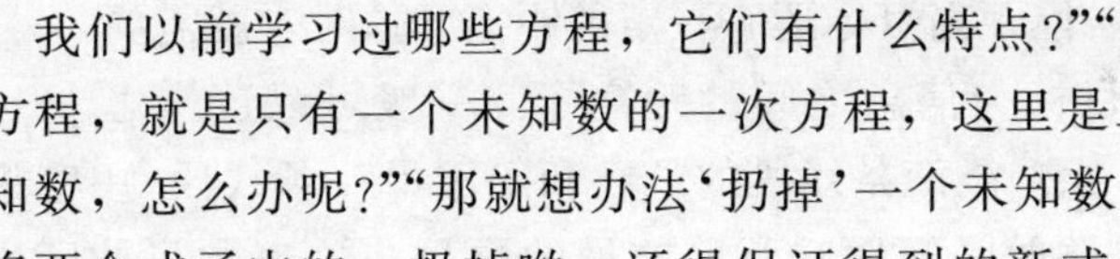

图 2-3-20

读题阶段，教师一般可以解释信息"$AB=BC=CD=DE=EF$"并在图中标注出来，得到图 2-3-20(2)。下面自然是关注信息的联结，进而寻求解题思路了。如何联结呢？自然利用$\angle A$以及上面得到的那些等角了，因此，可引导的语言是："根据$\angle A$以及图中标注的那些等角，你可以依次求出哪些角？相信你一定可以逐步得到$\angle DEF$。"(稍停片刻后)"对，由$\angle A=18°$，可以得到$\angle ACB=18°$……"

一般地，对于文字量较短、难度较小的几何题，在信息理解与直观标注之后，条件结论之间的差距已经比较小了，解题思路不难获得，因此，对于这类问题，拟定计划的思路基本相近，大致如下：尽可能直观地标注信息，然后观察条件与结论的差距，形成解题计划。

【例 5】如图 2-3-21 所示，梯形 $ABCD$ 中，BE，CE 分别平分$\angle B$，$\angle C$，并与 AD 相交于同一点 E，求证：$AB+CD=BC$。

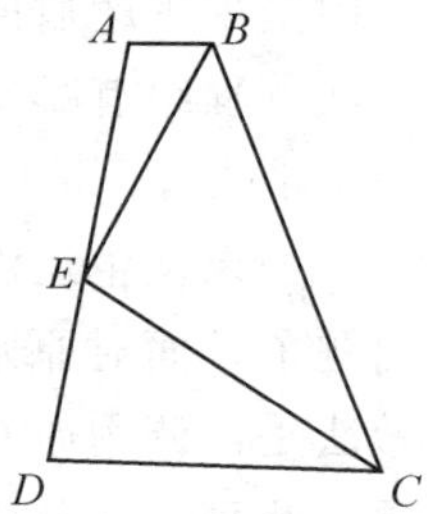

图 2-3-21

本题文字量较例 4 稍长，理解难度也不是很大，根据调研，在题目呈现阶段不管是否留出时间给学生阅读，一般都需要对题目中的信息进行解释与标注。对题目适度解读后，一般可以得到图 2-3-22。即使进行了这样的标注，题意也已经很清楚了，但距离目标还有一定的距离。这时，就需要引导学生分析目标与信息之间的距离了。一般可以这样思考："目标是什么？是两条线段的长度和等于另一条线段(用笔指着对应图形解说)""以前做过类似的问题吗？以前做的题目与这道题目的区别是什么？""对，以前的题目中一般是证明两条线段相等，这里要证两线的和等于另一条线段，这是一个新的题型，怎么转化为原来研究过的问题呢？"(停顿一段时间后)"对，聪明的你想到，将长的截成两段或者将短的拼成一段就可以了。我们不妨将长的截成两段吧，如在 BC 上截取一段 BF，使它等于 AB，下面只要证明剩下的一段 $FC=CD$ 了，这时问题一定已经转化成已经研究过的问题了!"……

一般地，对于较复杂的问题，在题意信息标注之后，还不能得到解题思路，这时关键是分析条件和结论之间的差距，这时常常分析结论的特征，由结论倒过来思考，这样从两边夹逼，不难得到解题思路。另外，这样的思路，最好能在分析的过程中，在图形或者题目旁边用简洁的语言或者流程图表示出来。例如，本例中，在分析过程中建议逐步书写出下面的流程图：截取 $BF=BA$→证明$\triangle ABE\cong\triangle FBE$→证明$\triangle FCE\cong\triangle DCE$→$CF=CD$。流程图，很好地外化了思维过程，其中三个箭头，很清楚地点出了其中的三个关键步骤。解答呈现时，建议将流程图放置到解答旁边，可以要求学生根据流

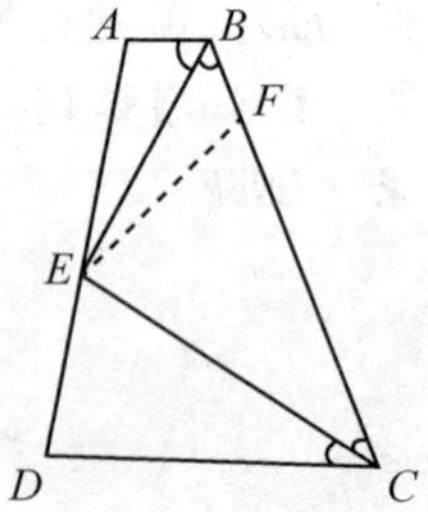

图 2-3-22

程图补全解答，也可以让学生结合解答进行比对。

【例 6】服装店购进某款服装，加价 40%后标价，若按标价的八折销售，仍可获利 15 元，求这款服装每件的进价。

这是具有现实背景的应用题，根据调研，本题宜采用"首先留出学生读的时间，然后教师选择性地读题并解释"这种方式呈现。本例中，读题时，应依次对"加价 40%""八折""获利 15 元""求进价"这些信息用标签笔进行标记，并在标注的时候做出相应的解释："加价 40%后标价，就是在原来成本价的基础上上涨了 40%后标价""再打八折，何为八折，就是以标价的 80%销售""利润 15 元，所谓利润就是销售价格高出成本的部分""我们要求的是什么？原来的进价，一般可以设这个进价为 x"。实际上，读题并解释关键信息的过程，已经协助学生理解了题目中具体信息的含义，初步完成了题意的理解工作。但要形成解题思路，还需要将这些信息联系起来，对于代数应用题，一般可以按照信息的逻辑关系借助图表将信息串起来。例如，本案例中，可以在上面解释关键信息时，边解释边画图，得到图 2-3-23。

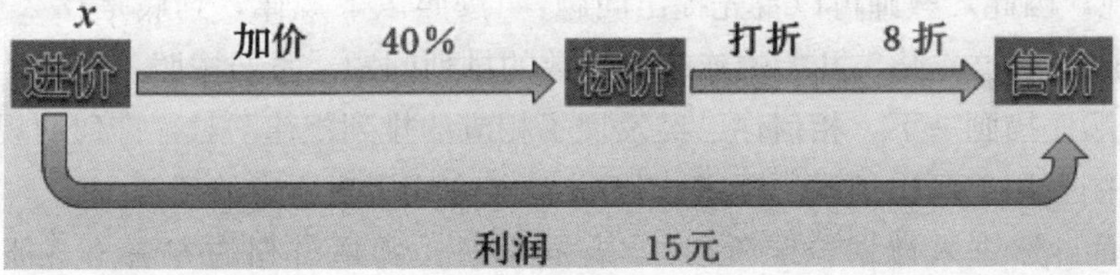

图 2-3-23

下面自然是引导学生根据上面的信息列出关于未知数 x 的方程。具体引导过程可以如下："根据上面的条件，试着用 x 的式子表示上述各量""不妨表示其中的售价吧。这里有两个箭头指向售价，那就应该有两种表示方法了。""相信，你已经得到了两种不同的表示方法。对，根据上面的箭头，标价为 $1.4x$，销售价为 $1.4x\times0.8$；根据下面的箭头，销售价又可以表示为 $x+15$，这就得到方程 $0.8(1+40\%)x=x+15$ 了！"引导过程中，同步点击屏幕，最终呈现在屏幕上的信息如图 2-3-24。

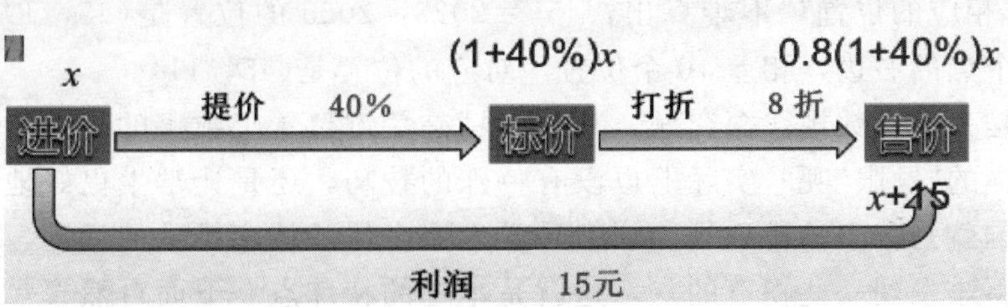

图 2-3-24

一般地，对于应用题，理解题意阶段，更需要关注信息的解读，但要形成解题思路，还要注意加强信息的联系，需要引导学生借助图表等凸显信息之间的联系，从而帮助学生形成解题思路。

【例 7】将自然数按以下规律排列：

	第一列	第二列	第三列	第四列	第五列
第一行	1	4	5	16	17
第二行	2	3	6	15	…
第三行	9	8	7	14	…
第四行	10	11	12	13	…
第五行	…				
……					

表中数 2 在第二行第一列，与有序数对(2，1)对应，数 5 与(1，3)对应，数 14 与(3，4)对应，根据这一规律，数 2015 对应的有序数对为________。

这是一道关于自然数排列的阅读理解题，建议首先留出学生自主阅读的时间，然后教师选择性地解读题目。本题对于题目信息的解读主要在于数字排列规律的发现，因此，教师可以首先提出问题："按照以下规律，到底是什么规律呢，你发现了吗?""这是从 1 开始的连续自然数的排列问题。不妨按照 1，2，3，4，5，6，…的顺序描画一下，相信你已经发现了相应的排列规律""对，排列的规律是这样的(在图上用笔画出排列的顺序)。"至此已经完成了对题意的理解。

下面自然进入计划拟定阶段。"有同学说，知道排列的方法了，那就按照顺序一个一个地数到 2015 呗！相信你不会同意这位同学的做法。看来还得进一步研究一些关键位置上的数字的特点""哪些位置的点较为特殊呢？这些点对应的数又有什么规律呢?""具体画一画，不难发现第一排或者第一列的点很重要，确定了这些点就可以很自然地往纵深发展了。那么，这些点有什么规律呢?""相信聪明的你，已经发现了其中的规律了。第一列的第一行是 1^2，第 3 行是 3^2，依次类推，第一列的奇数行是这个奇数的平方；第一行的第 2 列是 2^2，第 4 列是 4^2，依此类推，第一排的偶数列是这个偶数的平方。下面，我们可以先研究 2015 靠近哪个平方数，然后再从这个特殊位置入手推算出 2015 相应的位置""不难算出，$45^2=2025$，2025 的位置是(45，1)，2015 应在这个点的右边，相差 10 个位置，对应的位置是(45，11)。"

这是一道代数规律探究题，其"题眼"是关键位置上数字的规律，如何寻找到这样的"题眼"呢？实际上也没有特殊的技巧，还是让学生更好地感受题意。本题就是数字的排列规律，引导学生亲身体验按序排数的活动，通过活动学生不难发现一些拐弯的点，这就是本题的特殊点。下面自然聚焦于这些点的规律探究了。

这里以 5 道题目为例，尝试得到 5 种不同类型问题思路探析的一般思路，希望对一线教师的微课设计具有指导意义。当然，即使是同一类题目，具体各个题目还有很多个性差异，因此，希望得到一个统一的思路分析方法，可能是枉然的，还需要具体问题具体分析。

(四)解答呈现[①]

1. 研究设计

为了研究学生对解答呈现方式的偏好，自然需要梳理现有微课中解答的呈现方式，同时还需要分析影响解答呈现方式的题目特征，进而开展相应的调查设计。

(1)呈现方式分析。

关于题目的呈现方式，我们在对大量现有微课观察的基础上，与一线教师进行了访谈，认为在微课拍摄中，该环节一线教师常常需要思考这样 3 个问题：①一屏呈现解答还是多屏呈现解答；②在一屏中直接呈现全部解答还是分步呈现解答；③在学生阅读解答的时候是否配点轻音乐以放松心情。

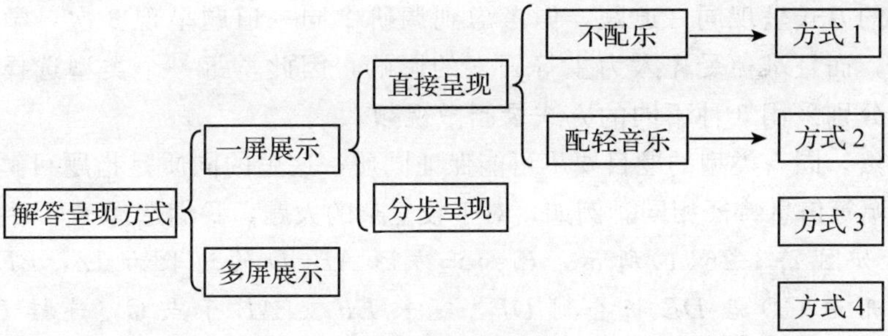

图 2-3-25

对于第一个问题，是否多屏呈现，我们对深圳市坪山实验学校八年级部分学生和全体数学组教师进行了访谈。访谈主要围绕着分屏呈现对理解造成哪些困难，怎样做才能有利于学生对解答过程的理解等这些问题展开。教师们一致认为：一屏能呈现全部解答过程的，就不必要分多屏来展示。一道题目即使有几个小问，但解答的文字量不是很大，也尽可能一屏呈现；如果有多个小问，而且解答文字量确实较大，一屏呈现可能影响到学生的阅读，这时只能多屏呈现，但为了体现整体感，建议在后续的屏幕中将原来的题目以及前面几个小问的结论抄录，便于学生在阅读下面小问的解答时参考。因此，后面拍摄微课进行学生调查时，我们仅仅选择一屏呈现的三种方式进行调研。

① 袁虹，章飞：《微课中典型例题的解答呈现环节的调查研究》，载《中学数学》，2016(6)：55～56.

(2)调研题目设计。

①题目特征分析。

解答的篇幅、题目的难度、题目涉及的知识领域等因素，都可能影响到学生对题目解答呈现方式的偏好。但正如上面所分析的，解答能够一屏呈现的尽量一屏呈现，因此，调研中我们仅考虑解答能一屏呈现的问题，姑且选择仅有一小问的题目。题目的难易程度，决定了问题解决的步骤的多少，这可能成为是否分步呈现的关键因素。来自不同知识领域的题目，解决问题的思维方式有所差异，这也成为影响解答呈现方式的因素。当然，复杂问题，不管来自哪个知识领域，解决的步骤都较多。预调研中，教师们认为知识领域对复杂问题的解答呈现方式影响不大，因此，对简单题我们选择了代数和几何两个领域开展调研。正是基于上述思考，我们选择调研的题目有三类：简单的代数题、简单的几何题、较复杂的大题。

②调研题目选择。

为了解学生对于每一类题目的解答呈现方式的喜好程度，本应该采用 3 种不同的方式呈现同一道题，但考虑到调研中同一道题呈现 3 次，学生可能会厌烦，而且难免受先入为主等因素的影响，因此，每一个类型选择了 3 个题目，分别采用 3 种不同的方式录制微视频。

当然，同一类型的题目要尽可能保证同质，这里的同质是指题目解答的难度和篇幅等信息特征相同。例如，对于较复杂的大题，我们选择了下面 3 道题。

1. 如图 2-3-26(1)所示，已知正方形 $ABCD$ 的边长为 12，$BE=EC$，将正方形边 CD 沿 DE 折叠到 DF，延长 EF 交 AB 于点 G，连接 DG，求 AG 的长。

2. 如图 2-3-26(2)所示，等边$\triangle ABC$ 中，D 是 AB 上的动点，以 CD 为一边，向上作等边$\triangle EDC$，连接 AE。求证：$AE/\!/BC$。

3. 如图 2-3-26(3)所示，在$\triangle ABC$ 中，AD 是角平分线，$BE\perp AD$，交 AD 的延长线于点 E，点 F 在 AB 上，$BF=EF$。求证：$EF/\!/AC$。

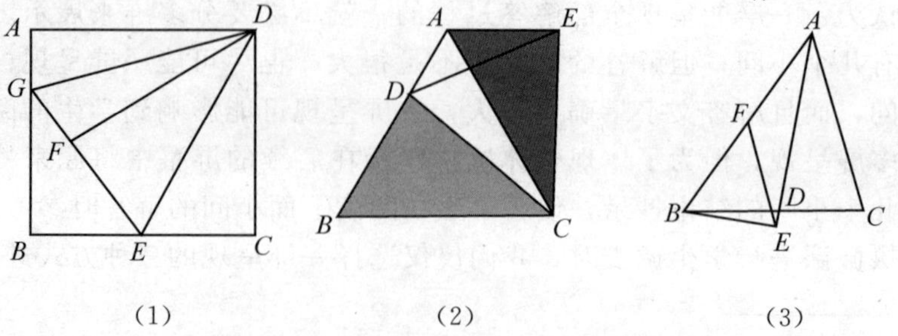

图 2-3-26

(3)调研过程实施。

基于以上考虑，我们将“简单的代数题”“简单的几何题”“较复杂的大题”3类问题分别用一屏展示的3种方式录制成9个微课，分别对深圳市坪山中学和坪山实验学校两所学校八年级4个班级的学生进行了调查。具体做法：发放调查问卷，在班级内统一播放视频，学生观看后填写调查问卷，最终根据回收的问卷进行数据分析。

题目类型序号	题目特征	你喜欢的解答过程呈现方式(请在下面的表格中打√)		
		A. 一个屏幕，直接呈现解答	B. 一个屏幕，分步呈现解答	C. 一个屏幕，分步呈现，并在学生阅读时配轻音乐
1	简单的代数题			
2	简单的几何题			
3	较复杂的大题			

2. 调查数据与结论

(1)调查数据。

本次调查共发放调查问卷171份，收回有效问卷171份，数据如下表(其中阴影部分表示填选该方式的学生数在同一行中最高)。

题目类型序号	题目特征	人数(比例)		
		A	B	C
1	简单的代数题	119(69.59%)	30(17.54%)	22(12.87%)
2	简单的几何题	39(22.81%)	105(61.40%)	27(15.79%)
3	较复杂的大题	22(12.87%)	26(15.20%)	123(71.93%)

(2)调查结论。

对于简单的代数题，有69.59%的学生希望一个屏幕直接展示。这也和我们预期的结果相符。因为简单的代数题难度较小，通过教师之前的读题和分析，学生已经能充分地理解题意并知道解答方法，而且解答过程也较简单，因此，直接展示一下答案以便学生对照即可。

对于简单的几何题，有61.40%的学生希望通过分步呈现最终的解答过程。这个调查结果也在情理之中。几何问题，逻辑结构清晰，分析时即已明确地将解题过程分解成若干个步骤，有经验的教师一般都会将简要的思维线索罗列出来，然后在思维线索的旁边依次对应地写出完整的解答过程，因此，这类问题特别适合分步呈现，以便学生对照观看。此外，简单的几何题，每一步解答都相对比较简短，没有太多的理解障碍，屏幕上打出题目后，稍做停顿，学生即可理解，不必留出专门的思考时间，因此，一般也不需要配音乐。这类问题，微课中教师的引导语一般为“根据上述分析，我们首先证明第一步(点击呈现第一步的过程，稍停顿)，接着完成第二步(点击呈现第二步的过程)……”

对于较复杂的大题，高达71.93%的学生希望一屏完整地呈现解答，并在阅读时配上轻音乐。通过调查之后的访谈，大部分学生认为这个选择十分合理。在阅读复杂题的解答时，学生需要不断地将解答过程前后对照，以便理解和消化题目的解题思路。若分步呈现，学生常常跟不上老师的节奏，倒不如全部呈现出来，便于学生按照自己的节奏自主学习。为了体现各个步骤，可以在分析思路时，就将思维线索标示在屏幕上将来要呈现解答位置的一侧，便于学生对照着分析思路加以理解。当然，由于文字量较大，学生理解答案的时间可能较长，这时配点轻音乐，既可以提醒学生按暂停键自主学习，也可以放松学生的心情。

综上，我们有如下结论：

①简单的代数题，建议直接完整地呈现解答。

②简单的几何题，建议分步呈现解答。

③较复杂的大题，尽可能一屏呈现解答，如果一屏实在难以呈现，建议在后面屏幕上呈现题目和前几小问的结论；一屏呈现时，建议不分步呈现，但可以在解答旁以标示的形式让学生感受各个步骤；由于难度较大，阅读时间可能较长，建议配以轻音乐。

(五)解后反思[①]

1. 解后反思的意义

反思，就是从一个新的角度，多层次、多角度地对问题及解决问题的思维过程进行全面的考察、分析和思考，从而深化对问题的理解，优化思维过程，揭示问题的本质，探索一般规律，沟通知识间的相互联系，促进知识的同化和迁移，进而产生新的发现。

对于反思的重要性，波利亚指出：“如果没有了反思，他们就错过了解题的一次重要而有效益的机会。”“通过反思所完成的解答，通过重新考虑和重新检查这个结果和得出这一结果的路子，学生们可以巩固他们的知识和发展他们的解题能力。”他还说：“当你找到第一个蘑菇后，要环顾四周，因为它们总

---

① 袁虹，章飞，赵大运：《微课中“解后反思”的思考与实践》，载《中学数学教学参考》，2016(Z2)：131～133.

是成堆生长的。"这正是反思的奥妙所在。在数学学习中，我们要善于在发现第一个蘑菇后"环顾四周"，学会反思。实际上，通过反思，可以再次外显解题过程，提升解题经验；可以通过问题的多视角审视，形成多样的解题方法，并在方法对比中进行优化；可以通过对问题的拓展延伸，在一题多变中感受问题的本质。

反思不仅仅促进了知识的理解与深化，更将成为优秀学生的良好的学习习惯。可如今，很多学生"解题千万道，解后抛九霄"，这样的学生自然不可能跳出"题海"，他们的学习将苦不堪言。而反思正是跳出"题海"的妙药。因此，教学中要注意引导学生进行解后反思。

作为教学辅助的微课，更应该外显解后反思的过程，让学生感受解后反思的过程与方法，习得解后反思的方法，形成解后反思的能力和习惯，从而提升学生的学习力，达成发展学生能力的目标。

2. 解后反思的内容

对一道数学题，可以进行反思的内容包括对解题经验的反思、解法变化的反思、题目变化的反思以及对题目本质的揭示等。可以反思的视角如下。

(1)解题经验的反思。

常见的反思语有：这道题的关键是什么？你是怎么突破的？

(2)解题变化的反思。

常见的反思语有：刚才的解法过程中有没有什么废招，能不能适当简化？这道题还可以怎么解？这些解法各有什么特点？

(3)题目变化的反思。

常见的反思语有：这个问题还可以怎么变？变式的方法如下。

延展性变式：在条件不变的情况下，你还可以求什么？

条件变式：将其中某个条件适当变化(一般化、特殊化、换种说法、换一个其他条件)，还能求出类似的量吗，还有类似的结论吗？

逆向变式：如果将题目中的部分条件和结论对换，这个问题还成立吗？

背景变式：如果将题目换个背景，还有类似的结论吗？

考查方式的变式：考试的时候，教师还会借助这些问题，设计出一些开放性的问题。例如，给出关于一个图形的若干信息，请选择部分信息作为条件、部分信息作为结论，构造命题，并判断正确性。

(4)题目本质的提示。

常见的反思语有：这道题目以及其变式中，蕴含着什么本质性的东西？你能借助这样的本质提出问题、解决问题吗？

3. 微课中解后反思的思考与实践

(1)仔细分析题目的特征，选择性地设计解后反思。

解后反思的目的，不仅仅是加深学生对问题的认识，形成较为深刻的解题经验，更重要的是形成解后反思的意识和习惯，发展学生的学力和思维的深刻性。基于上述认识，我们建议：尽可能引导学生反思；但也不要所有问题都进行反思。任何问题都反思，学生难免有这样的牢骚："烦死了，什么事情都要颠来倒去。"因此，对于一些简单的问题，其解法以及内蕴的思想、方法，学生都比较熟悉，就不要再反复地进行反思了。例如，求－2的相反数、求函数的自变量取值范围等简单且没什么思维含量的题目，引导学生自主解决后比对答案就可以了，不用再多解释。一般而言，求解过程中容易出现一些有典型错误的问题，求解过程具有一定的典型性、解题思路具有一般性、解题难度较大的问题，建议尽可能给出相应的反思。

①对易错点进行对比式、罗列式反思。

由于种种原因，学生出现概念理解、运算技能、表达规范等方面的错误在所难免，而且这样的错误，常常还比较"顽固"，学生屡屡在同一个地方"栽倒"，教学中应注意揭示这些易错点以及相应的错误原因。为此，微课设计中，可以通过解后反思，在对比中寻找"病灶"，从而加深学生的认识，以达到避免错误的目的。例如，解方程、不等式以及相应的分式运算、整式运算中，学生常常由于对算理理解得不深刻、运算技能的不熟练以及一些相关性质的误用错用等形成一些典型错误。教学中，教师应注意收集学生的这些典型错误，并在解后反思环节，引导学生思考"这些运算过程中可能出现哪些错误"，并将相应的错误罗列出来，给学生提个醒。

【案例2.8】用公式法解一元二次方程

学习了用求根公式解一元二次方程，学生一般都会套用公式，但由于方程各项系数的影响，可能出现计算量偏大的情况，很多学生因为计算不过关导致计算错误在所难免。例如，解方程 $0.25x^2-1.25x+1=0$，如果将这些小数系数直接代入，计算量较大，而将方程的系数化为整数后，运算量骤减，因此，可以首先呈现直接套公式的解法，反思该方法中的运算量，引导学生思考如何减少运算量，然后将系数化为整数后的方法展示出来，并在屏幕上左右两边对比呈现，让同学们通过对比更好地感受简化运算带来的便利。另外，解二次方程时，学生还会出现系数符号的错误、分数运算中忘记部分项符号的运算、最终结果不化简等错误，在微课中注意通过对比展示这些错误，以帮助同学找到错误的原因。为了凸显这些错误，可以在屏幕上将这些错误框出来(图2-3-27)，以起到更好地警示作用。此外对于这些技能型的典型问题，还可以在反思中总结出相应的解题步骤和易错点。

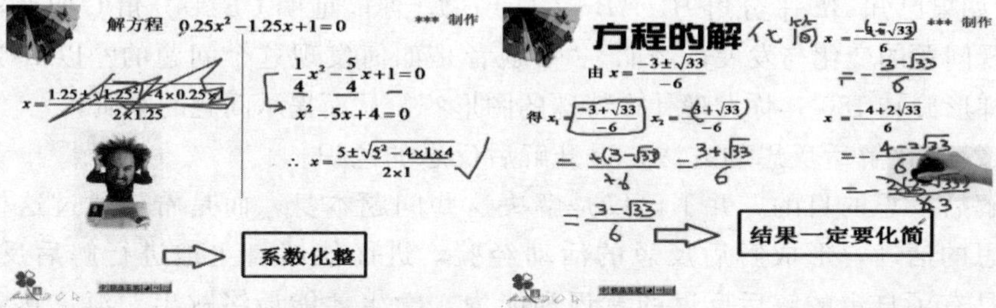

图 2-3-27

②对典型问题进行思路概括与拓展延伸。

微课，作为对课堂教学的补充或者课堂内容的前置，因此，所选例题一般应具有典型性、一般性，其方法应具有普遍性和迁移性，为此，在这些问题求解之后可以引导学生总结这类问题的一般思路和解题步骤，并用框图框起来以起到更好的警示作用。例如，用公式法解一元二次方程，可以在反思阶段整理成图 2-3-28。

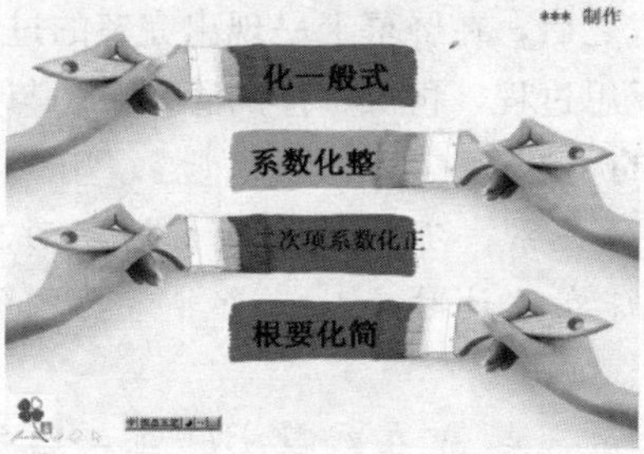

图 2-3-28

如图 2-3-29 所示，梯形 $ABCD$ 中，BE，CE 分别平分角 B，C，并与 AD 相交于同一点 E，求证：$AB+CD=BC$。

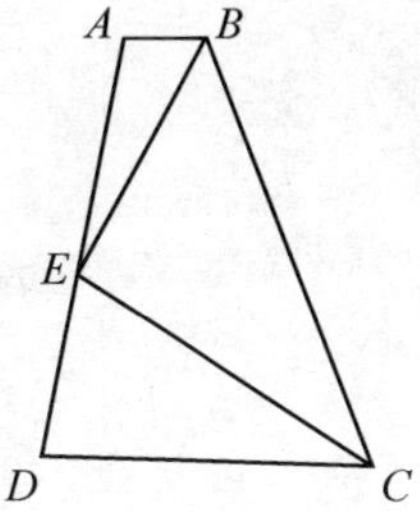

图 2-3-29

本题结论具有典型特征“两条线段的和等于另一条线段”，这类问题的求解自然也有其特定的方法“截长”或者“补短”，在解后反思中要总结出这类问题的求解方法。

实际上，可以以本题为例进行多个角度的解后反思。例如，“这道题的关键是什么？你是怎么突破的”“从这道题你可以得到哪些经验”，从而反思本题的解题经验；例如，“除了在 CD 延长线上截取 $DF=AB$ 外，还可以选择什么方式进行补短？还可以通过怎样作辅助线也能得到同样的图形，达成同样的目的?”，从而比较解法、优化解法；例如，“在解题过程中我们还可以得到哪些结论？你能证明 $AE=DE$ 吗?”“如果已知 BE 平分角 B，$AB+CD=BC$，你能证明 CE 平分角 C 吗?”，从而实现问题的变化与发展；例如，“命题者是如何发现这个问题的？以 E 为中心将梯形旋转 $180°$，你发现什么特殊的图形?”，从而揭示问题的本质。

(2)外化解后反思的方法，提升解后反思的意识。

解后反思的目的，并不仅仅是解决这些问题本身，而是希望通过这样解后反思的活动，形成解后反思的活动经验，进而能够自主地进行解后反思。只有具有了自主的解后反思的意识和能力，学生才能最终跳出题海，达到举一反三的效果。因此，微课中不仅要引导学生进行解后反思，更为重要的是要注意外化解后反思的方法，让学生感受解后反思的方法。

那么，如何外化解后反思的方法呢？建议将反思的过程和方法通过声音、文字、图形等多种形式呈现出来，以调用学生听觉、视觉等多个感官参与学习，而且文字、图形等形式可以在屏幕上停留较长的时间，因而可以给学生更长时间的刺激，从而达到更为深刻的效果。

此外，在动态的视频中，学生感受到的仅仅是局部的反思过程，随着流媒体的播放，前面的过程已然消失，因此，学生难以形成对整个反思过程的整体感知，因此，还可以在反思完成之后，在屏幕上呈现出完整的过程，并停留一定的时间，让学生再次回顾这样的反思过程，再次整体的感知反思与变式的方法。

【案例 2.9】旋转中的不变

在旋转中发现不变的关系、不变的量是我们在动态问题设计中希望让学生掌握的能力。本节微课在设计时先从一个非常典型的问题入手：两个等边三角形构成的全等关系。

如图 2-3-30(1)所示，点 A 在线段 BD 上，已知等边三角形 ABC 和 ADE，连接 CD，BE，求证：$\triangle ACD \cong \triangle ABE$。

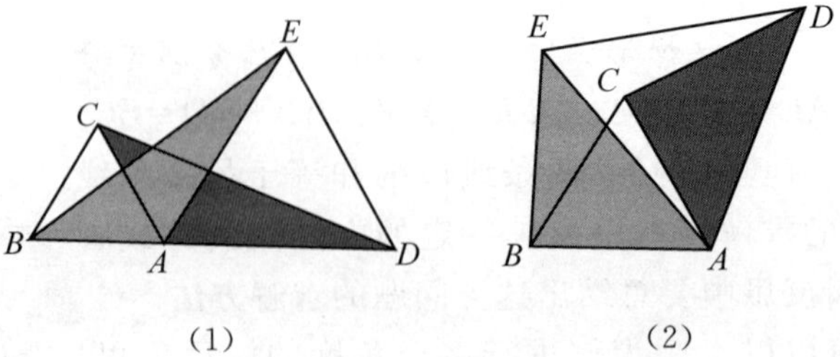

图 2-3-30

变式 1：上面点 B，A，D 共线，如果点 B，A，D 不共线，上面的结论还成立吗？即如图 2-3-30(2)所示，已知等边三角形 ABC 和 ADE，连接 CD，BE，求证：$\triangle ACD \cong \triangle ABE$。

变式 2：例题是从三角形两边上做正三角形的，如果我们改作正四边形、正五边形、正六边形又如何呢？这就是所谓的横向变式。$\triangle ACD$ 与 $\triangle ABE$ 还全等吗？说明理由。

再反思：(1)例题及两个变式题有什么联系？证明的方法一致吗？

(2)你能编出类似的问题吗？

变式 3：如图 2-3-31 所示，如果将上一个问题中的正方形改为菱形，结论是否成立？

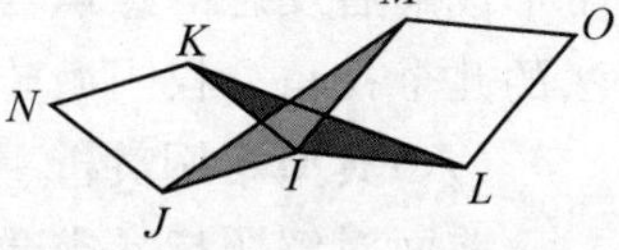

图 2-3-31

变式 4：我们知道全等是相似的特殊化，如果我们仅仅要求这两个三角形是相似的关系，那么，你能编出什么样的问题？画一个怎样的图呢？

让学生思考片刻后，屏幕上给出部分提示：相似需要角相等吗？需要边相等吗？边需要满足什么关系？再停留一会儿，给出图 2-3-32，并问这个图形是不是满足条件？即如图 2-3-32 所示，Rt$\triangle ABC$ 和 Rt$\triangle AED$ 中，$\angle BAC=\angle DAE=30^\circ$，连接 BE，CD，$\triangle ABE$ 与 $\triangle ACD$ 有何关系？到这里，学生们应该很容易想到用两边对应成比例且夹角相等来证相似。

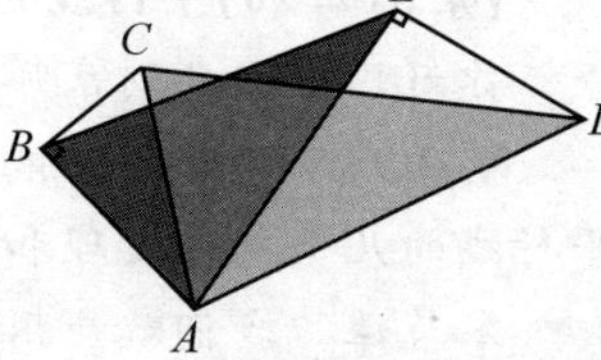

图 2-3-32

最后，可以通过语言“我们再一起回顾一下这道题目以及它的几个变式之间的关系吧”来进行小结反思，这时将变式的过程展现在一张屏幕上(图 2-3-33)。“仔细观察图中题目与各个变式之间的关系，这可是重要的学习方法哟！”让学生再次感受变式的过程与方法，并在图 2-3-33 中将各个变式之间的关系用箭头表示出来，以加深学生的理解。

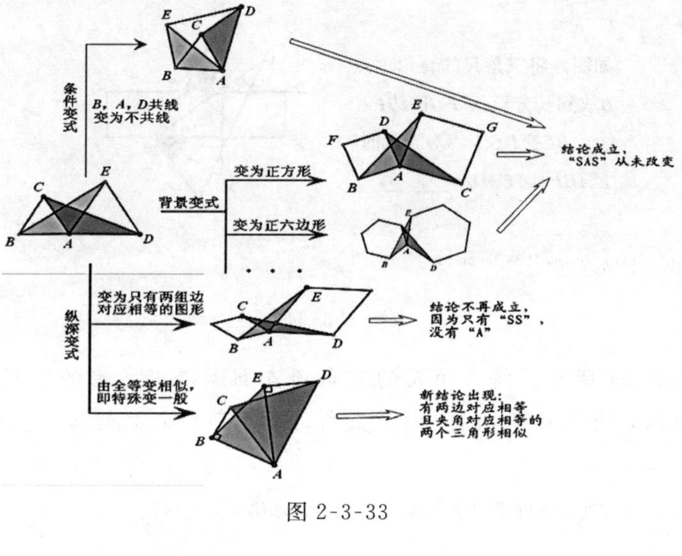

图 2-3-33

总之，解后反思是提升学生学力的一个重要环节，微课设计中应尽可能外显解后反思的过程与方法，让学生感受解后反思的过程与方法，以促进学生形成解后反思的意识与能力。这里通过案例提供了外显解后反思过程与方法的几个视角，权当抛砖引玉，希望得到更多一线教师的实践回应。

(六)典型案例赏析

前面对解题指导类微课设计的各个环节进行了一些调查研究，也许有点只见树木不见森林。下面再提供几个相对完整的案例，供老师们赏析。(当然，脚本上未必能将动态的呈现过程完整清晰地描述出来，权请老师们自行体会)

【案例 2.10】平行线的应用——善作平行巧移角①

你好！欢迎来到京师数学微课堂。

前面几节课，我们依据基本事实、相关定义和已经证过的定理，证明了平行线的几个判定定理和性质定理。

本节课，我们就应用平行线的判定方法和平行线的性质解决一些几何问题。

我们先回顾一下平行线的判定方法和平行线的性质。

同学，你能说说平行线有哪些判定方法呢，有哪些性质呢？

平行线的判定方法，我们学过 4 个(点击，稍停顿)；平行线的性质，我们学过 3 个(点击，稍停顿)。

接下来，我们看一个用三角尺编制的问题(点击，呈现完整的题目)。

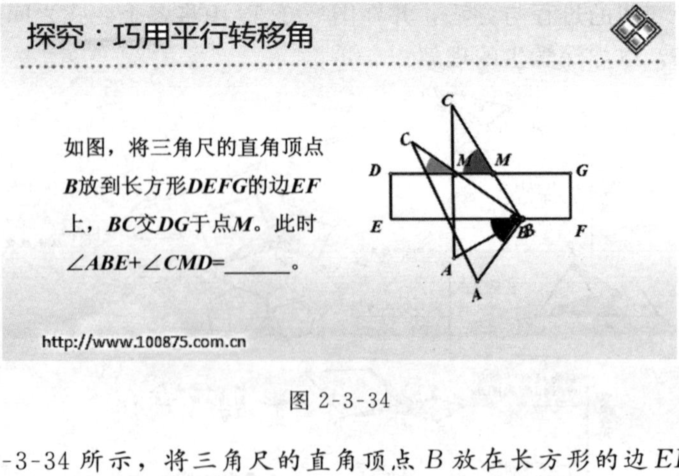

图 2-3-34

如图 2-3-34 所示，将三角尺的直角顶点 B 放在长方形的边 EF 上(点击，凸显直角顶点，并显示直角符号)，直角边 BC 交 DG 于点 M，$\angle ABE$(点击，

① 设计：江西省九江市同文中学 钟敏，指导：江苏第二师范学院 章飞.

图中显示出该角的标记)与$\angle CMD$(点击，图中显示出该角的标记)的和等于多少度?(稍停顿)

【赏析】这是一道文字量较小的几何题，根据前面的调查，建议边读题边标注并加以解释，因此，这里直接在屏幕上呈现题目，教师一边读题一边将重要信息在图形中表示出来。

这两个角的大小固定吗?对，这两个角的度数并不固定(点击，图形旋转一下，两个角明显发生变化)，因此，先分别求出度数再相加的思路是行不通的。

那怎么办呢?对，既然是求两个角的和，那就将两个角“移”到一起。注意，题目中好像还有信息没有用到，如直尺、三角板有什么信息?

请按暂停键，自己先想一想、试一试。(稍停顿)

【赏析】这道题目的难度不大，学生基本上将题意标注到图形中，将两个角适当转化就可以解决了，因此，这里引导学生思考，这些角大小固定吗?要求的是两个角的和，如何将这两个角合并起来?是否还有什么条件没有很好地利用?这样引导学生设法利用平移将两个角拼起来，同时利用三角板中的直角、直尺中的对边平行等条件解决问题。有了这样的引导，思路已经是水到渠成了，当然，为了体现互动，下面采用了学生交流的方式呈现思路和解答。

让我们一起听听小颖的想法吧!

小颖：我发现$\angle CBE$与$\angle CMD$是同位角，它们相等。用$\angle CBE$代换$\angle CMD$，就相当于把$\angle CMD$移到了$\angle CBE$的位置。而$\angle ABE$与$\angle CBE$的和恰好等于直角。所以答案是90°。我将过程整理出来了(边说边指着图形中相应的信息，最后点出详细的解答)

师：怎么样，你听懂了吗?!小颖的想法是借助平行移动角，非常棒!

【赏析】思路清晰了，解答是显然的，因此，这里重在分析思路，然后直接点击呈现解答，让学生自主观看。

请大家继续思考：如果将三角尺的直角顶点放到长方形的内部，结果又如何呢?这时，AB，BC与长方形的两长边所成的角是$\angle ANE$和$\angle CMD$，它们的和还是90°吗?

请按暂停键，自己想一想、试一试。(稍停顿)

【赏析】解决问题之后，自然需要对问题进行适度地反思，这里，教师主要侧重于题目的变式发展。对于几何题，最常见的拓展方式是元素位置的变化或大小的变化，这里引导学生将点B从边上引向直尺内部，后面再进一步引向外部，从而产生新的探究性问题，很好地发展了学生的探究能力。

我们看看小明是怎么做的。

小明：我的想法与刚才小颖的想法类似，就是想办法把两个角都移到点

B 处。具体可以这样做：过点 B 作一条平行于长方形长边的直线，然后利用同位角相等，就可以实现转移角的目的了，答案仍然是 90°。（边说边指着图 2-3-35 中相应的元素说明）

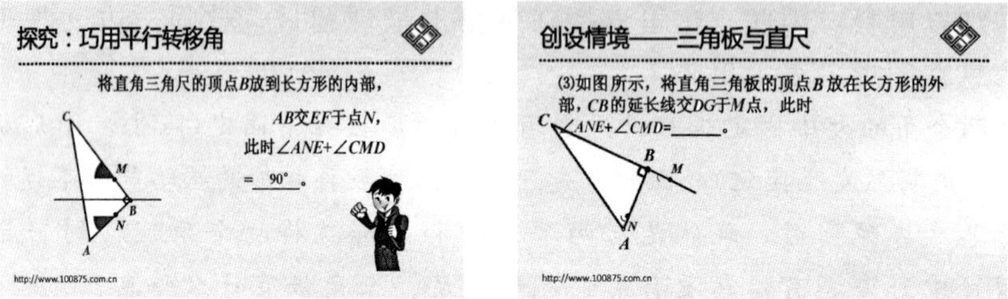

图 2-3-35

小明借鉴了刚才小颖的想法，并为此添加了一条平行线，很有创意！

接下来，如果将直角顶放到长方形的外部，此时 CB 的延长线交 DG 于点 M，这时形成的两个角 $\angle ANE$，$\angle CMD$，它们的和还等于 90° 吗？

相信这个问题难不倒你，请同学们课后完成。

【赏析】采用学生交流的方式，呈现解题思路，形式活泼。学生解说思路时，清晰地说明了这个思路与前面题目的联系，讲清了思路的来源，相信，这些可以给读者启示。另外，为了避免重复，这里仅呈现了其中一种情况的解题思路，将另一种情况留给读者课后自己解决。

做完题，要善于及时总结经验。在这道题中，你有哪些经验？（稍停顿）

小明：我的经验是，巧妙地利用平行将分散的角联系起来（点击图 2-3-36），如果原来没有平行线，可以作平行（边说边点击），我将这个方法叫做“善作平行巧移角”（点击出现标题）。

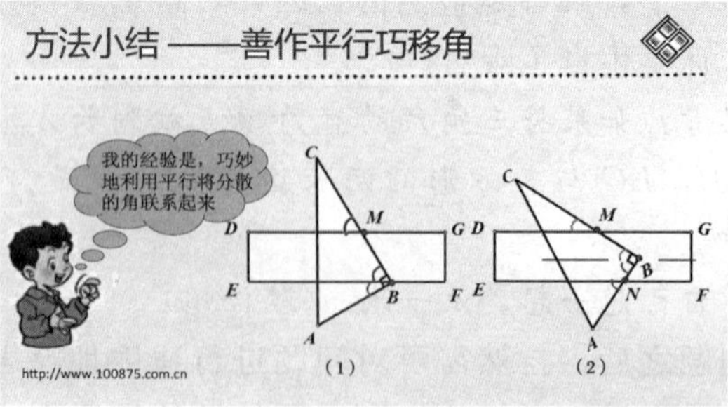

图 2-3-36

【赏析】这里主动引导学生总结几种情况中解决问题思路的共性，从而提炼解题经验“善作平行巧移角”。这也是解后反思的一个重要内容。后面还有采用这个经验解决题目，限于篇幅，这里不再展开。

【案例 2.11】勾股定理的应用——蚂蚁怎么走最近[①]

你好！欢迎来到京师数学微课堂。

前面我们探究了勾股定理及其逆定理。这节课，我们将进一步学习勾股定理的应用。

准备好纸和笔，让我们一起开始吧！

请看这样一个有趣的问题：如图 2-3-37 所示，一个圆柱的高为 12 cm，底面周长为 18 cm。在圆柱下底面的点 A 处有一只蚂蚁，如果它想吃到上底面上与点 A 相对的点 B 处的食物，那么它沿圆柱侧面爬行的最短路程是多少？（稍停顿）

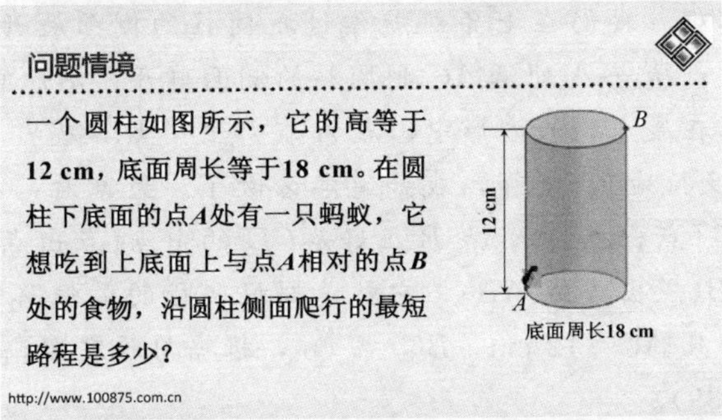

图 2-3-37

从直观上看，你觉得怎样的路径最短？请你用纸板做一个圆柱，尝试从点 A 到点 B 沿圆柱侧面画出几条路线，你觉得哪条路线最短呢？

请按暂停键，自己先想一想、试一试，再继续看视频。

小颖：我觉得蚂蚁爬行的最短路径应该是从点 A 沿圆柱的高到最上面的点 C 处，然后再沿上底边缘到点 B 处（动画演示）。

师：你同意小颖的想法吗？这样爬行的路程是高＋底面周长的一半＝12＋9＝21(cm)（图 2-3-38(1)）。

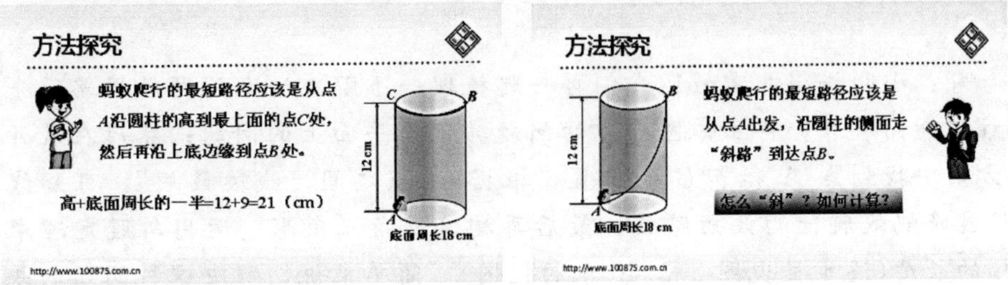

（1）　　　　（2）

图 2-3-38

① 设计：山东省青岛市胶州市第八中学 刘乃志.

小明：我感觉小颖说的路径不是最短的。我觉得蚂蚁爬行的最短路径应该是从点 A 出发沿圆柱的侧面走“斜路”到达点 B。但具体怎么“斜”最短？如何计算这个路程？我还没想好(图 2-3-38(2))。

师：小明对小颖做法的正确性表示怀疑，并提出了自己的初步想法。不过他遇到了困难。你能帮帮小明吗？(稍停顿)

小明的困惑在于这是一个立体图形，而且是在一个曲面上。这是我们从未遇到过的，我们以前研究过的最短路线问题都是在一个平面上。

师：那么，我们能不能将圆柱的侧面转化成平面图形呢？

小颖：这不难。我们在七年级就学过把圆柱的侧面展开为一个长方形。具体可以这样做：从点 A 处沿 AC 把圆柱的侧面剪开，然后再展平即可。

师：很好！在展成的长方形中，点 A 在哪里？点 B 呢？

小明(迫不及待地)：老师，我知道怎么做了。大家看，在展成的长方形中，点 A 在这里(点出点 A)，点 B 正好是 CD 的中点(点出点 B，并标出 2 个 9 cm)，连接 AB(点出虚线 AB)，它就是蚂蚁爬行的最短路线。因为 $\triangle ABC$ 是直角三角形，且 $AC=12$ cm，$BC=9$ cm，根据勾股定理，就能求出 AB 的长度了(图 2-2-39)。

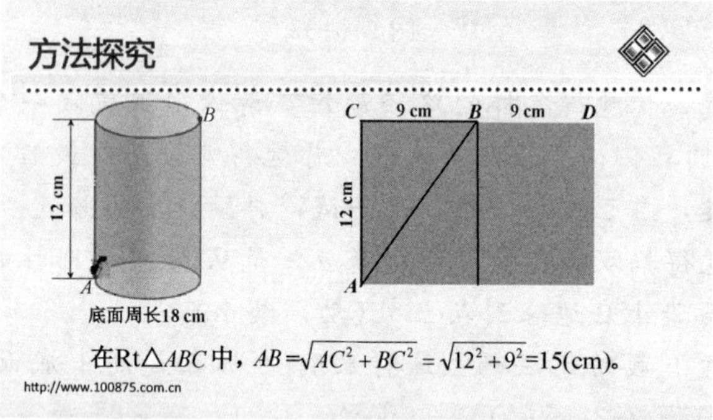

图 2-3-39

师：小明讲得非常好！我们再一起梳理一下解决这个问题的思路。先把圆柱的侧面展开，将立体图形中的问题转化为平面上的问题；然后在展开的长方形中找到点 A 和点 B 的位置，根据“两点之间，线段最短”，可知线段 AB 就是蚂蚁爬行的最短路线；最后再构造直角三角形，运用勾股定理求出 AB 的长度(逐步呈现图 2-3-40 中的框图)。简单来说，解决这种问题的基本思路就是“化立体为平面”。

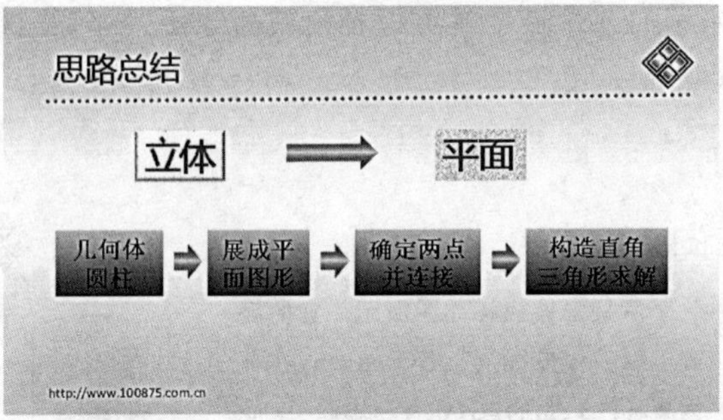

图 2-3-40

师：接下来，我们把刚才问题中点 A 和点 B 的位置变化一下，你能设法求出蚂蚁沿圆柱侧面爬行的最短路程吗？（图 2-3-41）

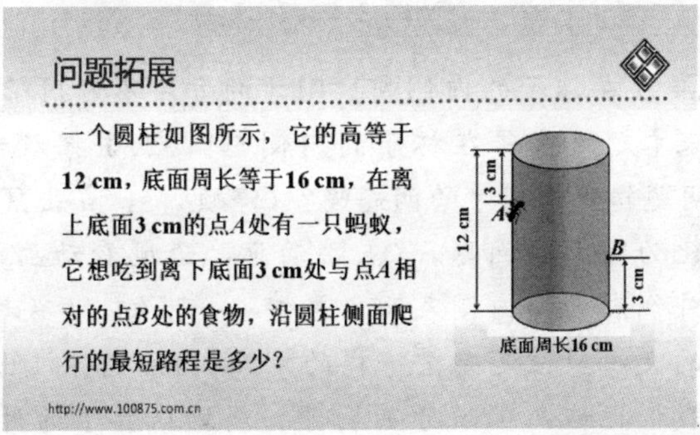

图 2-3-41

请按暂停键，自己先想一想、试一试。

小颖：按照刚才的方法，可以先把圆柱的侧面展成一个长方形，点 A 在这里，点 B 在这里，从而构造出 Rt$\triangle ABC$，进而就能求出最短路程(如图 2-3-42 所示，稍停顿)。

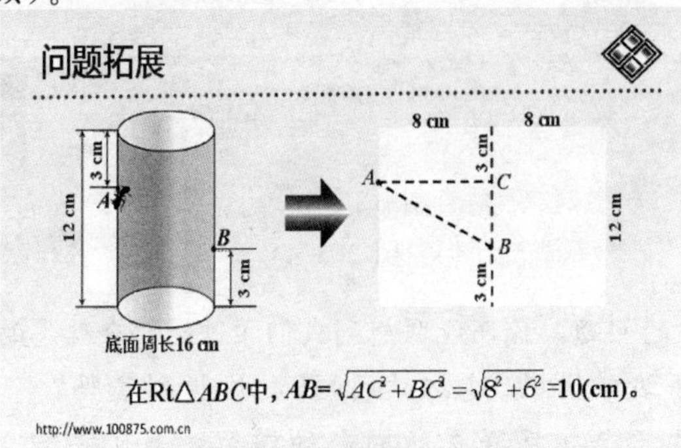

图 2-3-42

师：看来，同学们都掌握了解决这种问题的方法。那就继续挑战一下自己吧！

师：请看题(点击如图 2-3-43 所示，稍停顿)。注意：点 B 可不在圆柱外侧哦！

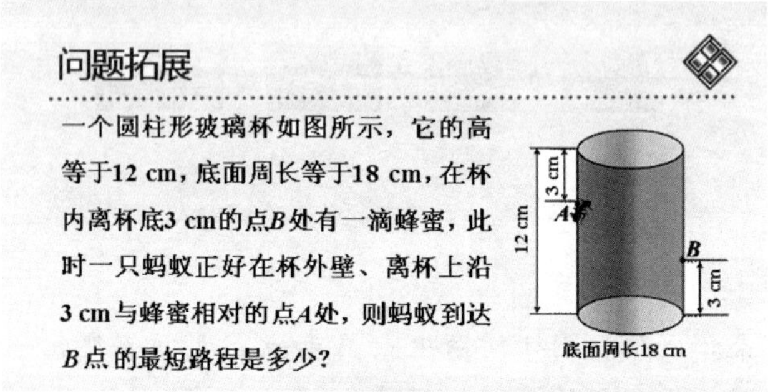

图 2-3-43

小明：噢，点 B 在杯子的内侧啊！刚才的方法不好用了。怎么办？

师：噢，原来本题的点 C 在杯子的内侧啊！(点击播放动画)这可怎么办呢？怎样把这个问题转化为刚才的问题呢？(停顿 5 s，点击鼠标进入下一页)

师：为了转化为刚才的问题，(点击动画，边观看动画，边解说)我们可以想象成杯子的外侧表面和内侧表面各覆盖了一张纸，(不考虑圆柱的侧面厚度，外壁和内壁的大小应该是完全一样的)。我们用笔标记出蚂蚁的位置和蜂蜜的位置。然后我们把这两张纸分别展开，蚂蚁从杯子的外壁爬到内壁也就是从一张纸上爬到另一张纸上(图 2-3-44)。

师：这样我们就成功地把这个问题转化成了前面我们已经熟悉的问题，是不是感觉很神奇？大家要掌握这种把陌生的问题转化为熟悉的问题的解题方法。

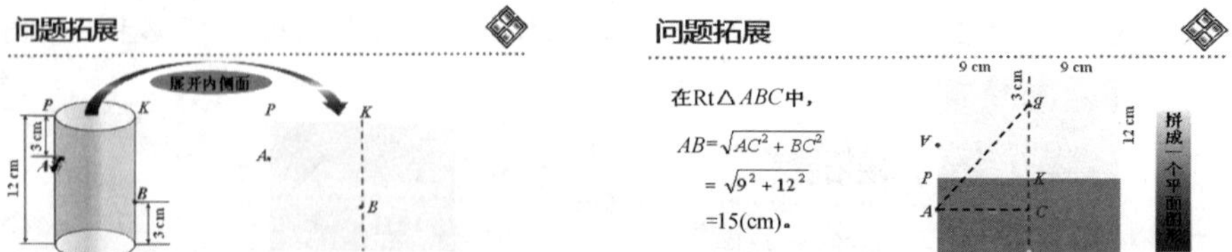

图 2-3-44

师：对于刚才的问题，你还能联想到我们学过的哪个熟悉的问题？(停顿 5 s)

师：对，七年级学过的“建奶站问题”，你想到了吗？

师：通过刚才三个相互联系的问题的学习，我们不仅学会了解决这类问题的策略，还知道了“转化”的解题方法。

师：如果把圆体换成其他的几何体，你还能用刚才学习的方法去解决吗？下面让我们做两个练习，检验一下自己吧！（图 2-3-45）

师：如果有兴趣，你还可以进一步思考这两个问题的联系，相信你会有更多的收获的。

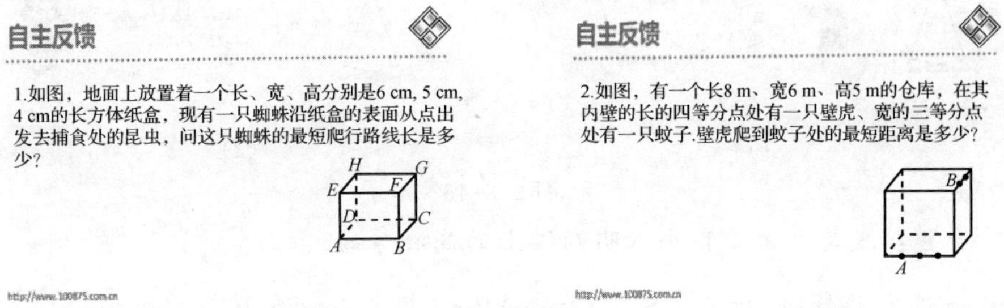

图 2-3-45

【赏析】本微课是勾股定理的一节综合运用课。但是，本微课解决的具体问题，是立体图形中的最短路线问题。这个问题较为复杂，图形中本没有直角三角形，也没有平面图形，需要设法将立体图形转化为平面图形，再构造直角三角形解决，这对学生是一个极大的挑战。解决这个问题的办法，自然是将侧面展开，但没有类似经验的学生未必能有这样的想法。为此，这里顺应学生遇到这类问题时的常见思路，先具体实践一下找找感觉，为此，引导学生“请你自己用纸板做一个圆柱，尝试从点 A 到点 B 沿圆柱侧面画出几条路线，你觉得哪条路线最短呢？”进而感受到“斜”着走可能短一些，但“蚂蚁从点 A 出发沿圆柱的侧面走‘斜路’到达点 B 处吃到食物，具体怎么‘斜’最短？又怎么计算这个路程？”引导学生将立体图形展开为平面图形，转化为平面问题后，问题的解决应该就是顺理成章的了。

【案例 2.12】从等腰三角形两腰上的高谈起①

欢迎来到京师数学微课堂。前面我们学习了等腰三角形的性质，并且知道等腰三角形两腰上的高线是等长的，这节课我们就从等腰三角形中的高谈起吧。

你还记得证明等腰三角形两腰上的高相等的方法吗？请按暂停键，回忆一下。（停顿 5 s 后，点击出现小明的解法）

小明：我当时是利用全等三角形的性质说明两腰上的高相等。如图 2-3-46(1)所示，$\because CD\perp AB$ 于点 D，$BF\perp AC$ 于点 F，$\therefore \angle ADC=\angle AFB=90^\circ$，且

① 设计：山东省青岛第五中学 田文，指导：江苏第二师范学院 章飞.

$\angle A=\angle A$，$AB=AC$，根据 AAS 可以得到$\triangle ADC\cong\triangle AFB$，$\therefore BF=CD$。

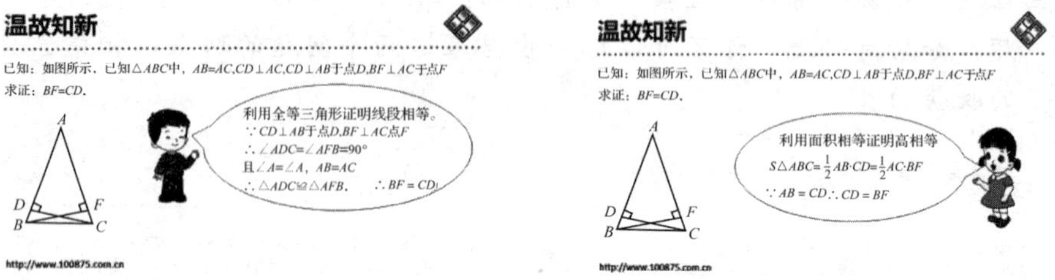

(1)　　　　　　　　(2)

图 2-3-46

小颖：我是利用等积法证明两腰上的高相等的。

如图 2-3-46(2)所示，$S_{\triangle ABC}=\dfrac{1}{2}AB\cdot CD=\dfrac{1}{2}AC\cdot BF$。

$\because AB=AC$，$\therefore CD=BF$。

【赏析】本微课中的题目是教科书中的一个例题，本微课是在学生已经学过的例题的基础上设计的，因此，本微课的重点已经不是题目的分析与解答，而将重心放在解决问题之后解题经验的积累提升和题目的发展变化上。为此，首先引导学生回顾解题过程，在相互交流中外显解题经验，为后续迁移运用、变式发展奠定基础。微课并非动态的课堂教学，作为固化的学习资源，只能预设某种解题思路，当然，这样的解题思路也应该是自然的、通用的、便于推广的。相信，这里小明、小颖给出的两种思路应该很好地满足了这样的特征(图 2-3-47)。

师：做完题目，作为爱学习的你要善于反思，善于推广。这道题，从底边上两个端点 B、C 作两腰的高，高相等。如果从底边上任一点作两腰的垂线，会出现什么情况呢？(同时拖动底边点 E 来回移动)

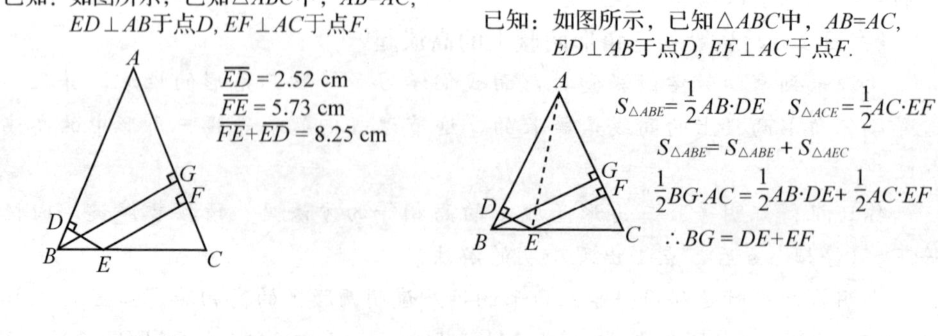

图 2-3-47

小明：那还用说，做的垂线段肯定小于高(点击，出现所作的两条垂线段)。

师：随着点 E 在 BC 上移动，两条垂线段 ED，EF 的长度如何变化呢？

（动画展示点 E 移动过程）

小颖：随着 E 从 B 向 C 移动，EF 变短了，ED 变长了。

师：有没有什么不变的呢？

小明：它们的和好像不变！（惊讶地）

师：对，它们的和好像不变（点击距离度量值按钮呈现几何画板中的数量和）。瞧，一反思我们就有惊喜，发现了一个新的结论！你能证明这个结论吗？（停顿 5 s，并点击距离度量值，使距离度量消失）

【赏析】主动引导学生反思题目的变化。几何题，最为简单的变化莫过于图形中某些元素位置的变化、数量的变化。这里，引导学生思考点 E 的位置变化后，会出现什么情况？这里的情况，指图形变化后哪些量发生了变化，哪些量没有发生变化，当然，重心应该是追求变化中的不变了，就是思考是否有一些量并没有随着图形的变化而变化，这些就是内在的规律性的东西。

师：这个问题挺难的，但这个问题是从原来的题目中反思出来的，我们自然可以借助刚才的经验！原来题目可以有两种方法：面积法和全等法，能分别用这两种方法解决吗？

小明：面积法就是用两种不同的方法算出 $\triangle ABC$ 的面积，当然得用到两条垂线段 ED，EF 了。（稍停 5 s）

小明：（点击连接 AE 按钮）连接 AE，将 $\triangle ABC$ 分解成两个三角形。

（点击左三角形按钮）$S_{\triangle ABE}=\frac{1}{2}AB\cdot DE$，（点击右三角形按钮）$S_{\triangle ACE}=\frac{1}{2}AC\cdot EF$，且 $S_{\triangle ABC}=S_{\triangle ABE}+S_{\triangle AEC}$，

即 $\frac{1}{2}BG\cdot AG=\frac{1}{2}AB\cdot DE+\frac{1}{2}AC\cdot EF$。

所以 $BG=DE+EF$。

所以 $DE+EF=BI+IG=BG$。

师：解释得真棒，利用类比，借助面积证明了结论，那如果用全等呢？（同时点击连接 AE 按钮、左三角形按钮、右三角形按钮、推导结论按钮，使刚才面积法证明消失）

小颖：我是这样想的，在 BG 上截取一段 EF，看看留下的是不是等于 ED，于是我过点 E 作了 AC 的平行线（点击平行线按钮出现辅助线），这样右边出现一个长方形（点击矩形按钮），发现 $IG=EF$，而左边就是缩小版的原题的图，（点击 $\triangle BHE$ 按钮）可以得到 $BI=DE$（点击等式按钮）（图 2-3-45）。

师：超级棒，小颖将这个新的问题成功转化成已经解决的问题。看来转化的思想很好用哦。

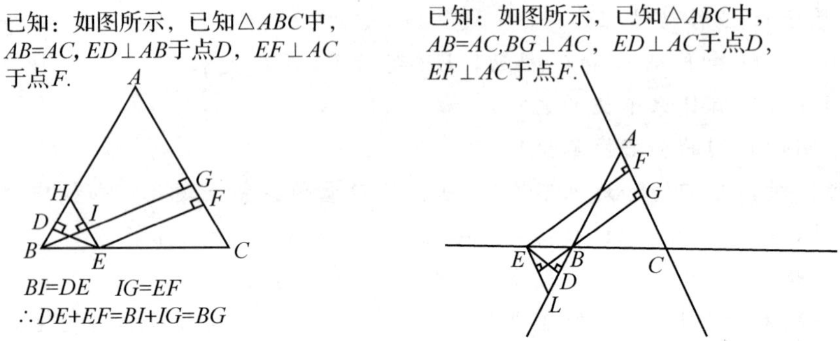

图 2-3-48

【赏析】这个新发现的证明，对学生而言还是有一定困难的。不管问题难度如何，首先要调动学生原有的解题经验，因此，给出下面的引导语："这个问题挺难的，但这个问题是从原来的题目中反思出来的，自然我们可以借助刚才的经验了！原来题目可以有两种方法：面积法和全等法，能分别用这两种方法解决吗?"正是因为回顾了原有的经验，学生不难借助面积法或者全等法进行证明，因此，出现下面两位学生的解法就十分自然了。本案例的重心在于引发学生解后反思与变式发展，至于证明过程的表达，没有作为本课时的重心，因此，这里仅仅介绍思路即可，不需要给出严格的证明过程。

师：如果点 E 在底边延长线上，上述结论仍然成立吗？(拖动点 E 不断变化，最终放在左侧延长线上)(停顿 5 s)

小颖：我还是用刚才全等的做法，(点击辅助线按钮)过点 E 作 $EL \parallel AC$，延长 GB 与平行线交于点 N，因为 $EL \parallel AC$，且 $BG \perp AC$，则 $BN \perp EL$。我们又会得到本节课最初的三角形模型(点击三角形按钮)，容易发现 $ED=BN$。在长方形 $ENGB$ 中，$EF=NG$，(点击矩形按钮)所以可以得到结论 $EF=DE+BG$。

【赏析】再次变动点 E 的位置，拓展新问题。

师：很棒！这样原来的结论就不成立了，不过我们发现了其他的等量关系。

我们从等腰三角形的两腰延伸出这么多问题，希望大家在以后的学习中多思考、多提问。

同学们，如果将等腰三角形换作等边三角形，你还能提出什么问题呢？课后探究一下吧！(图 2-3-49)

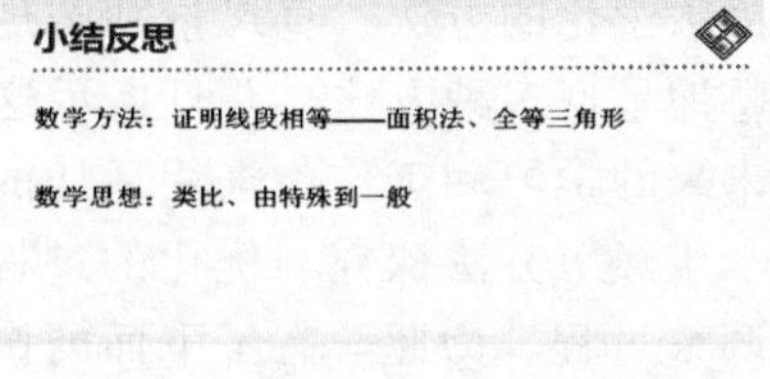

图 2-3-49

【赏析】本微课设计注重题目的推广、延伸，注意经验的总结。一题多变，从一个题目出发，由简单到复杂，不断改变其中的条件或结论，形成若干个相关题目组成的题组。其中蕴含着特殊化、一般化、类比等思想方法。例如，由“从等腰三角形底边上两个端点 B，C 作两腰的高，高相等”延伸出问题“如果从底边上任一点 E 作两腰的垂线呢?”“如果点 E 在底边延长线上，上述结论仍然成立吗?”蕴含着一般化的数学思想，而在进一步延伸“如果将等腰三角形换作等边三角形，你还能提出什么问题呢?”时，则体现了从一般到特殊的特殊化思想，在问题结论的发现以及证明过程中则体现了类比的思想，学生一般从先前的经验中类比猜想出新的结论。而在结论证明的思路探求过程中，又很好地体现了化归思想，即设法将现有的问题转化为原有的问题。总之，本案例关注问题的变式发展，更关注了蕴含在变式发展过程中的思想方法。

二、方法探究类微课设计与案例赏析

解决问题并不仅仅指解决那些单个的具体问题，数学中，更关注的是具有普遍性的问题，自然也需要关注这些普遍性问题的通用解决方法，如各种方程的通用解法、各种不等式的通用解法、某种度量的比较方法等。作为课前自主学习的微课，务必引领学生经历方法的探究过程，因此，不妨将解决这类问题的微课称为方法探究类微课。

方法探究类微课，在设计时，应遵循学生的认识规律和学科发展的规律，从学生原有的认知基础和生活经验基础出发，渐次生成相应的方法。也就是说，要力图引领学生经历“由粗略到精细”的过程，在过程中自然地获得各种方法，并感受其中蕴含的数学思想，从而获取解决问题的一般策略。

【案例 2.13】线段的比较①

关于线段的比较，除了差别比较大时可以直接直觉比较之外，一般有两种方法：直接比较法和间接比较法。所谓直接比较法，就是将两个线段放到一起比较，这对于现实生活中可以移动的物体比较是可行的，但现实生活中很多事物未必可以移动，因此，就需要间接比较，希望通过一些工具将某个线段移动到另一个位置上。自然，线段比较的重点是间接比较。教科书由于容量的限制，

① 设计：广东省深圳市坪山区教育科学研究管理中心 袁虹，广东省深圳市坪山中学 李巧莉.

一般只呈现其中两种较为数学化的方法：直尺量和圆规移。但教学中不能局限于这两种方法，而应完整地呈现多种方法，并且揭示这些方法之间的区别与联系，这样才便于学生在未来的学习和工作中选用适切的方法。另外，呈现多种方法时，也应注意引领学生经历方法探究与优化的过程，因此，一般应呈现方法由粗略到精细的优化调整过程。为此，有了下面的微课设计。具体地，首先抛出实际情境问题，引发学生的认知冲突，力图激发学生的学习兴趣；通过情境形成认知冲突，希望激趣；然后调用学生经验，引出度量法和叠合法；接着引发学生畅想，可以怎样实现叠合，然后教师视频演示各种叠合方法；最后点明这些方法的本质以及其中较为数学化的两种方法。这里采用视频演示，操作方便，减少了教师的工作量，同时，也便于控制节奏，很有现场感。

你好！欢迎来到京师数学微课堂。我们这节课和两位同学共同来学习线段的比较吧！

小颖：小明，你来看一看这张图片，你能看出线段 AB 与 CD 的大小关系吗？(图 2-3-50)

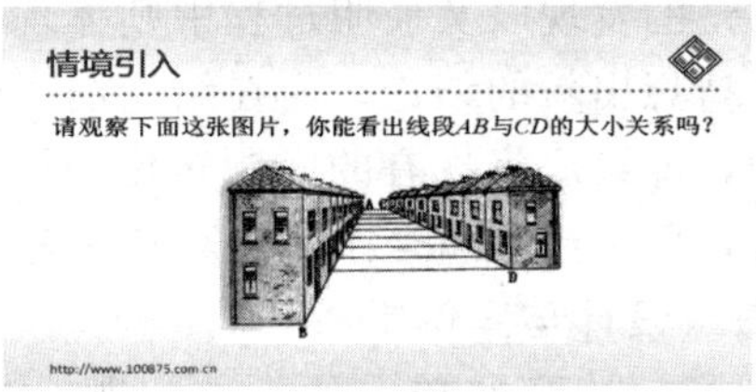

图 2-3-50

小明：一看就知道，肯定是 AB 比较长啦！

小颖：哈哈，你上当了，眼睛有时会欺骗人的。不信，你比一比吧。

小明：怎么比呢？

小颖：可以用度量法，也就是通过带刻度的尺子分别测量两条线段的长度，再通过数值进行比较。

小明：这个简单，我得量量看，难道我真的看错了吗？如图 2-3-51 所示，首先端点对齐 0 刻度线，然后看看另一端点对应刻度，AB 长为 4.8 cm，再量另一条边，CD 的长也是 4.8 cm。哦，果然是眼睛欺骗了我呀！（边动画展示过程，边解说）

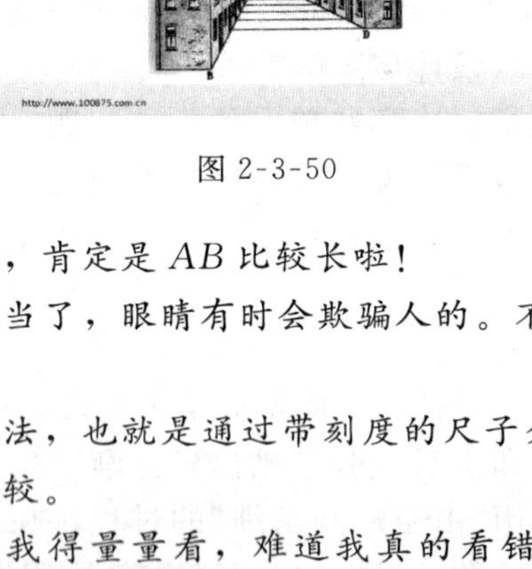

图 2-3-51

其实线段的比较还有别的方法呢！你看，同学们比身高时是不是都站在同一平面上，然后看看脑袋就知道谁更高点了，这里把两个人抽象成线段，不就是在进行线段的比较吗？也就是说，把一条线段移动到另一条线段上，然后将其中一个端点重合在一起，看另一端点的相应位置就可以进行比较，这就是叠合法(点击，出现叠合法)(图 2-3-52)。

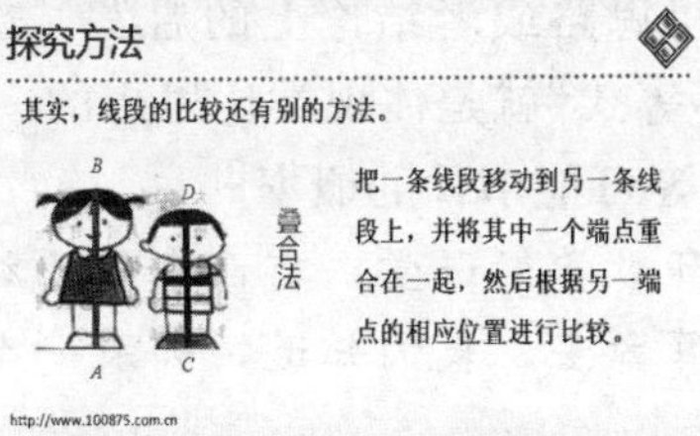

图 2-3-52

要实现线段的叠合，我们有许多方法，先看看下面的视频演示吧(图 2-3-53)。(点击演示视频，视频中教师边说边操作。首先说明，所谓叠合法，本质上就是借助工具实现线段的移动、叠合，从而可以将两个线段进行直接比较，当然，工具可以是多样的。其次，依次展现不同工具下的比较过程，如棉线、纸条、书脊、直尺、圆规，当然注意说明一些方法的局限性，如棉线有弹性。最后，进行下文的总结。)

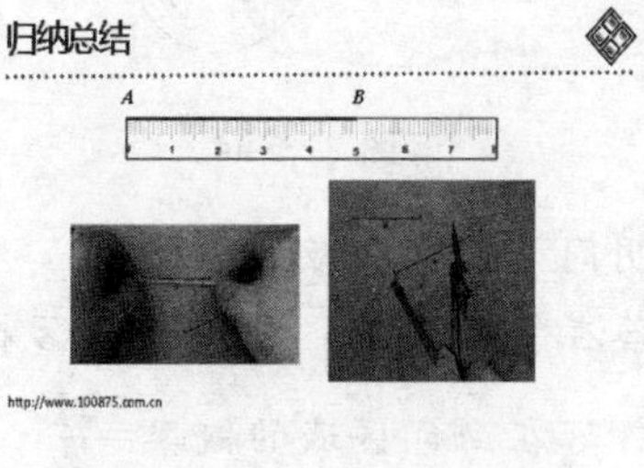

图 2-3-53

线段的比较，归根结底都是将它们叠合后进行比较，而叠合需要借助工具，如绳子、圆规、刻度尺，这些工具的作用都是一样的，移动叠合而已。

当然，其中数学味道最浓的是两种方法。一种是借助直尺进行度量，通过度量数值的大小比较线段的长短，这种方法，最终借助数量比较，姑且称之为“数”的方法。与数相对的自然是形了。第二种方法不妨称为“形”的方法，即借助圆规移动线段进行叠合比较。这也就是你们课本上介绍的两种方法，注意体会哟。

方法探究时，要认真分析现有问题与先前有关知识学习之间的联系，善于调用先前的学习经验，借助先前的学习经验解决现在的问题。借助过去的经验解决现行的问题，可能有很多通道，最为常见的就是化归和类比了。所谓化归，就是将现有问题转化归结为以前已经解决过的问题，下面的案例“可化为等可能事件的概率”就很好地体现了化归的思想。但化归的策略并不是处处可行的，有时候并不能直接转化为先前学习过的问题，但是，这时往往可以从相类似的问题中获得思路或者结论上的启发，这时类比就是一个重要的解决问题策略了。“解不等式”就是体现类比思想的一个很好的案例。

【案例 2.14】可化为等可能事件的概率①

你好！欢迎来到京师数学微课堂。前面我们已经初步认识了一些简单等可能事件及其概率的计算方法。我们知道，如果一个试验有 n 种等可能的结果，事件 A 包含其中的 m 种结果，那么事件 A 发生的概率为 $P(A)=\frac{m}{n}$。

本节课，我们继续研究简单的概率问题，先看一个具体例子，如图 2-3-54 所示。一个可以自由转动的转盘如图所示，转动转盘，当转盘停止时，指针落在红色区域和白色区域的概率分别是多少？请按暂停键，自己先想一想、做一做。

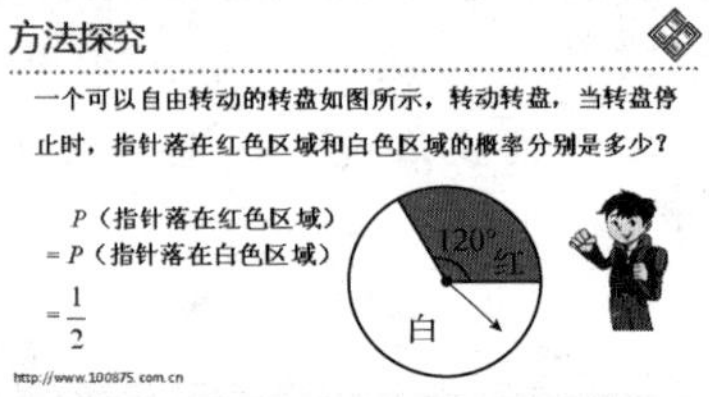

图 2-3-54

师：让我们看看小明同学是怎么做的吧！

小明：指针如果不落在红色区域，就一定会落在白色区域，所以指针落在红色区域的概率=指针落在白色区域的概率$=\frac{1}{2}$。

师：你同意小明的做法吗？哦，小颖同学有话说。

小颖：小明的做法实际上是默认“指针落在红色区域和落在白色区域的可能性相同”，而事实上，转盘中白色区域的面积明显大于红色区域的面积，因此指针落在白色区域的可能性要大于落在红色区域的可能性。

小颖的分析有道理。在利用概率公式进行计算时，一定要注意：各种情况发生的可能性是否相同？如果各种情况发生的可能性不同，不能直接用公式计算。

① 设计：山东省青岛第七中学 江华．

小明：这可怎么办？能不能将图形分成几个等可能的部分呢？

小颖：先把白色区域等分成2个扇形，这样，转盘就被等分成3个扇形区域了，其中1个是红色、2个是白色，这三个扇形区域形状和大小都完全相同，因此，指针落在每个扇形的可能性相同。根据上一课时的经验，可以算得：指针落在红色区域的概率$=\frac{1}{3}$，指针落在白色区域的概率$=\frac{2}{3}$(图 2-3-55)。

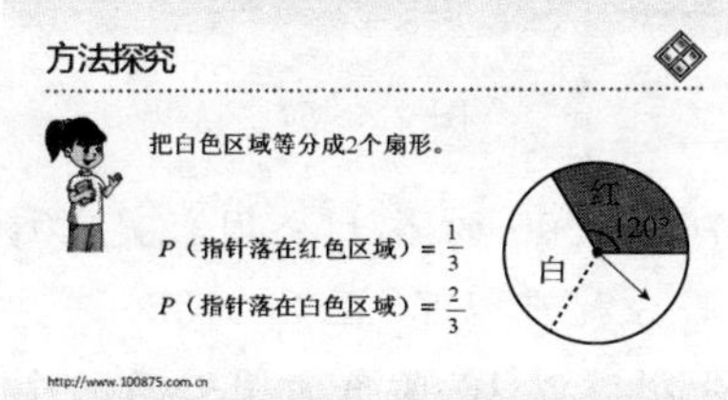

图 2-3-55

你听明白了吗？小颖的做法很巧妙，她将白色区域等分成2个扇形后，转盘中3个扇形的面积完全相同，这样原来问题中可能性不同的情况就转化成了等可能的情况，就可以利用前面所学习的公式进行计算了！

数学学习中，善于发现新问题和老问题之间的相同点和不同点，然后设法将新问题转化为以前学习过的老问题，这就是转化的思想(图 2-3-56)。

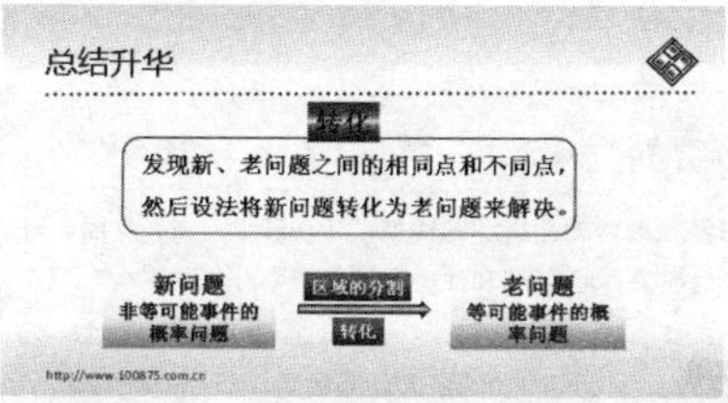

图 2-3-56

这个问题中，小颖通过区域的分割，使得各个区域的形状大小完全相同，从而将原来不是等可能的问题转化为等可能的问题。这种思想，同学们要认真体会。让我们带着这样的经验，继续解决下面的问题吧！

将上面问题中的转盘改为如图 2-3-57 所示的转盘，转动转盘，当转盘停止时，指针落在绿色区域和红色区域的概率分别是多少？请按暂停键，自己先想一想、做一做。

看起来，这个问题与前面的问题很类似，但又有差别，最主要的差别就是扇形的圆心角变了，两个圆心角之间不是整数倍的关系了。怎么做呢？(稍停顿)对，转化为等可能的问题。如何转化呢？将绿色区域2等分行吗？3等分行吗？4等分行吗？……

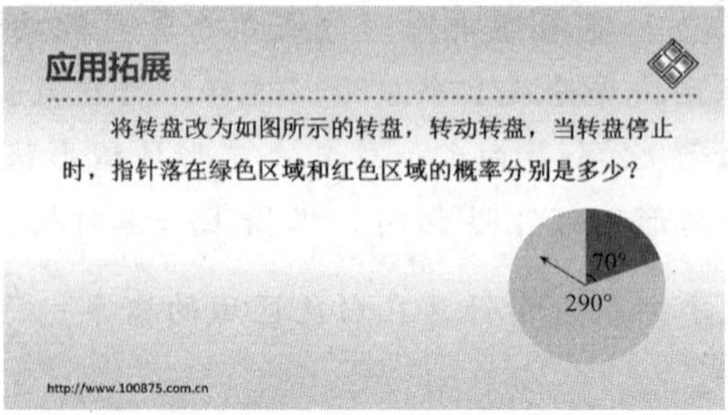

图 2-3-57

小颖：老师，因为 70 和 290 的最大公因数是 10，所以只要将绿色区域 29 等分，将红色区域 7 等分就可以了(图 2-3-58)。

对，将两个区域都分割成以 10 度角为圆心角的小扇形，这样红色区域就被等分成了 7 个扇形，而绿色区域则被等分成了 29 个扇形，这 36 个扇形的形状、面积完全相同，因此，指针落在红色区域的概率$=\frac{7}{36}$，指针落在绿色区域的概率$=\frac{29}{36}$。在这个问题中，角度还是比较特殊，我们再变化一下。将问题中的转盘改为如图 2-3-59 所示的转盘，转动转盘，当转盘停止时，指针落在绿色区域和红色区域的概率分别是多少？你能解决吗？关键是，将两个区域分割成多少度的扇形哟！

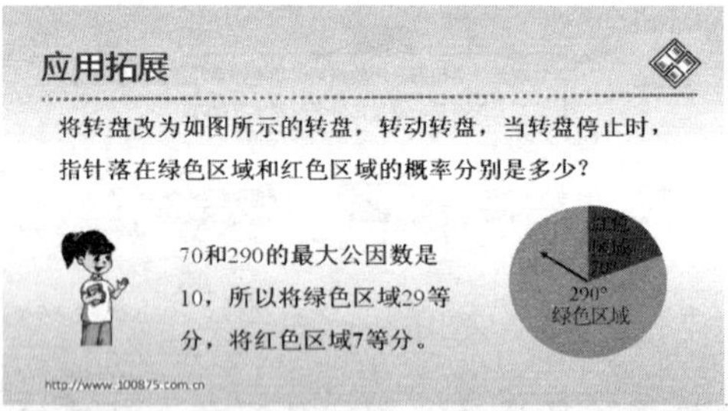

图 2-3-58

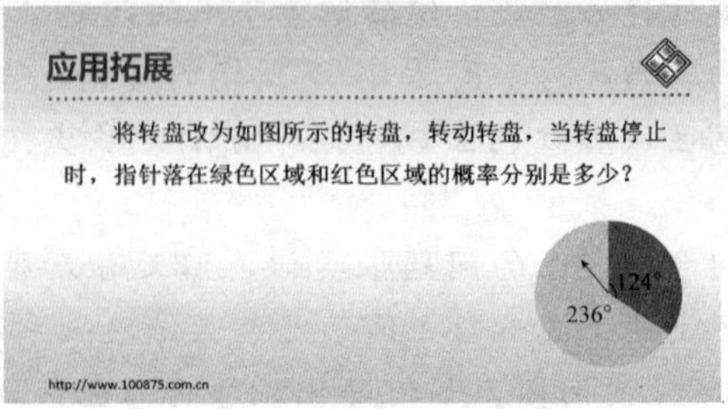

图 2-3-59

小明：老师，我觉得不必费脑筋了，干脆都分割成 1° 的扇形得了！

小明的想法非常妙！这样红色区域就被等分成了 124 个扇形，而绿色区域则被等分成了 236 个扇形，这 360 个扇形的形状、面积完全相同，因此，

指针落在红色区域的概率 $=\frac{124}{360}=\frac{31}{90}$。

指针落在绿色区域的概率 $=\frac{236}{360}=\frac{59}{90}$。

你明白了吗？你能总结出类似这种转盘问题的概率计算公式吗？

通过这节课，相信同学们都会感受到转化的作用。其实在解决数学问题的过程中，转化是经常用到的一种手段。在今后的学习中你可要用心体会哟！

【案例 2.15】解一元一次不等式①

解一元一次不等式，是学生学习生涯中第一次学习解不等式，因此，不可能将其化归为以前的学习任务。但是，学生对此并非没有任何经验。我们可以发现，一元一次不等式和一元一次方程，区别仅仅在于关系的等与不等。相信学生在学习一元一次不等式时，已经感受过两者的联系和区别。而它们的解法步骤完全相同，都是通过恒等变形逐步转化成最简单的形式，因此，引导学生回忆一元一次方程的解题过程，类比得到一元一次不等式的解法，是完全可行的。正是基于这样的想法，才有了下面的微课设计。

先看一个具体的例子，解不等式 $2(x+5)<3(x-4)$。

显然，这是一个新知识。以前有没有学过类似的知识呢？(停顿 2 s)

对，以前学习过类似的解一元一次方程。我们不妨先回忆一下解方程的步骤。以 $2(x+5)=3(x-4)$ 为例，你能求出它的解吗？请按下暂停键，进行求解。(停顿 5 s 后，点击出现方程的解法)

你和老师的解法一样吗？我们发现，解这道题时，经历了去括号(点击)、移项(点击)、合并同类项(点击)、未知数系数化为 1(点击)这几个步骤，而依据均为等式的基本性质。

你能类比解方程来解不等式 $2(x+5)<3(x-4)$ 吗？请按下暂停键，先试一试，再和老师的对照一下(停顿 5 s)

与解方程一样，首先去括号得到 $2x+10<3x-12$(点击出现第一步)，

再移项得 $2x-3x<-12-10$(点击出现第二步)，

接下来合并同类项得 $-x<-22$(点击出现第三步)，

最后，未知数系数化为 1，这时，两边应同时除以 -1，要注意不等号方向的改变，利用不等式的基本性质 3 可得 $x>22$(点击出现第四步)。

① 设计：山东省青岛第六十三中学 许琛，指导：江苏第二师范学院 章飞.

我们再看一个例子(点击出现式子 $1+\frac{x}{3}>5-\frac{x-2}{2}$)，这个不等式和刚刚研究的不等式有什么不同吗？(停顿 2 s)

对了，含有分母，那该怎么办呢？我们能不能再次类比方程来解它呢？

与解方程一样，先去分母(点击)，不等式两边同时乘 6，变成了 $6+2x>30-3(x-2)$，瞧，是不是变成了没有分母的不等式了？这会儿相信你一定会解了！(依次点击出现去括号、移项、合并同类项、系数化为 1 等)最后得到 $x>6$。

通过上面两道不等式的解题过程，你知道解一元一次不等式的依据是什么吗？一般步骤又有哪些呢？(停顿 2 s)

如图 2-3-60 所示，我们再次和一元一次方程的解法做个比较吧！(点击出现标题)

解一元一次不等式和解一元一次方程的基本步骤相同：去分母、去括号、移项、合并同类项、系数化为 1。(点击，出现步骤)

而蕴含在这些步骤中的基本思想相同：都是运用化归思想(点击，出现化归思想)，将一元一次方程或一元一次不等式变形为最简形式。

两者不同的是，解一元一次方程的依据是等式的性质(点击出现依据)，最后化简为 $x=a$(点击)，而解一元一次不等式的依据是不等式的性质(点击)，最后化简为 $x>a$ 或 $x<a$ (点击)；相信这也是大家印象最深的一步，因为除以系数时可能会变号哦！

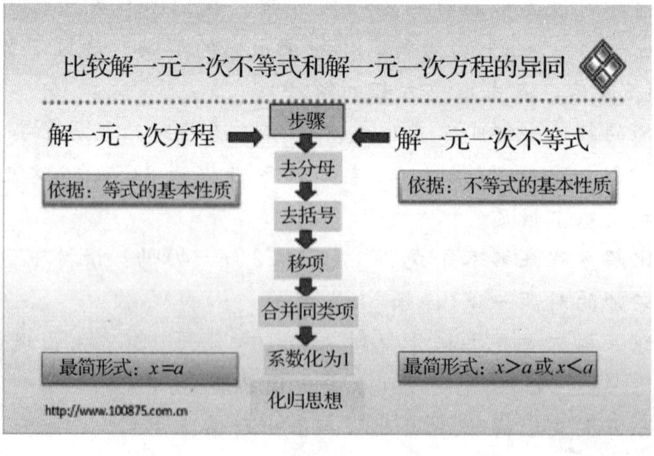

图 2-3-60

既然已经知道了解题的步骤，那么一起做几道练习吧！(限于篇幅，后面略去)

三、建模应用类微课设计与案例赏析

中学数学中，模型建构与应用的比重较大，如函数、方程、不等式等概念建构课及其应用课，都需要基于具体情境建立模型。此外，模型建构是数学学习的重要能力。《义务教育数学课程标准(2011 年版)》明确提出了渗透模型思想，发展建模能力的要求，因此，研究模型建构的微课对提升学生建模能力具有重要的意义。下面呈现了两个完整的案例，有情境引入，有旧知梳理，有现有问题的解决过程与经验总结，后面还有具体的应用。其中“打折销售”，是一堂基于某个现实背景建立相应的方程模型进而解决实际问题的典型的模型建构课；“利用三角形全等测量”是全等三角形有关知识的一个主动应用。

【案例 2.16】打折销售①

你好！欢迎来到京师数学微课堂。

上一节课，我们在体积和周长问题情境中初步感受了一元一次方程的应用，这节课我们将通过打折销售问题进一步增强应用能力。

打折销售(惊讶地)？是的，商场中的这些促销场景，相信你并不陌生！(停顿一段时间，同时屏幕上飞入相关图片，如图 2-3-61 所示)

图 2-3-61

图 2-3-62

下面看看这些促销活动中常用到的一些词，你知道它们的含义吗？(点击后出现相应的词，如图 2-3-62 所示)你们知道它们之间的关系吗？(稍停顿几秒)

【赏析】以与学生交流的语气，呈现学生熟悉的生活情境，并引导学生思考其中一些常用词语的意义以及相互之间的关系，希冀引发学生结合生活经验，认识销售问题中的局部数量关系。

对，进价，顾名思义，就是商场进货的价格，也常常称为买入价、成本价。

当然，商家卖东西总得赚钱了，所以，得提个价再进行销售，这便有了一个标价。

因此，进价和标价之间的关系是________(飞出两者关系的图，稍停顿)

商家常常需要打点心理战，搞搞促销活动，也就是打个折、减个价，因

① 设计：江苏第二师范学院 章飞，广东省深圳市坪山区教育科学研究管理中心 袁虹.

此，就有了最终的售价，也称为成交价。这样，标价与售价间又有了一层关系。（飞出两者关系的两个图）

现在你明白利润了吗？（稍停顿几秒）

对，我们将售价超出进价的部分称为利润。（飞出利润与进价、售价关系的图）

而利润除以进价就称为利润率。（飞出利润率与利润关系的图，如图2-3-63所示）

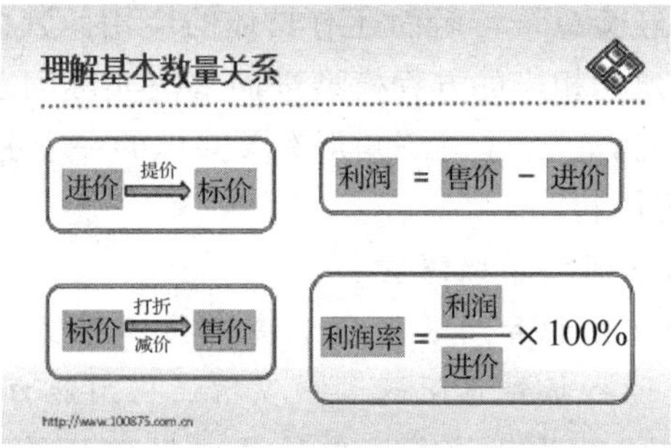

图 2-3-63

问题是，这么多关系，这么凌乱，善于学习的你，肯定想用一个框图把它们之间的关系梳理出来！你能先试试看吗？（停顿数秒）

【赏析】由于销售问题中涉及的量比较多，在弄清楚有关量之间的局部关系后，引导学生采用图表形式梳理销售问题中所有量之间的关系，使各个量之间关系更清晰。

实际上，我们按照商场进货、标价、销售的顺序，将这些量排列起来，不就行了（飞出第一行）。这里有两个箭头，当然就有两个关系了。（飞出第一行的两个关系）

进价、售价与利润的关系，自然可以标注在下面了，如图 2-3-64 所示。（点击飞出最下面一行的箭头和关系）

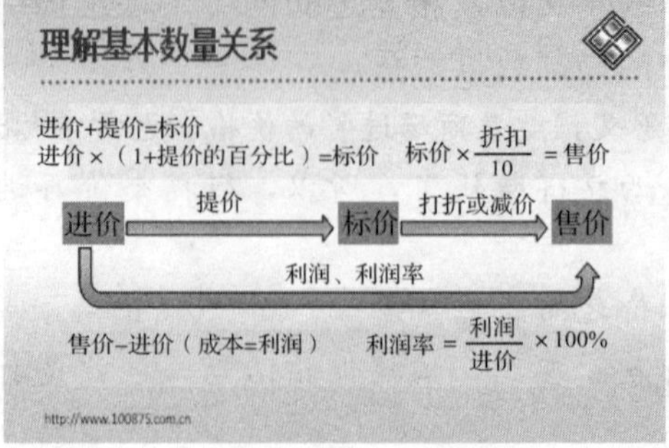

图 2-3-64

可别小看这些图表，学习中要善于借助图表将有关量之间的关系梳理出来，这可以大大地帮助我们理解实际问题。

我们不妨通过一个例子，感受一下图表的威力吧！（屏幕显示下列例题：服装店购进某款服装，加价 40%后标价，若按标价的 8 折销售，仍可获利 15 元，求这款服装每件的进价。如图 2-3-65 所示，教师边读文字，边在文本中将重点信息标注出来）。

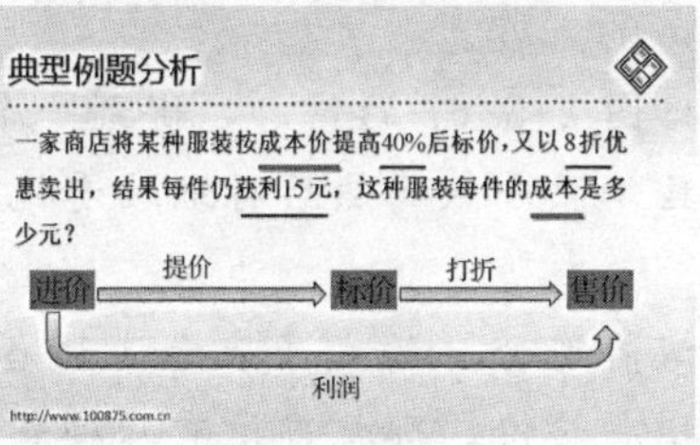

图 2-3-65

【赏析】学生虽然通过图表认识了各个量之间的关系，但可能还没形成主动利用图表标注信息，帮助理解题意的意识和能力，因此，接着设计了一个典型例题，希望给学生明确的解题指导和解答规范，并使学生进一步熟悉列表的方法，感受列表解决问题的直观性、有效性。

你能借助刚刚得到的图表，将题目的条件标注到图表上去吗？（点击出现空白的图表）（停顿数秒）

小颖：请大家看图 2-3-66，我是这样标注的。成本价提高 40%后标价，对，在这里标上 40%；打 8 折（在图上标注出来），最后还获利 15 元，15 元标注到这里；要求什么？求成本，那就将成本设为 x（同时在图中将 x 标上去）。

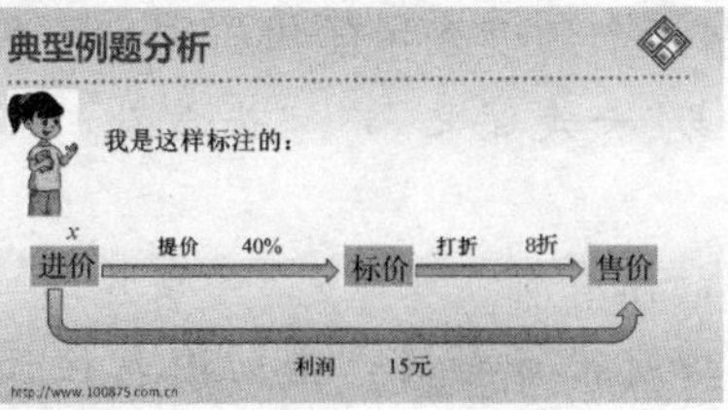

图 2-3-66

【赏析】这是具有现实背景的应用题，本题采用"首先留出学生读的时间，然后老师选择性地读题并解释"这种方式呈现。读题时，依次对"加价 40%""8 折""获利 15 元""求进价"这些信息用标签笔进行标记，并在标注的时候做出相应的解释："涨 40%标价，就是在原来成本价的基础上上涨了 40%后标价”“再打 8 折，何为 8 折，就是以标价的 80％销售”“利润 15 元，所谓利润就是销售价格高出成本的部分”“我们要求的是什么？原来的进价，一般可以设这个进价为 x”。实际上，读题并解释关键信息的过程，已经协助学生理解了题目中具体信息的含义，初步完成了题意的理解工作。但要形成解题思路，还需要将这些信息联系起来，接着按照信息的逻辑关系借助图表将信息串起来，因此，引导学生将信息标注到图表中。接下来自然是引导学生根据上面的信息列出关于未知数 x 的方程。

下面的问题是，根据图 2-3-67 的信息，得到一个关于 x 的方程。

先按暂停键，自己具体做一做，然后再继续看视频！(停顿 10 s，同时配以轻音乐)

根据上面的条件，试着用含 x 的式子表示上述各量，不妨表示其中的售价吧。这里有两个箭头指向售价，那就应该有两种表示方法了。

相信，你已经得到了两种不同的表示方法。

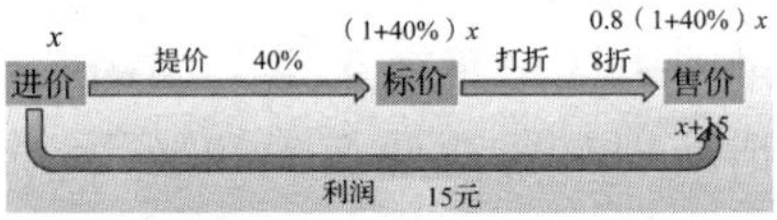

图 2-3-67

对，根据上面的箭头，标价为 $1.4x$，销售价为 $1.4x\times0.8$；根据下面的箭头，销售价又可以表示为 $x+15$，这不就得到方程 $0.8(1+40\%)x=x+15$ 了！(点击出现解答界面)下面不难解得结果 $x=125$ 元。

【赏析】在解决一些较复杂的问题时，涉及的量比较多，量与量之间的关系也比较多(如打折销售问题中常见的等量关系就有 4 个)，到底用哪个等量关系可以得到有用的方程呢？学生有点困惑，因此，这里从“两个角度表示同一个量”来思考，即根据两个角度表示的售价得到方程。

做完题，可不要轻易“一走了之”，回头看看，可以加深印象，积累解题的经验。

解这道题的过程中，你有哪些收获？(停顿片刻)

老师感觉，当背景中有很多量时，借助图表往往可以把这些量之间的关系很清楚地表示出来，题目中的条件也可以很方便地标注到图表中去。这可不只是为了防止遗漏信息，更重要的是，这样做就使得这些量之间的关系一目了然了。

我们用这样的经验，再来解决一个问题！(屏幕呈现问题和框图如图 2-3-68所示)先按下暂停键，自己解决。(停顿 10 s，配轻音乐)

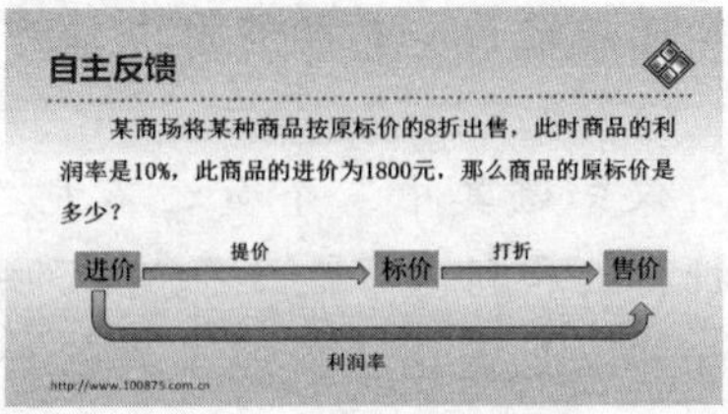

图 2-3-68

小明的解答过程是这样的(点击出现解答过程如图 2-3-69 所示)，和你的答案一样吗?

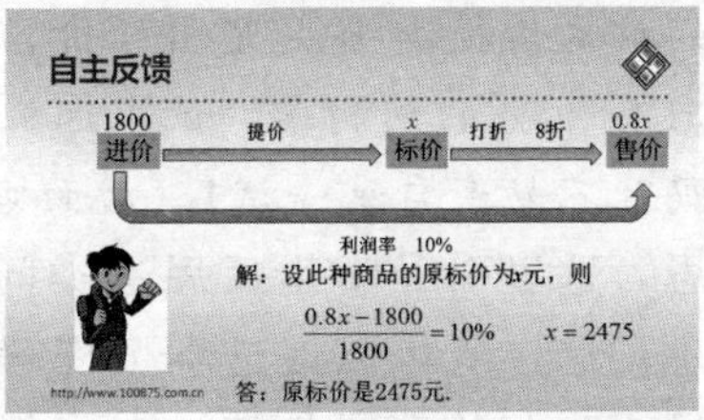

图 2-3-69

【赏析】引导学生及时梳理解题经验，并解决实际问题以巩固刚刚获得的经验。

相信你已经会解决有关打折销售的问题了。进一步，我们再思考一下销售问题中到底有几个独立的量(图 2-3-70)。

销售问题中，有 3 个价格和 3 个箭头，共 6 个信息。

想一想，如果知道 3 个价格，你能确定 3 个箭头上的信息吗?

如果知道任意 3 个信息，能确定其他 3 个信息吗?(停顿片刻)

实际上，在很多时候，这 6 个量中，只要知道其中 3 个量，就可以确定另外的 3 个量了。

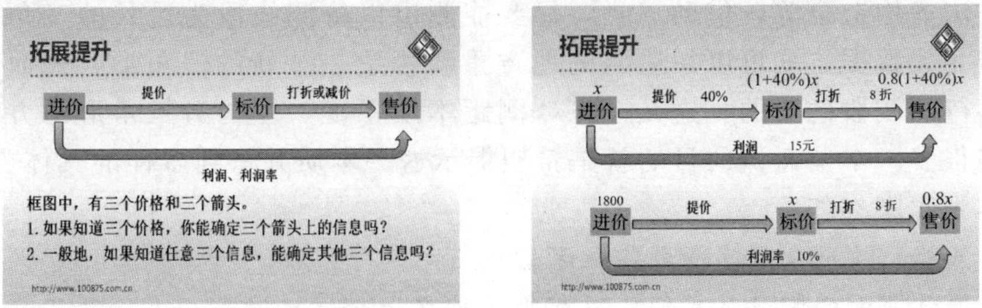

图 2-3-70

例如，前面两个问题（依次出现前面的二个框图），第一个问题中，知道了提价的百分比、折扣率、利润这 3 个量，我们可以通过方程求出另外 3

个量；第二个问题中，知道了进价、折扣率和利润率这3个量，我们也可以求出其他3个量。

当然，个别情况下，仅知道其中三个量还不能确定另外3个量。例如，仅知道提价的百分比、折扣数和利润率这3个量，也无法确定另外3个量。

理解了这一点，你就可以变着花样出题了。例如，我们先预想一个进货到销售的过程：假设进价100元，提40%标价，然后便宜20元卖出，这样依次有标价140元，售价120元，利润20元，利润率20%(边说边在图上标注信息)。老师留下“提40%标价，便宜20元卖出，利润率20%”这3个信息，要求你求出标价，这就可以编出这样一道题(屏幕上打出题目：某商家购进一批衬衫，先按每件的成本价提高40%定出标价，后又进行了每件降价20元的促销活动，最终依旧有20%的利润率，试求这批衬衫的进价。)

你明白怎样编题了吗？不妨亲自试一试！(后面略去)

【赏析】学习需要反思，这里引导学生反思这类问题的共性，发现已知3个信息就可确定其他信息，这样既可以促进学生理解背景中一些量之间的相互依存关系，又可以引导学生建构背景情境，自主编题，使学生不仅理解了这类问题的本质，更感受到获取本质的过程与方法。

【案例2.17】利用三角形全等测距离①

“利用三角形全等测距离”是北师大版七年级下册教材中第四章“三角形”中的内容，放置在全章最后，发挥着两个作用：一是培养学生全等三角形的应用意识，二是为全等三角形的判定方法进行一个暗线的梳理和总结。本节课的标题很明确地给出了教学目标，即利用三角形全等测距离。但利用三角形全等测距离的本质是什么，如何更好地理解本质进而发现更丰富的测距方法呢？我们认为，测距的本质是：以待测线段为边构造一个三角形，然后测量出三个适当的条件，最后构造一个与之全等的三角形并在新的三角形中测出待测的量。就是想办法通过SSS、SAS、ASA、AAS等判定方法去构造全等，借助工具，只要能测出以待测线段为边长的三角形的三个相关数据，就可以在适当的地方重新构造一个新的三角形，进而达到转移待测线段的目的，这么一来，测距本质不变，但构造三角形的方法就很多很多。本节微课的目的就是希望揭示这一本质并得到多样的具体方法。具体视频脚本如下。

你好！欢迎来到京师数学微课堂。

通过前面的学习，我们已经掌握了什么是全等三角形以及全等三角形的

---

① 设计：广东省深圳市坪山中学 李巧莉，广东省深圳市坪山区教科研中心 赵大运；指导：广东省深圳市坪山区教育科学研究管理中心 袁虹.

判定方法，这节课我们将一起借助全等三角形解决一类问题。

首先请听一个故事。相传，在某次战斗中，拿破仑率领大军与敌军隔河作战。当时，将军率领的大军在河的南岸，敌军在河的北岸。将军想要炮击敌军阵地一处坚固的工事，必须知道自己炮兵阵地到敌军工事的距离。在不能过河测量又没有任何测量工具的情况下，如何获得这一数据呢？面对湍流不息的河流，将军灵机一动，计上心来。

只见他站在河南岸炮兵阵地的点 O 处(出现将军)，面向北岸，调整自己的帽子，使自己的视线通过帽檐正好落在河北岸敌军工事所在的点 Q 处(出现直线 PQ，OP)；然后，他保持刚才的姿态，开始一步步后退(出现后退过程)，直到沿帽檐刚好看到他刚才所站位置点 O 为止(出现线段 AO，AB)；接着，他让士兵步测出他后退的距离 OB，并告诉士兵这个距离就是自己炮兵阵地到敌军工事的距离 OQ。

你能用自己所学的数学知识解释将军这样做的道理吗？请按暂停键，自己先想一想。(稍停顿)

下面让我们看看小明是怎么想的吧！

小明：我想，将军应用了三角形全等的知识。如图 2-3-71 所示，因为 $PO=AB$，$\angle POQ=\angle ABO$，$\angle OPQ=\angle BAO$，所以 $\triangle POQ\cong\triangle ABO$，所以 $OQ=BO$。

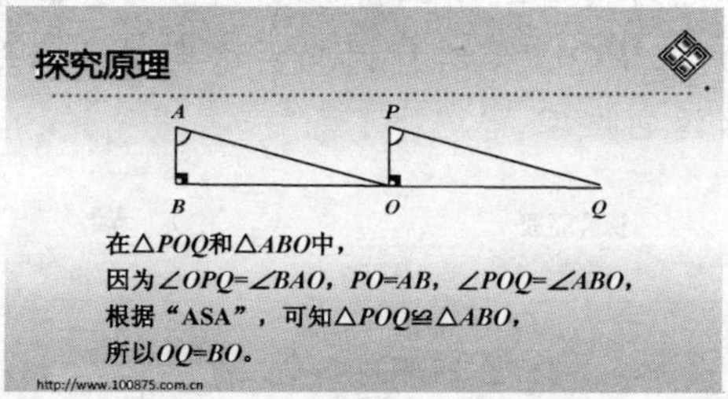

图 2-3-71

师：你听明白小明的解释了吗？我们一起来梳理一下小明的思路。

如图 2-3-72 所示，因为 PO 和 AB 表示的都是直立于地面的将军，所以 $PO=AB$，$\angle POQ=\angle ABO=90°$；又因为将军在后退时，姿态没有变，所以 $\angle OPQ=\angle BAO$。

在 $\triangle POQ$ 和 $\triangle ABO$ 中，因为 $\angle OPQ=\angle BAO$，$PO=AB$，$\angle POQ=\angle ABO$，根据判定三角形全等的“角边角”方法，可知 $\triangle POQ\cong\triangle ABO$，所以 $OQ=BO$。

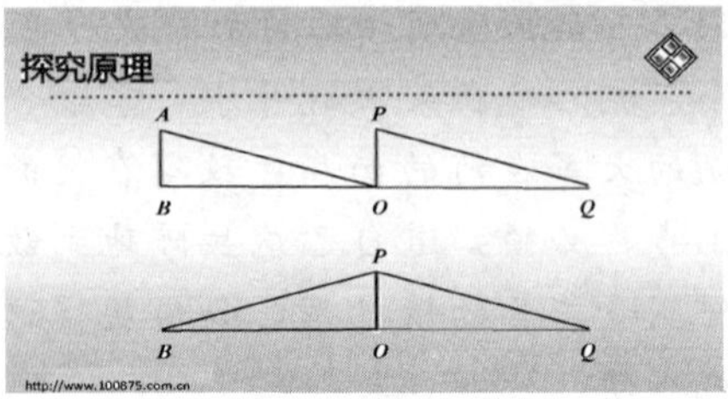

图 2-3-72

实际上，拿破仑是把不好直接测的线段通过构造全等三角形，“转移”到自己所在的河岸上来了！

按照这一思路，如果不想后退那么多步，他还可以保持刚才的姿态向后转，然后让士兵步测出此时自己的视线通过帽檐看到的位置点 B，OB 的长也就是 OQ 的长。这相当于把要测的线段通过构造全等三角形，“转移”到自己所在的河岸上来了！

不论怎么做，其目的都是构造两个全等三角形，把不可测量或不方便测量的线段借助全等转移到方便测量的位置上，从而解决问题(图 2-3-73)。

老师有一个问题：刚才图形中的$\triangle OPQ$本来就有的吗？(稍停顿)

实际上，原来并没有三角形。拿破仑解决问题时，相当于构造了一个原本不存在的三角形，然后借着这个三角形实现将 OQ 移动到岸上的目的，这一过程不就像是在给$\triangle OPQ$搬家吗！因此，这类测量问题，最重要的就是构造一个三角形，然后给它搬家。

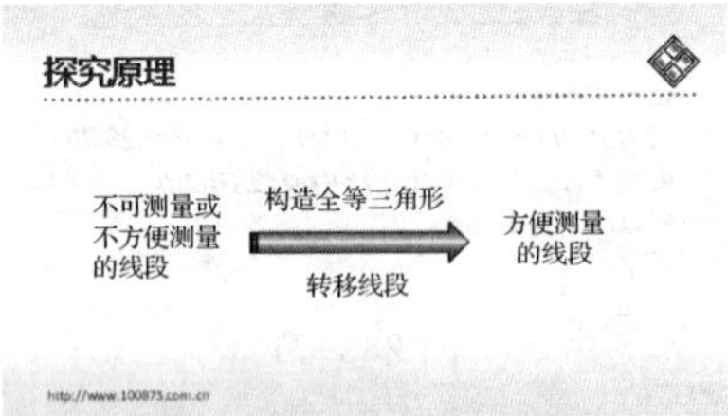

图 2-3-73

我们成立一个搬家公司，通过将三角形搬家来解决下面的问题吧。在土库曼斯坦的沙漠里有一个号称“地狱之门”的大火坑，每年都会吸引不少人去参观。那么，你是否可以设计一个方案测量出这个大火坑的最大宽度，也就是图 2-3-74 中 AB 的距离呢？为了达到这个目的，我为你们准备了一个工具箱，里面有标志杆、足够长的卷尺和绳子、测角仪等。你如何测量 AB 呢？前面有三角形，现在没有了，我们怎么办？

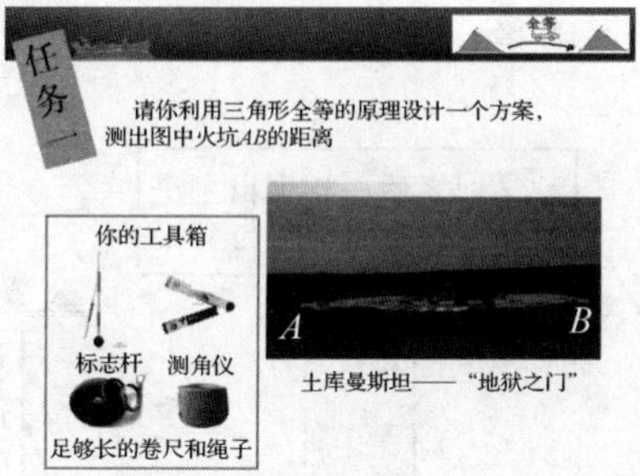

图 2-3-74

（下面几个学生交流的方式，呈现多种方法，略）

很好，同学们得到了很多方法。但不管哪种方法，本质上都是构造全等三角形，搬到易于测量的地方。不妨将这个过程再归纳一下。

(1)“无中生有”——以待测线段为边长构造一个三角形；

(2)获得三个条件——为全等做足准备；

(3)在合适的地方构造一个新三角形，并测量要测量的量。

·第四节　知识梳理类微课设计与案例赏析

从心理学层面看，学生具有感受全貌的需要和动力；教育学理论也认为，缺乏体系的学习，是低效的学习；从数学学科的特征看，数学知识系统的建构，有助于知识的深化理解，有助于学生学习能力和研究能力的提升。因此，有必要将数学知识系统的建构纳为学习对象，让学生经历知识系统的建构过程。[①] 知识系统有大有小，可以是一堂课、一小节的知识系统，也可以是整章的知识系统甚至若干相关章节知识形成的一个相对复杂的系统。知识系统的建构需要循序渐进，在学生具备了小的知识系统建构经验之后，再逐步进行相对复杂的系统的建构。

对于具体一课时、一小节的知识系统，可通过适当的方式外显其结构。例如，在导学案中，通过字体、字号的变化，凸显相关内容的课堂结构，并要求学生加以体会，进而迁移运用于其他相关知识的学习。本节主要关注章节知识系统的建构。

关于章节知识结构的梳理，可按下面的路径以发展学生建构单元知识系统的能力：下面框图中的“1-2-3-4”或者“1-3-2-4”(图 2-4-1)。即随着年龄的增长、能力的提升、活动经验的丰富，逐步从学习之后的总结、整理过渡

① 章飞：《将数学知识系统的建构纳为学习对象》，载《数学教育学报》，2008(5)：65～68.

到学习之前的自主构建与调整，从教师的展示走向教师引领下的共同建构、学生的自主建构与交流。

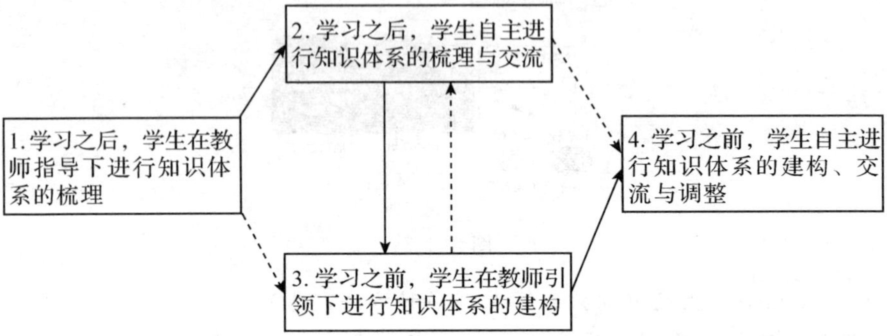

图 2-4-1

基于上述分析，教学中可以设计有关知识梳理的微课，以发展学生知识系统自我建构的能力。为了研讨方便，不妨将这类微课分为章前梳理和章后梳理两类。

一、章后梳理类微课设计与案例赏析

章后对知识结构进行梳理是数学课堂教学的重要组成部分，它能将平时相对零散的知识串成线，连成片，结成网，架构起知识的内在联系，形成一个比较完整的知识体系，加深学生对知识内涵的理解和外延的拓展，不仅起到一个很好的查漏补缺作用，而且完善了学生的认知结构，是知识再创造的一个过程。章后梳理知识系统的方式很多，大致有三种：一是边做题边梳理，即在解决问题过程中揭示所用到的知识点，进而建构知识系统，这种方式有了题目做抓手，课堂不是空对空的，学生活动较为充实，但题目是教师设计的，对于学生知识梳理能力的提升效果不是很好；二是师生共同梳理，并外显知识梳理的方法，一般做法是，直接引领学生回顾知识并将这些知识联系起来形成系统，这种方法，由于外化了知识梳理的过程，有助于学生知识梳理能力的培养；三是学生自主梳理进而评议、完善，即要求学生个体先进行知识梳理，再通过学生群体以及与老师的交流研讨，逐步完善知识系统。这种方式，一般需要学生已经具有一定的知识梳理经验。

【案例 2.18】“三角形”全章知识梳理[①]

考虑到七年级学生知识梳理的经验尚不是很丰富，本微课采用了第二种方式，这种方式一般依次回顾有关知识点，追问并展开具体知识内容，适时地揭示知识间的联系，进而形成知识系统。具体地，这个微课中，首先引领

① 设计：山东青岛第二十八中学 王健，指导：江苏第二师范学院 章飞．

学生对比教材目录回顾知识，然后通过问题串引领学生分块梳理，帮助学生多角度看问题，厘清知识的来龙去脉、前因后果，思考知识间的联系，逐步完成知识结构图。

师：如图 2-4-2 所示，我们一起梳理一下本章的知识结构吧，首先可以看一看目录。第一节是认识三角形，包括它的相关概念及有关性质；第二节、第三节是图形的全等，以及三角形全等的条件；第四节、第五节分别是用尺规作三角形，以及用三角形全等测距离。因此，这一章我们学习的主要内容：一是三角形的相关概念及有关性质；二是三角形的全等，包括全等的条件及其应用。

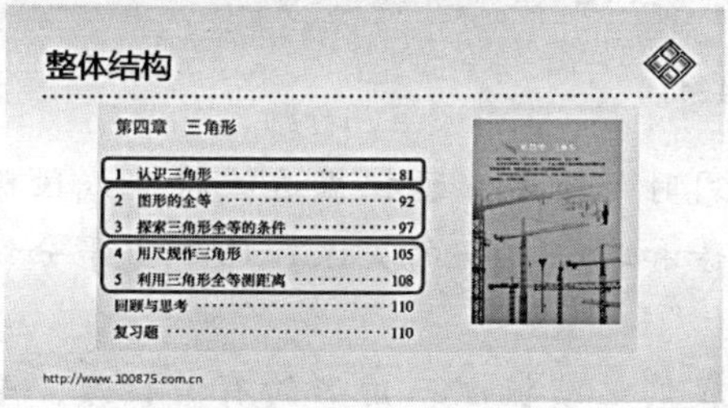

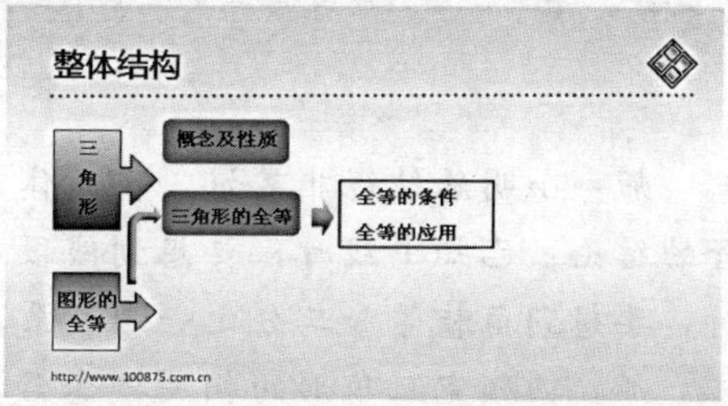

图 2-4-2

师：那么，这一章我们认识了三角形的哪些相关概念呢？

师：对，首先学习的当然是三角形的概念了。当三条线段满足不在同一条直线上和首尾顺次相接这两个条件时，所形成的图形就是三角形。

师：接着对三角形进行了分类，可以按照角分类(稍停顿)，这时可以分为锐角三角形、直角三角形、钝角三角形；还可以按照边是否相等分类，可以分为三边都不相等的三角形和等腰三角形，等腰三角形中又有一类特殊的等边三角形(图 2-4-3)。

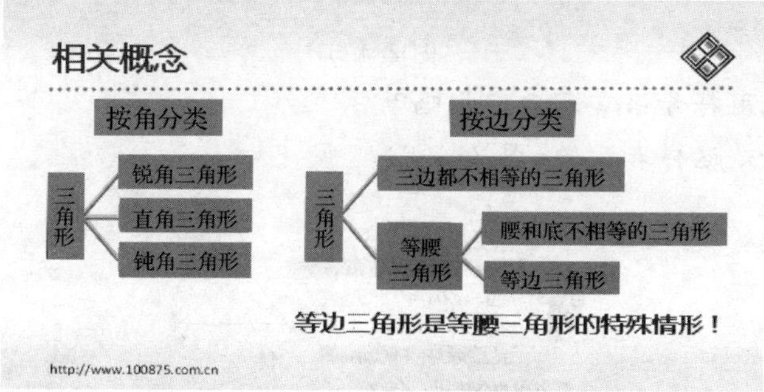

图 2-4-3

师：接着研究了三角形中一些特殊的线(稍停顿)，即中线、角平分线和高。

师：对于三角形中的三种重要线段，我们可以从文字表示、图形表示、符号

表示，以及交点的位置几方面来梳理。请按暂停键，自己先试一试。（稍停顿）

师：我们看看小明梳理的结果（图 2-4-4）。

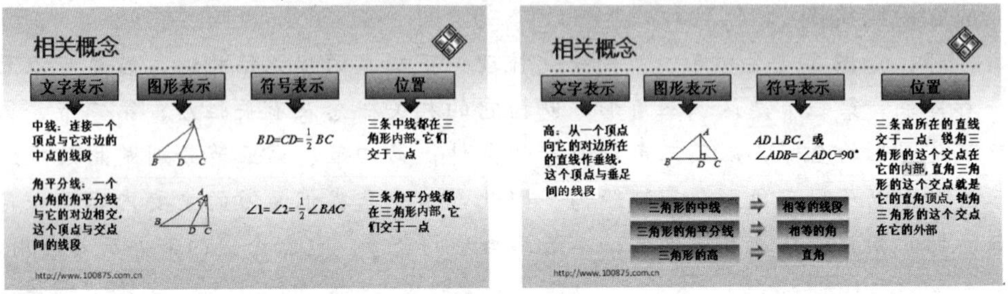

图 2-4-4

师：小明总结得非常好。在具体应用时，还要注意挖掘这些特殊线段隐含的结论：已知中线时，要想到线段相等和二分之一的关系；已知角平分线时，要想到角相等和二分之一的关系。

师：回顾完三角形的相关概念后，我们继续梳理三角形的有关性质。那么，这一章我们学习了三角形的哪些有关性质呢？比如，三角形的三个角之间有什么关系？

师：对，三角形三个角之间的关系，这是三角形的一个重要性质。（点击，出现有关关系如图 2-4-5 所示）

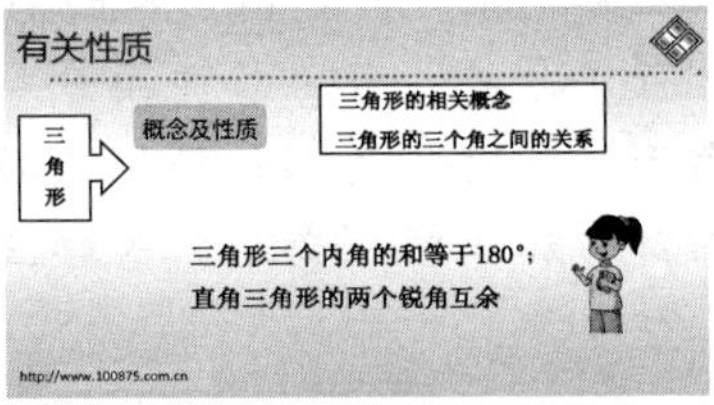

图 2-4-5

师：你能用符号语言表示它们吗？

小明：我是这样表示的（图 2-4-6）。

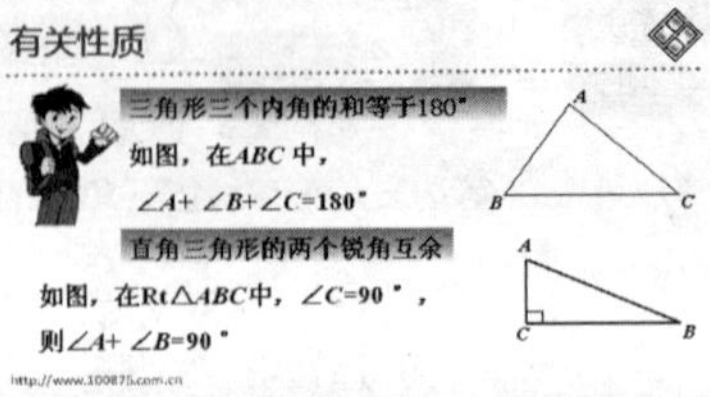

图 2-4-6

师：三角形三条边之间又有什么关系呢？

小颖：三角形三边之间的关系是三角形任意两边之和大于第三边；三角形任意两边之差小于第三边(图 2-4-7)。

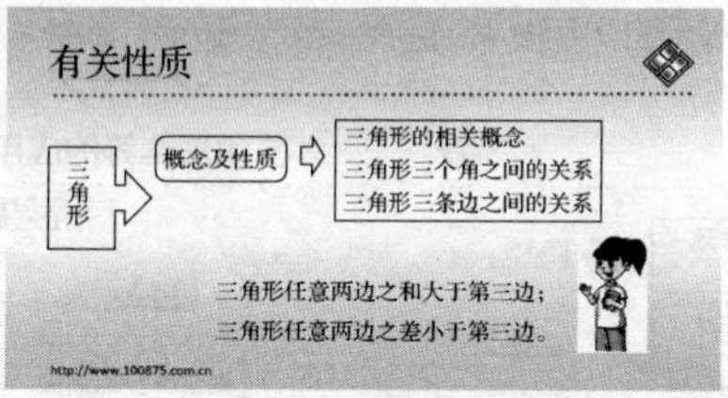

图 2-4-7

师：我们刚才梳理了一个三角形内部的相关概念和性质，那么两个三角形之间又会有什么样的关系呢？对！本章我们研究了两个三角形的全等！(图 2-4-8)

师：我们先研究了一般全等图形的概念和特征，进而引出全等三角形的概念和特征，然后重点探究三角形全等的条件。

师：那么，我们得到了哪些三角形全等的判定方法呢？

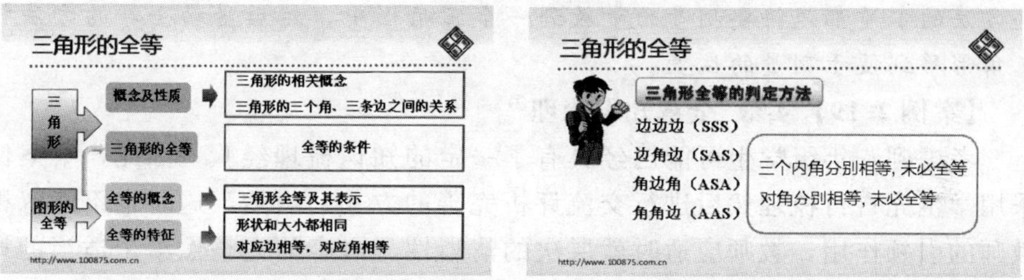

图 2-4-8

小明：共有 4 种，分别是“边边边”“边角边”“角边角”“角角边”。(点击，出现相关的结论如图 2-4-9 所示)

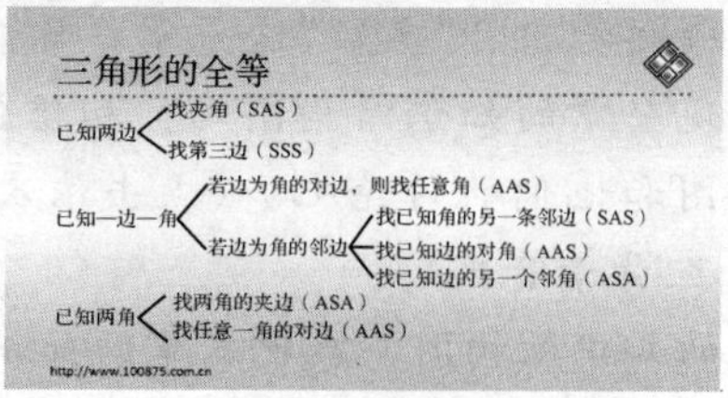

图 2-4-9

师：通常在已知两边的时候，考虑用“边角边”和“边边边”；已知一边一角时，根据具体情况选择“角角边”“边角边”和“角边角”中的一种；已知两角时，一般考虑“角边角”和“角角边”。(边说边出现相关结论)

师：学习了全等三角形之后，我们还研究了用尺规作三角形，以及测距离的问题，这些都是全等三角形的应用。

师：尺规作三角形，常用的方法有哪些？（稍停顿）对，一般有三种，SAS，ASA，SSS(点击，出现相应的结论，如图 2-4-10 所示)。

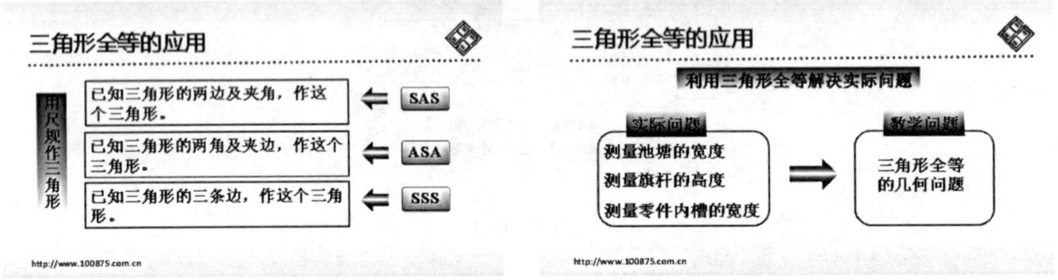

图 2-4-10

师：当然，三角形全等除了可以用来解决一些尺规作图问题外，还可以用来解决一些测量问题。例如，可以测量池塘的宽度、旗杆的高度和零件内槽的宽度等，把生活中的实际问题转化为三角形全等的数学问题来解决。这些方法的本质都是将要测量的量放到一个三角形中，然后借助全等的方法将三角形移到便于测量的位置。

【案例 2. 19】“实数”全章知识梳理[①]

考虑到八年级学生可能已经具有了一定的知识梳理经验，因此，本案例采用学生先自行梳理然后进行交流评析完善的方式。当然，这时也不能忽视教师的引领作用，教师应适时就层次的清晰性、内容的完整性给予适当的评议，通过鼓励激发学生的兴趣，通过评议指出学生的不足和改进方向，并对展播作品进行适度微调，教师还可以提供自己的作品，给学生一些参考。总之，既要发挥学生的主体性，也要发挥教师的主导作用，适度引领，外显知识梳理的过程和方法，提升学生的知识梳理能力。

师：同学，祝贺你顺利学完了“实数”这一章，你能用自己的方式把所学知识进行梳理汇总，呈现全章的知识结构图吗？相信你一定能画出来，先看看几位同学的知识结构图和他们的讨论吧！（点击依次出现相关作品如图 2-4-11 所示，停顿 10 s，配背景音乐）

小明：看，这是我的知识结构图，我把本章的知识都考虑到了！（点击出现知识框图 1）

小颖：你这张图条理不清晰，很多概念都混淆了！

小亮：是啊，平方根是开平方的结果；二次根式的计算，结果要化为最

① 设计：广东省深圳市坪山区同心外国语学校 谢莉，指导：广东省深圳市坪山区教育科学研究管理中心 袁虹．

简二次根式！

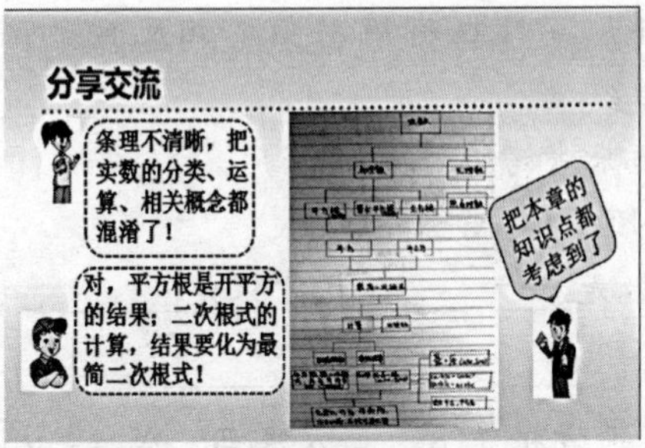

知识框图 1

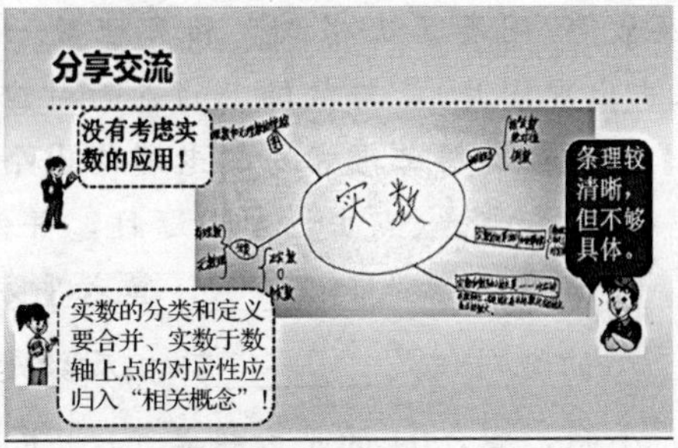

知识框图 2

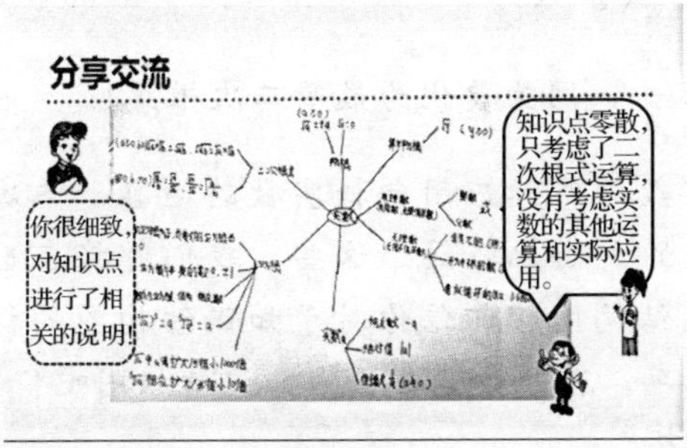

知识框图 3

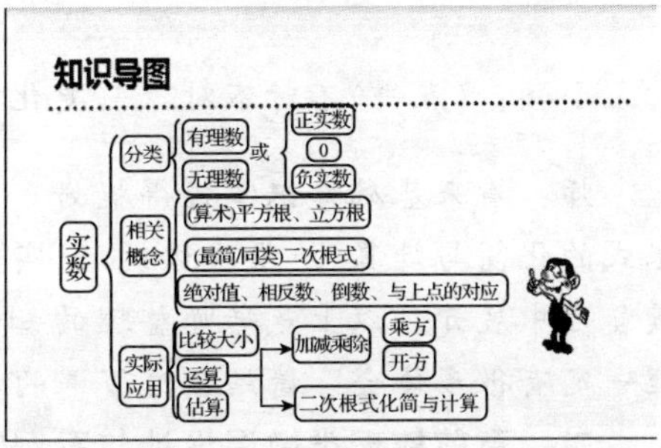

知识框图 4

图 2-4-11

小亮：看看我的，条理比较清晰吧！(点击出现知识框图 2)

小明：你这张图知识内容不够完整。没有考虑实数的应用，如实数的计算、比较大小、估算等。

小颖：而且实数的分类和定义可以合并，把实数与数轴上点的对应性归入“相关概念”中吧！

小颖：还是看看我的图吧，看来问题也挺多的，知识点零散，只考虑了二次根式运算，没有考虑实数的其他运算和实际应用。(点击出现知识框图 3)

小亮：你很细致，对知识点进行了相关的说明，真不错！

老师：大家很不错，我也尝试梳理了一下(点击出现知识框图 4，下面在交流中逐步生成)。本章的知识分为如下三大板块。实数是有理数、无理数的统称，也可分为正实数、0、负实数。

小颖：对，常见无理数有 π、开方开不尽的，还有像这一类的小数。

老师：小颖说得很好，那以下几个实数，哪些是无理数呢？(停顿 5 s，背景音乐)(图略)

小亮：我知道，有这个，这个，还有这个(依次用标记指出三个无理数)。

师：很好，实数的相关概念包括平方根(算术平方根)、立方根；二次根式及最简/同类二次根式。和有理数一样，实数也有绝对值、相反数、倒数(点击出现图片)，与数轴上的点的对应性。

小明：这些都很容易，老师您出个题来考考我吧！

师：行啊。(点击，出现题目，并停顿5 s，背景音乐)

64的平方根是________，算术平方根是________，立方根是________。

$\sqrt{5}$的绝对值是________，相反数是________，倒数是________。

小明：嗯，64的平方根是±8、算术平方根是8。立方根吗？是4。$\sqrt{5}$的绝对值是$\sqrt{5}$，相反数是$-\sqrt{5}$，倒数不就是$\frac{1}{\sqrt{5}}$吗？

小颖：(点击)不对不对，$\frac{1}{\sqrt{5}}$要化为$\frac{\sqrt{5}}{5}$，因为要化为最简二次根式！

师：看来基础知识掌握得挺好，实数的实际应用包括实数的运算、二次根式的化简与计算(边呈现边说)、实数的大小比较等。这些，我们都将在后续复习中展开。以上是老师整理的知识结构图，相信你对于知识结构图的梳理一定有很多体会。请结合这节课的学习，进一步完善你的知识结构图吧！

二、章前梳理类微课设计与案例赏析

在学生知识系统建构经验丰富之后，一些章节内容的知识结构与之前学习的相近，可引导学生预估本章的知识结构，再对比教材目录形成知识框图的草图，在这样的知识建构中学生可以类似于教材设计一样，经历一个知识系统建构的过程，相信学生获得的不仅仅是建构能力的提升，还有创造教材的快感和学习的乐趣。这样的章节有很多，如分式、一元二次方程、二次函数等。另外，可能有一些章节的顺序设计，有其内在的道理，但并不是显而易见的，更不是学生事先能够理解的，对于这样的情况，学生一定有很多疑惑。面对学生的疑问，可以暂行搁置，等知识学习之后再和学生交流明晰。当然，如果学生能力许可，也可以直接在学习之前就暴露这样的问题，在交流中解答这样的困惑。

【案例2.20】为什么先学习同底数幂的乘法①

同底数幂的乘法是在学习了有理数的乘方和整式的加减之后，为了学习整式的乘法而学习的关于幂的一个基本性质，是幂的三个性质中最基本的一个性质，学好了同底数幂的乘法，对其他两个性质以及整式的乘法和除法的学习能形成正迁移，因此，同底数幂的乘法既是有理数幂的乘法的推广，又

① 设计：山东省青岛第二十四中学 柴晓龙，指导：江苏第二师范学院 章飞.

是整式的乘法和除法学习的重要基础，在“整式的乘除”这一章中具有举足轻重的地位和作用。

正因为同底数幂的乘法是整式乘法的基础，因此教科书将这一内容放到本章第一节。但作为不了解整个知识体系建构原因的学生，一定对先学习同底数幂的乘法有些困惑，为此，这个微课试图与学生一起思考教材设计顺序，引导学生暴露对于教科书设计顺序的困惑，进而在交流中理解教材设计的顺序，这样更好地揭示了知识间的内部联系，使学生认识到同底数幂的乘法是整式乘法的起点，其他乘法运算最终都可转化为同底数幂的乘法运算，从而从整体上把握了这章内容的逻辑主线：同底数幂的乘法—幂的乘方—积的乘方—单项式乘单项式—单项式乘多项式—多项式乘多项式—几个特殊的乘法公式。

师：在七年级上学期，我们已经学习过整式的有关概念，如单项式、多项式、整式等，还学习了整式的加减运算(图 2-4-12)。

师：那么，你能举出几个整式的例子吗？注意，要尽量举出不同的形式哟！

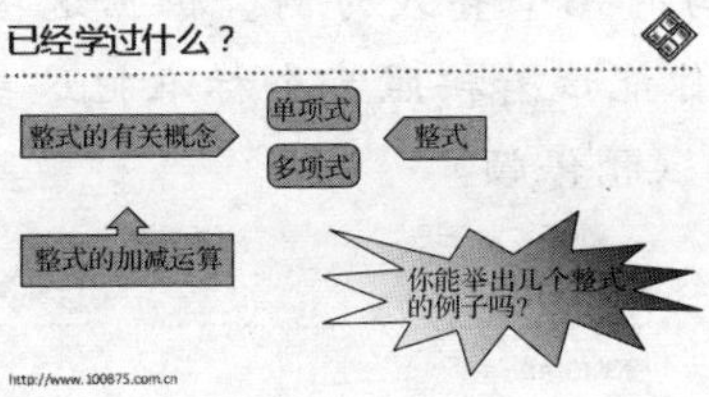

图 2-4-12

师：下面是小明举出的几个例子，你能指出其中的单项式、多项式吗？(图 2-4-13)

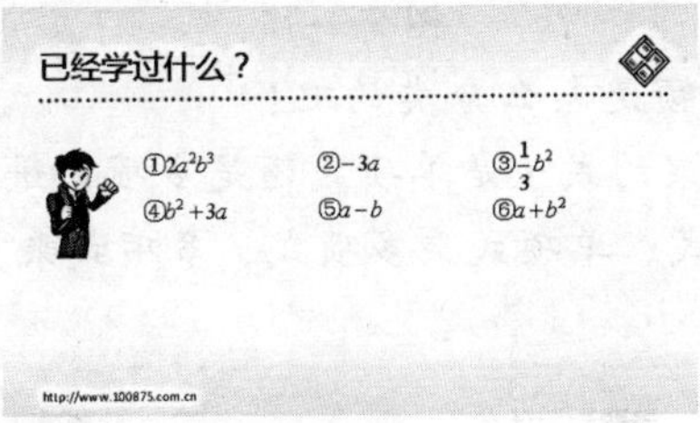

图 2-4-13

师：今天开始学习新的一章——整式的乘除。看到这个标题，你认为这一章将研究什么内容呢？对，自然是研究整式的乘法运算和除法运算了！而且，一般来说，要先研究较简单的整式的乘法。

师：我们不妨先看一下本章教科书的目录，以便对全章学习有一个总体的认识(图 2-4-14)。

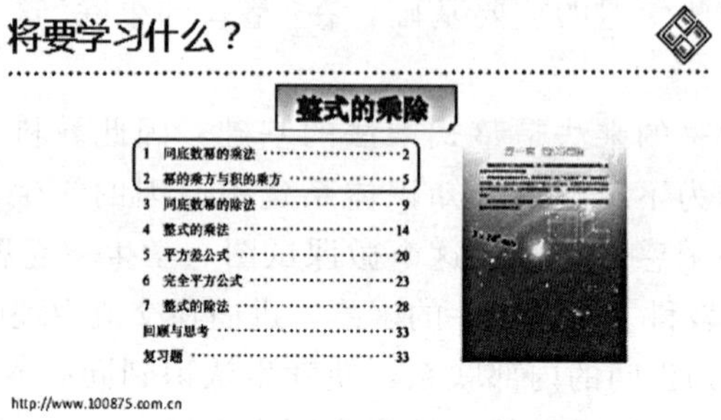

图 2-4-14

小颖：咦，怎么回事？教科书前 2 节的节名好奇怪哟(点击出现矩形框)，什么“同底数幂的乘法”“幂的乘方与积的乘方”，它们与整式的乘法有关系吗？

师：很好，有疑惑，说明你善于思考。要解开这个疑团，我们还得先回到整式的乘法这个主题上，看看它究竟会研究些什么。

师：就以刚才小明写的几个整式为例。根据这些整式，老师写出了一些乘法算式(图 2-4-15)。你能试着按照某个标准把这些算式进行分类吗？请按暂停键，自己先试一试。(稍停顿)

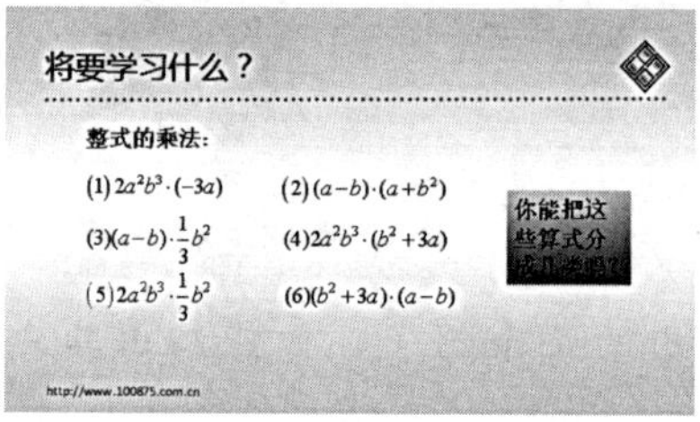

图 2-4-15

师：让我们看看小颖是怎么分类的吧！

小颖：可以根据相乘的式子是单项式还是多项式进行分类，因此，可以分为三类：单项式乘单项式、单项式乘多项式、多项式乘多项式(图 2-4-16)。

师：非常好！

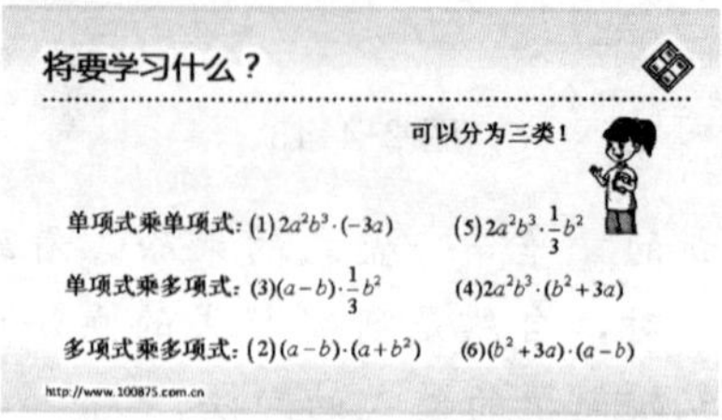

图 2-4-16

师：那么，在这三类中，哪一类运算最简单呢？哪一类运算最复杂呢？

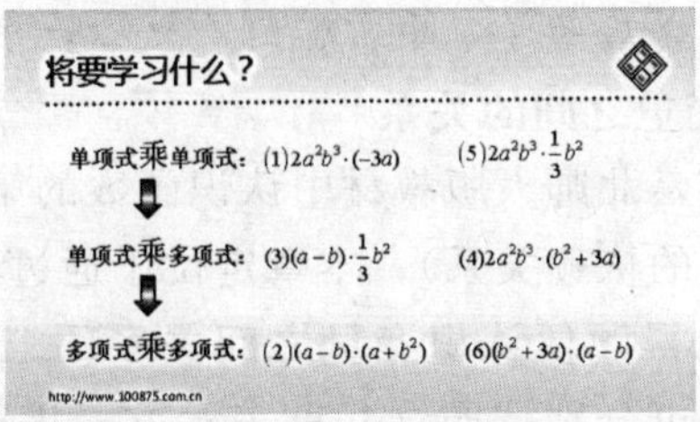

图 2-4-17

师：对，一般来说，单项式乘单项式是最简单的，而多项式乘多项式则是最复杂的了！因此，我们就从最简单的单项式乘单项式开始(图 2-4-17)。

师：首先来看一个例子：$2a^2b^3\cdot(-3a)$。

师：这是两个单项式相乘，你认为应该怎么计算呢？(稍停顿)

师：根据乘法的交换律和结合律，我们可以将系数 2 和(−3)结合在一起相乘，a^2 和 a 结合在一起相乘。

师：我们知道，$2\times(-3)=-6$，但 $a^2\cdot a$ 等于什么呢？因此，我们需要研究 $a^2\cdot a$ 这种运算。

师：同样的道理，我们也需要研究 $b^2\cdot b^3$ 等诸如此类的运算。

师：观察 a^2 和 a，可以发现，这是两个幂，而且这两个幂的底数相同，都是 a。所以，它们被称为“同底数的幂”。类似地，b^2 和 b^3 也是同底数的幂。

师：现在，再来看看教科书目录(图 2-4-18)，你大概能猜到“同底数幂的乘法”这一节的研究内容了吧。相信你也能理解教科书为什么先学习“同底数幂的乘法”了！

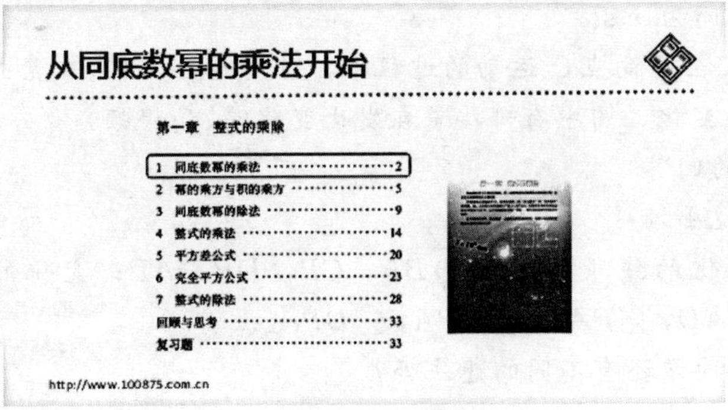

图 2-4-18

师：本节课，我们一起对“整式的乘除”这一章的学习顺序进行了一些思考。了解知识的发展脉络，有助于我们理解知识、掌握知识，并更好地应用知识！

师：希望同学们在今后的学习中常怀好奇之心，多问、善问，勤思考！

【案例 2.21】感受变量之间的关系[①]

“变量之间的关系”是北师大版教材中认识函数的第一个章节(一元函数的本质就是两个变量之间的依赖关系)，本章定位于通过具体案例初步认识变量之间的关系，当然，也得顺便认识变量之间关系的三种表示形式：表达式、表格、图像。本章几节也分别按照这几种表示方式进行组织的，依次是表格表示的变量之间的关系、关系式表示的变量之间的关系、图像表示的变量之间的关系。作为一章的起始课，能否让学生建构本章结构，至少窥视本章全貌，这是我们设计时首先考虑的问题。基于这样的想法，我们选择了一个简单的情境，其中蕴含着很多变量，希冀学生从这个背景中发现很多变量和常量，进而思考哪些量之间有关系？大致会是怎样？如何研究？通过一系列的问题串，层层引导，让学生感受到：变量之间关系的丰富性，变量之间关系的表示方式的丰富、自然，自然地生成了三种表示方式，感受到三者之间的关系，形成了全章的结构。

微视频脚本如下。你好！

欢迎来到京师数学微课堂。

在小学数学中，我们曾经通过一些具体实例认识了成正比例的量和成反比例的量，它们反映的都是变化的量之间的关系，也就是变量之间的关系。本节课，我们将进一步感受变量之间的关系。

(点击)如图 2-4-19 所示，在$\triangle ABC$中，$BC=10$ cm，BC边上的高$AD=6$ cm，动点P从点B出发，以 1 cm/s 的速度沿BC方向向点C运动，设它运动的时间为x s。

在点P从点B向点C运动的过程中，时间x在变化。(点击)请你观察一下，随着x的变化，图中有哪些量在发生变化？(稍停顿)

(接小颖的回答)

(点击出现小颖)

小颖：变化的线段有(点击)BP，CP，DP，AP；变化的角有(点击)$\angle BAP$，$\angle PAD$，$\angle PAC$，$\angle BPA$，$\angle DPA$。

师：其他同学还有不同的想法吗？

(点击出现小明)

小明：小颖列出的是变化的线段和角。线段的变化还会导致周长和面积的变化，(点击)这里$\triangle BAP$、$\triangle APD$和$\triangle CAP$的周长和面积都随时间x的

① 设计：江苏第二师范学院 章飞，四川省成都石屋中学 荣彬.

变化而变化。

（小颖回答后）

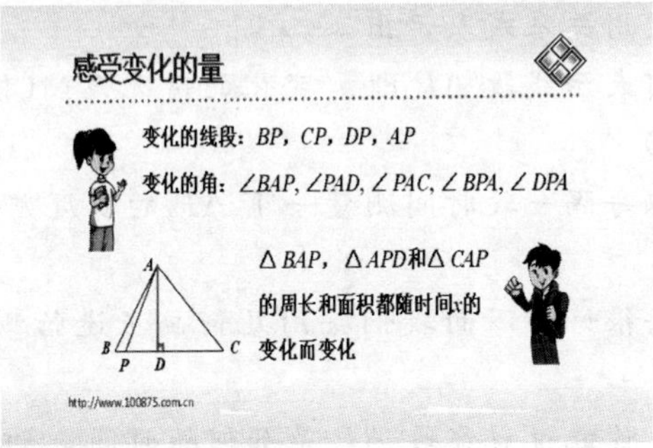

图 2-4-19

师：小明同学由线段的变化联想到了周长和面积的变化，非常好！那么如何表示这些变量之间的关系呢？

师：我们首先看最简单的线段 BP。如图 2-4-20 所示，根据题意，BP 表示点 P 走过的路程，（点击）因此 $BP=1\cdot x=x$。$BP=x$ 表示线段 BP 与时间 x 之间的关系，（点击）它是变化的量 BP 随 x 变化的关系式。

师：类似地，（点击）你能得到线段 CP 随 x 变化的关系式吗？你还能得到哪些量随 x 变化的关系式？（稍停顿）

（点击出现小颖）

小颖：（点击）CP 应该等于 $BC-BP=10-x$；（点击）我还可以得到 $S_{\triangle ABP}=\frac{1}{2}BP\cdot AD=3x$，$S_{\triangle ACP}=\frac{1}{2}CP\cdot AD=3(10-x)$。

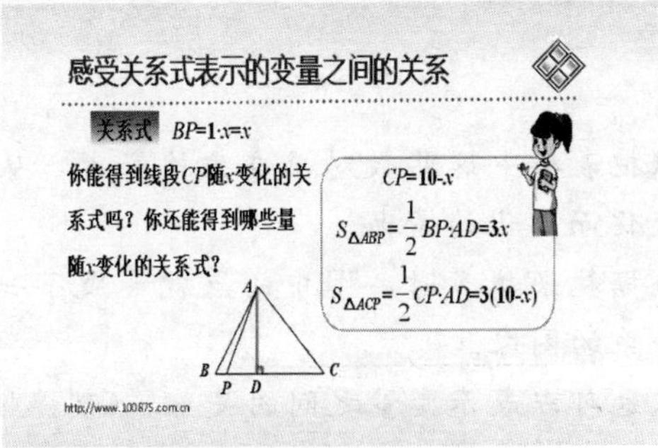

图 2-4-20

（小颖回答完）

师：小颖回答得非常好。

师：接下来请同学们想一想，（点击）你能得到线段 AP 随 x 变化的关系

式吗？（稍停顿）

师：对，我们无法得到线段 AP 随 x 变化的关系式。实际上，并非所有变量之间的关系都能用关系式表示出来。

师：那么，如何表示线段 AP 随 x 变化的情况呢？（稍停顿）

（点击出现小明）

小明：可不可以每隔一段时间测量一下 AP 的长度呢？

（小明回答后）

师：小明的想法很好。下面我们就用几何画板进行测量，（点击）得到如下数据。

观察这个表格，你能说说线段 AP 是如何随时间 x 的变化而变化的吗？

（点击出现小颖）

小颖：可以看到，（点击）线段 AP 的长度是先变小，后变大。

（小颖回答后）

师：对，借助表格，我们可以表示线段 AP 随时间 x 的变化情况。所以，（点击）利用表格也可以表示变量之间的关系（图 2-4-21）。

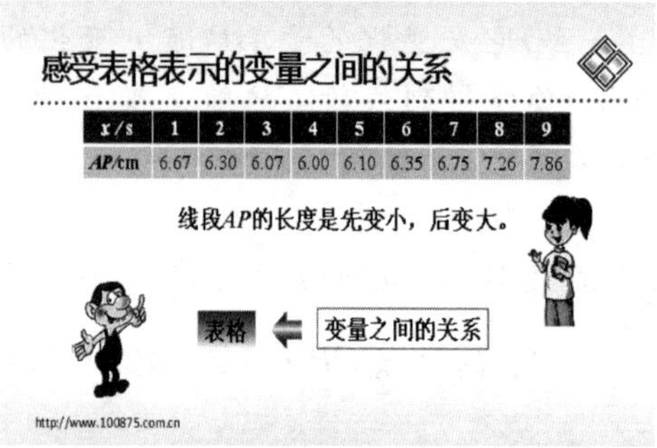

x/s	1	2	3	4	5	6	7	8	9
AP/cm	6.67	6.30	6.07	6.00	6.10	6.35	6.75	7.26	7.86

图 2-4-21

师：我们还可以把表格中这些数对画在方格纸上，从而更直观地表示线段 AP 随时间 x 的变化而变化的情况。

师：当列出的数据越来越多时，图中的点就连成了一条曲线，这条曲线就是表示它们之间关系的图像。

师：所以，图像也可以表示变量之间的关系。（稍停顿）

师：同学们，我们生活在一个变化的世界中，从数学的角度研究变化的量，讨论它们之间的关系，将有助于我们更好地了解世界、认识世界和预测未来！在接下来的学习中，我们将分别研究用表格、关系式和图像表示变量之间的关系（图 2-4-22）。

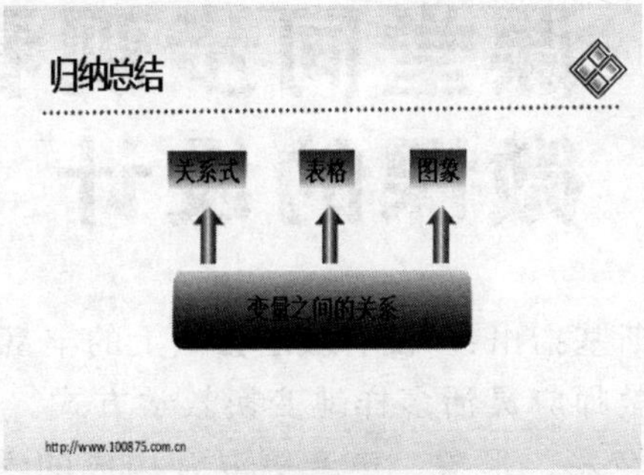

图 2-4-22

第三章　课堂同步观看型微课的设计

苏联教育家巴班斯基指出："没有教学方法上的丰富多彩，就没有教学内容的现代化。"教学中教师应灵活多样地变换教学方式。例如，课中适时地插入微小视频，构造由色彩、形象、声音等混合构成的学习氛围，提供直观、清晰、生动的形象，还可以借鉴丰富的优质资源，使得画面更为优美，音效更为动听，情节更为生动、诙谐，感受更为直观，甚至有如身临其境，从而诱发学生良好的情感体验，激发学生学习的主动性和积极性，启发学生丰富的联想和想象，提高学习效率和记忆效果，更好地满足即时性、实用性、直观性的学习需求，拓展课堂教学时空，提升课堂实效。

作为课堂教学的辅助资源，课堂同步观看型微课，主要作用在于减少教师反复讲解知识的负担，通过预先精心设计的微课，促进学生对知识的理解。因此，其功能定位是辅助。当然，为了提升辅助的效果，可以在以下几个方面做好工作：一是希望这样的辅助材料可以更好地激趣，为此，可以借助微课，通过多种媒体共同刺激学生的多个感官；二是将过程展现得更加精准、精细、直观，如数学中图形的变化过程，仅仅教师讲解，难以清晰全面地呈现变化细节和规律等信息，而微课可以调用、组合多种资源进行一些过程性的解析，提供全面清晰的有关信息；三是借助微课更加全面、系统地总结知识，促进学生知识系统的建构。基于此，课堂同步观看型微课大致可以分为如下三类：情境性微课、演示性微课、总结性微课。

第一节　情境性微课片段的设计与案例赏析

心理学研究表明："外部刺激，当它唤起主体的情感活动时，就更容易成为注意的中心，体验的中心，就能在大脑皮质上形成优势兴奋中心，从而强化理解和记忆。相反，则不能唤起情感活动，主体必然对它漠不关心。"[①]

所谓"情境"，就是一种"氛围"，它能激发人们主动地联想、想象和思维，产生某种情感的体验，以获得某种形象或思维成果。[②] 教学情境是指借助各

① 高楠：《艺术心理学》，沈阳，辽宁人民出版社，1988.

② 葛小静：《创设问题情境，焕发课堂的生命活力——活动单元教学中初中语文有效课堂教学设计探究》，载《新语文学习：教师》，2012(3)：32～33.

种直观手段创设与教学内容相应的有利于丰富学生感知、启迪学生探究、引发学生联想、激发学生兴趣的，为实现课堂教学目标服务的，具体、形象且富有情感性的教学环境和氛围。

数学情境是数学问题产生的土壤，是含有相关数学知识和数学方法的情境，同时也是数学知识产生的背景，它不仅能激发数学问题的提出，也能为数学问题的提出和解决提供相应的信息和依据，引发学生的学习兴趣和热情，激发其好奇心和发现欲，造成其认知冲突，诱发质疑猜想，唤醒问题意识，从而提出问题、研究问题、解决问题，在数学学习的过程中实现“再创造”。

建构主义认为：学习环境中的情境必须有利于学生对所学内容的意义建构，所以我们认为“有效情境”应该具有科学性、合理性、实效性。① 情境是整个学习中重要而有意义的组成部分。课堂教学证明：学习不可能脱离具体的情境而产生，数学教学需要情境，数学情境的精心创设是学生发现和提出问题的重要前提，因此，教师应根据学生的年龄特征和心理发展规律设计情境，既要关注学生的个人知识和直接经验，又要把学生的个人经验和现实世界作为数学活动的重要资源，同时创设的数学情境要进入学生的“最近发展区”，内容上要富有趣味性、挑战性、探索性。只有当学生被设计的课堂情境所感染，或思维进入预定的情境之中，才能取得预期的教学效果。微课呈现的情境更丰富，具有巨大的感染力和感召力，便于渲染氛围，便于把思维过程“融”于情境中，容易引起学生对教学活动产生直接、强烈的兴趣，从而有效地引起学生的视感追求、思维激活、记忆强化。

情境性微课的重心在于激趣和引出问题，其主要作用是使教学过程情境化、形象化、趣味化。如新课导入时，教师可根据学生已有的知识基础、认知水平、生活经验和学习新知识所需的衔接知识点，设计新颖的问题情境，在授课前制作好微课，开始上课后先让学生观看视频，诱发学生的情感体验，为新课的讲解做好铺垫。

【案例 3.1】从不同方向看②

本节课首先通过播放足球场上的黑哨事件的微视频引入，引发学生的疑问：假摔到底如何骗过观众？如何才能辨别真假？正因为有了视频的不同角度的播放，学生才能直观地从不同方向看到不同的结果，相对于传统的教师干巴巴地讲解、学生挖空心思地想象，效果要好得多。此处由足球场上的假摔引入，使学生初步感受从不同方向看的必要性，进而引出三视图的定义，直观感受为什么要从三个方向看，即研究三视图的必要性，引发问题，并较

① 何杰：《小学数学教学中的情境创设探究》，载《成才之路》，2011(29)：53.

② 设计：广东省深圳市坪山中学 李巧莉.

好地体现数学的现实性，从而激发学生的学习欲望，由此引入新课，将学生迅速代入良好的学习状态中。

由三视图猜想几何体形状是这节课的教学难点，在此环节中，再次播放微视频，通过视频动画展示搭几何体的过程，引导学生发现问题、提出问题，引发思考，让学生直观地感受到：只有当三视图全部呈现时，几何体的形状才是唯一确定的；如果只有其中一张或两张图，是无法确定几何体的形状的，也不能深刻理解三视图研究的意义（图 3-1-1、图 3-1-2）。由于预先精心准备，教师在利用微视频讲解时更有指向性，同时避免了“现场操作受教具小，教具数量有限，学生人数多，无法让每个学生亲自操作或看清教师操作”等弊端，效果更好。

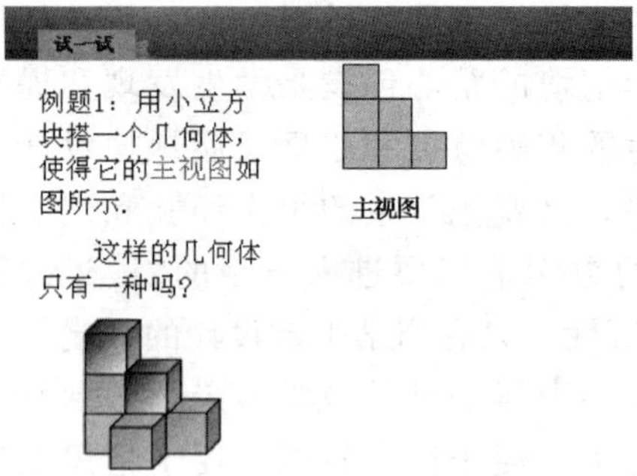

图 3-1-1

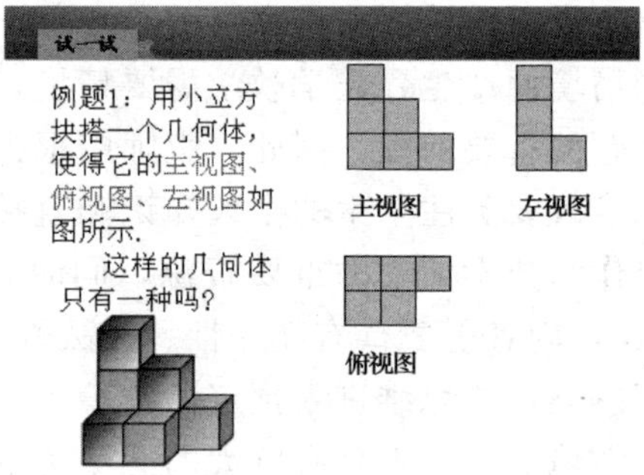

图 3-1-2

创设有效课堂教学情境要注意以下几点。

其一，情境设计要尊重学生的认知起点，注重学生的个别差异，符合学生的年龄特点。数学知识源于实际生活，数学知识的建构多数是以实际为基础的，学生由于阅历浅，认知有一定的局限性，在创设情境时要考虑这个因素，所创设的情境要使学生感兴趣，觉得似曾相识或就在身边，自然就有一种亲近感。

其二，情境的创设要与教学内容相统一。有效的教学情境应包含良好的数学结构，隐含丰富的信息，具有一定的开放空间和较强的探究价值。教师应精心设计并智慧构建富有张力、有效的教学情境，要注意教学情境的创设在课堂时间中的合理分配，使创设的情境激趣且省时有效，争取在最短的时间内，实现情境为数学思考服务的目的。

因此，理想教学情境的创设，一般遵循三条原则：其一，既源于生活，又高于生活。这是因为数学本身产生于生活，反过来又作用于生活；抽象于生活的数学，又不完全等同于生活中的数学。其二，既妙趣横生，又内涵丰富。任何有效的学科教育教学都是情感在先，认知在后，所以创设任何教学情境，首先必须要有情趣，同时必须将所教学的重要内容尽可能地融入其中。其三，既鲜活生动，又科学合理。这是比较难做到的，这取决于教师的观察与思考、素质与能力。

·第二节　演示性微课片段的设计与案例赏析

由于各种原因，一些教学活动不要求(有时由于条件限制也不允许)学生亲身操作，这时可以设计一些演示性活动。演示实验作为一种教学手段，是教师备课的重要内容，需要教师认真研究和准备。教师要研究教材哪些地方让学生感到抽象、容易混淆，接受起来有困难，并结合教学实际，研究解决的办法，努力开发一些直观的演示，并渗透数学思想方法，以求使学生感知表象、建立概念、总结规律。数学教学中的演示是以教师的操作为主要手段，以学生的观察分析为信息传播方式，教师边操作边讲解。

现场操作演示可能有以下不足：①准备材料费时耗力；②有些演示过程可能出现一些意想不到的情况，如演示失败或效果不佳；③演示工具小，不便观看；④不便呈现过程，学生只能观看结果；⑤不能留下操作痕迹；⑥教师现场操作无太多精力关注学生。为避免演示效果不佳，增加演示的可见度，释放教师精力，突出演示实验的功能，教师可以预先录制一些课堂同步观看的演示型微视频，使教学内容更加丰富，教学效果更直观、形象，学生眼界更加开阔，从而有效地提高学生的观察能力，分析问题和解决问题的能力。

【案例 3.2】配方法的几何解释①

在学习配方法解一元二次方程时，讲述完配方步骤(所谓“先将二次项系数化 1，再配上一次项系数一半的平方”)后，为开阔学生视野，可以介绍配方法的几何解释。对于配方法的几何解释，一般而言，学生自主探究的可行性较小，一般可设计为演示实验。这个演示实验，其操作工具为纸板，利用彩笔在纸板上做记号表示各块的长度、面积等，并通过拼接纸板完成“配方”，但由于操作材料尺寸的限制，现场操作难以让全体学生看清操作过程，另外现场操作也费时耗力，为此，可在桌面上进行操作并借助手机等外部摄录设备拍摄微视频，课堂上组织学生观看。这样的微视频，直观、动态，很好地凸显了活动过程，录制也十分简单，易于操作。

---

① 设计：广东省深圳市坪山中学 李巧莉.

【案例 3.3】平移图像与解析式的关系①

首次接触一次函数的图像和性质时，初中生难免有些理解上的困难，特别是图像的平移与解析式之间的关系。另外，图像这一抽象的直线，无法实际操作，只能借助软件工作，因此，一般借助几何画板进行演示。为了更好地体现效果，不妨录制成微课。微课“平衡图像与解析式的关系”，通过视频展示函数图像的平移过程，让学生在图形的变化过程中观察函数解析式系数的变化，从中找到图像平移与解析式的关系，加深对一次函数图像与性质的理解，进而感悟数形结合的数学思想方法(图 3-2-1)。

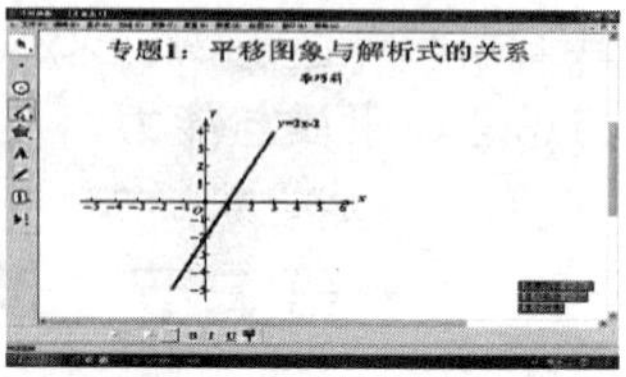

图 3-2-1

数学教学中，教师常常针对一节课的重难点设计典型例题，引导学生分析探究。为了更好地展示探究过程，揭示问题的本质，可以设计微小视频，在学生自主探究或合作探究、交流后，一起观看。如讲解折叠问题时，就下面一道二次折叠问题制作微视频，借助微录仪、PPT，实际操作展示折叠过程，通过演示实验，实现折叠过程真实、直观地再现。

【案例 3.4】折叠系列微课之二次折叠②

如图 3-2-2 所示，将一个长为 10 cm、宽为 8 cm 的矩形纸片先按照从下向上对折，再按照从左向右的方向对折，两次对折后，沿所得矩形两邻边中点的连线(虚线)剪下，再打开，得到如图所示的小菱形的面积为(　　)。

A. 10 cm^2　　B. 20 cm^2　　C. 40 cm^2　　D. 80 cm^2

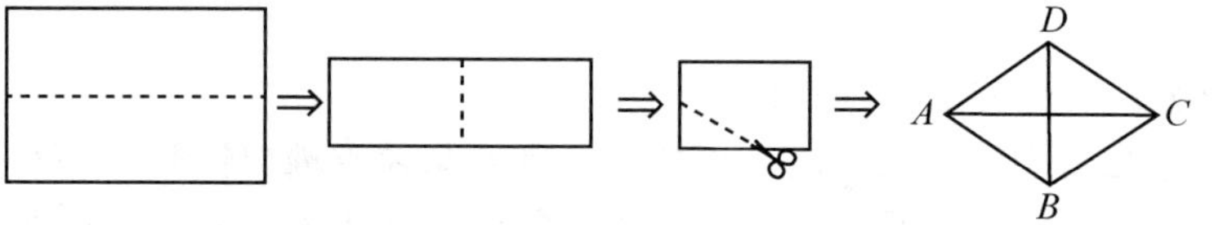

(矩形 1)　(矩形 2)

图 3-2-2

折叠问题，难度较大，对理解应用折叠的基本性质要求较高。尤其是二次折叠问题，若缺乏实物演示，对学生的空间想象力是个很大的挑战，视频的录制可以让学生通过教师演示纸片的翻折过程，比较清楚直观地看问题，把握折叠的实质，即轴对称性。能迅速准确地抓住折叠问题中带来的各种几何元素的数量、位置关系，发现其中变化的和不变的量，看到折叠前后的等量对应关系，运用所学知识合理、有序、全面地解决问题(图 3-2-3、图 3-2-4)。

① 设计：广东省深圳市坪山中学 李巧莉.

② 设计：广东省深圳市坪山中学 衷诚.

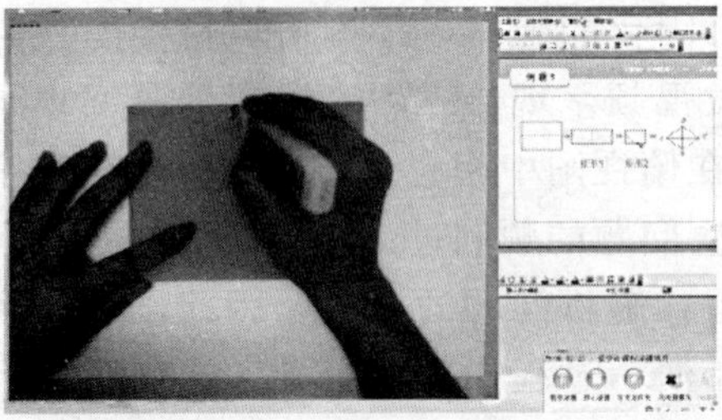

图 3-2-3

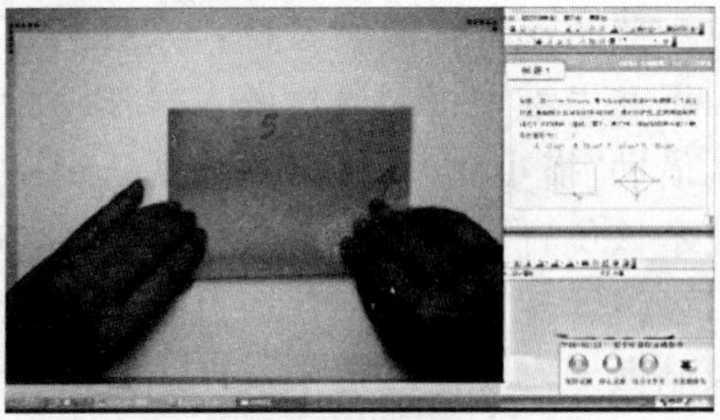

图 3-2-4

在视频播放过程中，学生可跟着视频同步操作，教师又可腾出空来关注学生，既突出学生的学习主体性，又充分发挥教师的主导作用。

课堂教学知识的延伸拓展是一节课的点睛之笔，是创设悬念、激发兴趣，培养学生思维能力、创新能力、实践能力等综合数学素养的关键所在①，教师进行行之有效的引导，有利于激活思路，充分调动起学生的学习内驱力，增强其应变能力。例如，在学习了“从三个方向看物体的形状”这一内容后，录制下面一个微课，通过小积件教具演示，形象直观地呈现问题的发生过程，有利于拓展学生的思维空间。

【案例 3.5】拆分问题，各个击破②

本节微课教学中用两种方法对“如何从两个方向看小立方块组合体来还原几何体形状”一类问题的拆分探究，最终实现化繁为简、化难为易的目的。通过小积件教具演示，结合俯视图小正方形标注的数字，形象直观呈现问题的发生过程，优化解题策略，发展学生的空间想象力，让学生掌握这一类问题的解决方法(图 3-2-5、图 3-2-6)。

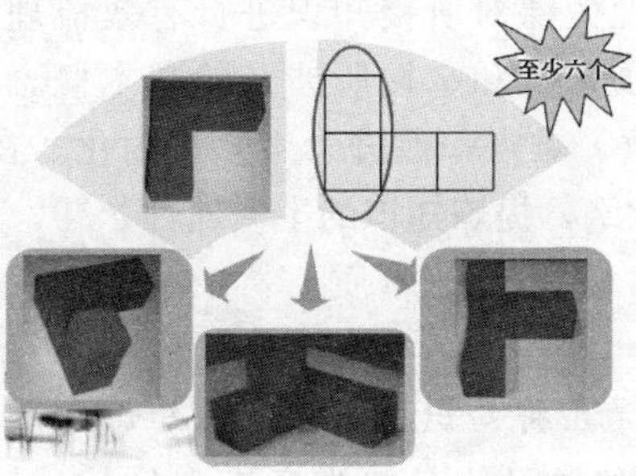

图 3-2-5

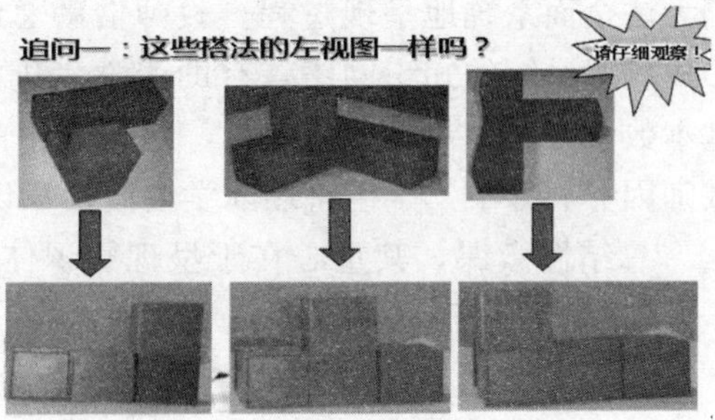

图 3-2-6

① 苏松山：《浅谈新课改下小学数学的课堂教学》，载《现代教育科学：教学研究》，2012(1)：44.

② 设计：广东省深圳市坪山区同心外国语学校 谢莉.

此微课设计源于教材，又打破了教材固化的限制，挖掘出教材中隐性的知识和思维过程，通过植入操作演示的微视频呈现给学习者，帮助其实现了从借助“搭小立方块”感性直观认识，到“在俯视图中相应小正方形中标注数字表示该位置小立方块个数”抽象、准确解决问题的顺利过渡。

演示性微课，重在通过直观演示过程，解析问题的本质。因此，设计和录制微课时要注意现象清晰，还要考虑在演示过程中如何引导学生观察、启发学生思维。通过图像、声音、文字、光彩、颜色等，调用学生的各种感官，既能很好地激励学生的学习兴趣，也可以更好地凸显活动过程，最大限度地发挥演示实验的作用。

·第三节　总结性微课片段的设计与案例赏析

课堂小结是数学教学过程的重要组成部分，也是提升课堂教学效果的重要环节[①]，既起到对整节课的梳理作用，也起着承上启下的作用，对于加深学生理解、巩固课堂所学知识、掌握规律和启迪学生积极思维也有着十分重要的作用。但课堂小结处于一堂课结束前的几分钟，往往是学生注意力极度分散之时，大脑思维处于疲劳状态，这就更需要老师根据学生的学习状况精心设计一个新奇、有趣、真正有效的课堂小结，从而，既能让学生在对知识进行梳理巩固拓展延伸的同时，继续保持浓厚的学习兴趣。

再者，数学课堂教学中，往往涉及的知识点多且分散，学生在有限的时间面对大量信息，经常力不从心，他们或罗列知识点，或照本宣科，缺乏对知识的系统性认识与深化；即便在教师引导和同伴互助下能够较好地完成课堂小结，仍无法全面系统地呈现过程。教师借助总结性微课对所授知识进行有效梳理，形成相对系统的知识网络，有助于学生进一步理解和掌握所涉及的基本概念、基本数学方法和基本解题过程，明确其中的重、难点，促进学生知识内化。在教师因势利导下，学生将逐渐学会概括知识脉络，提炼知识的本质属性。

总结性微课，其重心在于呈现知识体系，解析知识本质。

【案例3.6】三角函数[②]

引导学生总结一节课的重点及规律，让学生将知识纳入已有的知识体系，再适当设计一些适应不同层次学生的拓展延伸练习。在学生交流小结后，播放一个小视频，教师富有艺术性地利用精炼语言文字或图形、表格等形式，或配上轻音乐，对所学知识和技能进行归纳总结和提炼，引导学生构建知识

---

① 张京：《数学课堂教学小结方法探讨》，载《基础教育论坛》，2011(9)：4～5.

② 设计：广东省深圳市坪山区教育科学研究管理中心 袁虹.

体系，帮助学生系统认识所学知识，整体把握知识本质与表征，可以较好地呈现问题的发生、发展过程。从而更好地理解与把握学习重难点，还可以再次激起学生的思维高潮，如美妙的音乐一般耐人寻味(图 3-3-1、图 3-3-2)。

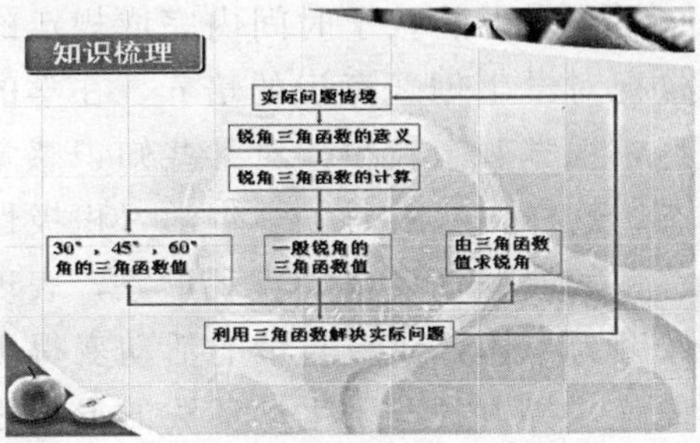

图 3-3-1

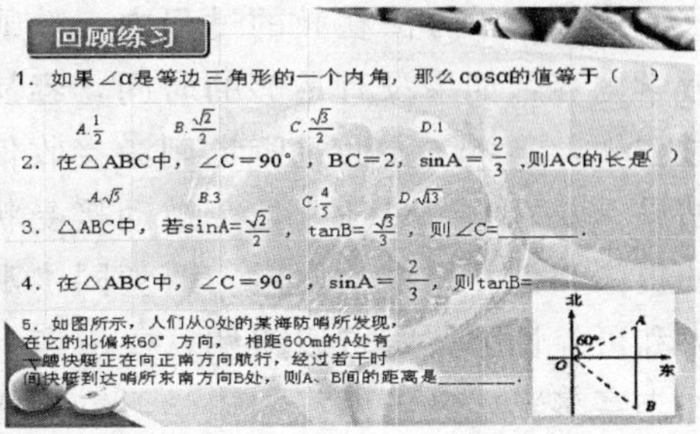

图 3-3-2

【案例 3.7】细节决定成败之一元二次方程的解法[①]

在初次学习求根公式解一元二次方程的过程中，我们看到，虽然学生都会用公式，但计算的能力还是千差万别，仔细琢磨后会发现是因为在处理细节问题的方法上各有千秋才导致运算难易的不同，有时处理不当导致结果出错。所以，这堂课通过对比多种不同的解法后，引导学生反思。在最终播放一个小视频，帮助学生总结一般规律和解题步骤，优选解法，提高解题正确率(图 3-3-3)。

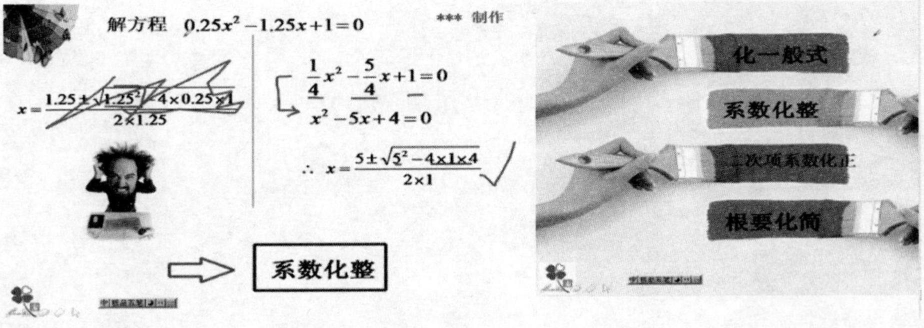

图 3-3-3

在数学教学中，教师可根据课程要求与教学目标，运用适宜的方式，让课堂教学结构与布局更具美感，更耐人寻味，实现“课已尽而思未了”的效果。

---

① 设计：广东省深圳市坪山中学 李巧莉．

以动感的画面，配以简明精要的讲解进行总结。再次回顾问题，首尾呼应，使学生感受到问题的存在，又体会到解决问题的乐趣[①]，感知数学的意义。

传统教学方法在教的过程中，教师必须在有限的教学时间内完成规定的教学内容，如果没有足够的时间，容易忽视对学生创新意识的培养。在学的过程中，学生主要通过听觉刺激接收信息，视觉刺激较少，对某些知识感觉枯燥，缺乏学习热情，处于被动接受状态，这样，就阻碍了学生学习积极性的提高和创新思维的发展。课堂同步观看型微课程创设情境直观形象，表现力和可控性强，既可以将图、文、声、像融为一体，使教与学的活动变得更加丰富多彩，又可以寓知识学习、技能训练、智力开发于生动活泼的形象之中，从而激发学生的学习兴趣，变苦学为乐学，同时又促进他们的思维发展，丰富学生的想象力，开辟全方位立体的思维通道，加大信息的接受量，促进学生分析力的形成、理解力的增强、鉴赏能力的提高。

① 潘科芳：《让课堂小结“落地有声”——谈课堂小结的必要性及方法》，载《数学教育研究》，2013(6)：11～12.

第四章　课后补偿学习型微课的设计

课堂教学，更多的是基于对全班学生整体水平的预估而进行的，进度基本统一，难能关注到所有学生的个性化需求，尤其对班额较大的班级而言。因此，课后可以针对不同学生的认知现状，设计课后补偿性的微课，实施更具针对性的教学。具体地，课后补偿学习型微课，既要考虑内容上的补偿性，又要考虑学习对象的针对性，结合一线的教学实践，我们罗列了下面几种常见的课后补偿学习型微课。

1. 资源弥补型微课

学生的学习是个性化的，有着个性化的需求，而课堂教学难能满足所有学生的需求，因此，可以根据学生的实际设计更为丰富的学习资源型微课，供学生课后根据自己的学习实际，进行选择性学习，以弥补课堂教学的不足。例如，每次学业测试后进行试卷讲评时，我们固然会整体分析全班学生的总体状况，对班级学生存在的共性的问题进行针对性讲解，但学生的错误是个性化的，课堂讲解不可能满足所有学生的需求，因此，可以将典型问题拍摄成微视频(既包括课堂讲解的，也包括课堂没有时间讲解的)，放到班级空间中，让学生根据自己的情况选择学习。在这方面，南京市第五十中学的濮磊老师具有丰富的经验。

2. 拓展提升型微课

课堂上由于时间关系，同时也考虑到课堂是面向所有学生的学力水平的，难免对一些知识、问题浅尝辄止，难能进行深入的分析与拓展提升，因此，可以拍摄成课后补偿性的微视频，供学有余力的学生自主学习。实际上，拓展提升型微课，也是一种资源弥补，只是它更为关注知识内容的拓展提升，使用对象是学有余力的学生，而上面讲的资源弥补型微课，使用对象是全体学生，因此，特意区分开来。

3. 重难点解析型微课

学生学习中存在一些重难点。课堂教学中，教师固然已经关注了这些重点知识的解析，也力图通过各种手段突破难点。但教学实践表明，很难保证所有学生都跟得上班级的课堂学习节奏，即使教学现场学生已经理解了这些重难点知识，课后还会出现一些遗忘，甚至出现理解的偏差。由于数学学科结构的逻辑关联性，学生常常因为对先前知识理解的偏差直接影响后续知识的学习，学生数学学习的掉队现象多由此而生。因此，很有必要提供适当的课后学习资源，帮助学生更好地理解重点，突破难点。

重难点的解析，最为便捷的方式是，通过录播系统等外部设备进行教学现场的录制，然后课后适当剪切供班级学生共享。在很多软硬件条件较好的学校，这样的操作十分方便，如一些采用平板电脑教学的班级，直接采用现场录制功能，就可以将整个课堂教学过程等录制下来，然后课后推送到班级空间，学生随时可以调看学习过程，十分便捷。在这方面，南京师范大学附属中学新城初级中学的陆军老师、南京市弘光中学的许迎春老师具有丰富的经验。实际上，即使学校没有这样的软硬件条件，也很方便，教师可以通过摄像机甚至手机的摄像功能，对课堂教学中重点环节进行录制，然后共享。这种方式，实际上，不需要另行设计，只是课堂的翻录，因此，本书后文所说重难点解析型微课，关注的就是对这些重难点知识的再度解析。

限于篇幅，本书仅仅关注面向资优生的拓展提升型微课和面向潜能生的易错点解析的微课设计。

·第一节　拓展提升型微课设计与案例赏析

由于受智力、家庭环境、学生自身努力等各种因素的影响，学生在学习上必然存在一定的差异。班级授课制下，存在部分资优生和一部分对数学表现有极大兴趣的学生都“吃不饱”的现象。这部分资优生，将来很可能是科技创新的主体，在倡导科教兴国的背景下，更需要关注这部分资优生的成长。固然，这是一个系统工程，需要课程、教学、评价等多方面制度的创新。但是，作为数学老师，至少我们可以从教学资源方面提供一定的帮助，而拓展提升型微课就较好地满足了这部分学生的学习需求。

拓展提升型微课的设计，除了遵循微课设计的一般规律之外，由于其使用对象多是资优生，因此，设计时更需要聚焦核心素养，外显数学的思维方式，以促进学生思维能力、自主学习能力的发展和素养的提升。设计这类微课时，建议老师们做到“力求全面”“站在高位”“关注联系”。

一、力求全面

所谓“全面”，指具体的知识内容的理解视角要全面，能从不同的视角审视知识内容，并根据学生的实际在微课设计中进行选择性再创造。具体地，“全面”主要表现在概念原型、应用范围的广泛性和概念理解视角、命题探究与证明方式、问题解决方法的多样性。

【案例 4.1】形形色色的统计图[①]

学生以前学习过条形统计图和折线统计图，教科书中本章将学习扇形统计图和直方图。但在实际运用中，为了更为直观形象地表示数据信息，常常可以看到各种类型的统计图。这些统计图，虽然不能作为课程内容纳入教材，一般课堂教学中也可能没有时间展示，但作为课后补偿学习型微课，完全可以充分展示这些多彩的统计图，一方面，让学生充分认识到统计图的多样性，能够更好地阅读现实生活中他人展现的数据信息，另一方面，在认识更为丰富的统计图中，发现不同图表的内在联系，从而更好地认识图表的共性和本质，在未来的工作学习中可以根据实际需要创造更多直观的图表，以达到交流共享的效果。

同学，在信息社会中，人们经常需要做出选择。在做决策之前，人们往往需要经历收集数据、整理和表示数据、分析数据等过程。表示数据，常见的就是各种统计图表。下面我们一起欣赏几张生活中可以看到的统计图(图 4-1-1)。

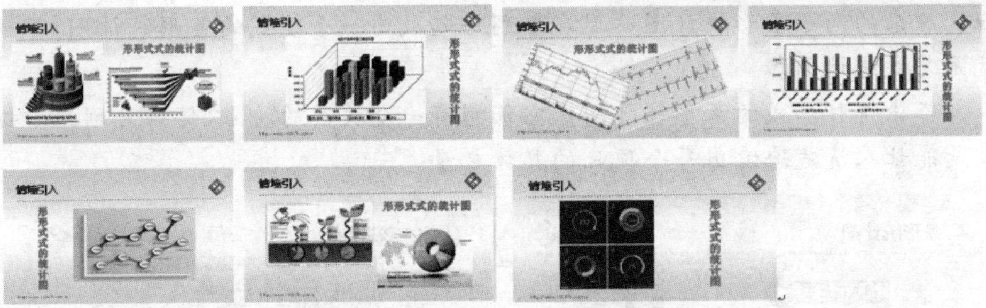

图 4-1-1

你能从这些统计图中读取出相应的信息吗?(停顿 5 s，配轻音乐)

这里的统计图，和我们学习的统计图有什么差别?(停顿 5 s，配轻音乐)

相信你们已经发现，这些统计图，都可以归结为我们已经学习过的几种常见的统计图：条形统计图、折线统计图、扇形统计图。

那么，这三种统计图分别都有哪些特点呢?我们不妨先从条形统计图研究起。

条形统计图，大家并不陌生(点击飞出一张条形统计图)，从这个统计图中你可以获得哪些信息?(停顿片刻)

① 设计：山东省青岛第二十六中学 张志敏，指导：江苏第二师范学院 章飞.

对，这个图清楚地展示出了每个项目的具体数量(图 4-1-2)。

这种“立”着的条形统计图是我们在数学学习中见得比较多的。实际上，在生活中我们还可以看到“躺”着的条形统计图。(点击呈现一个横式条形图)

因此，条形统计图可以分为横式条形图、纵式条形图(图 4-1-3)。

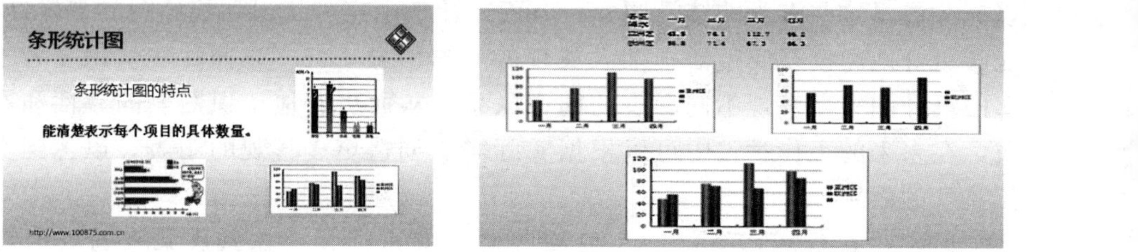

图 4-1-2

有时为了将有关联的数据放到一起进行对比，还常常将两个条形统计图合并在一起(点击出现第一张，再点击出现第二张，再点击出现一个变化过程，原来的两个条形统计图，现在叠到一起成为一个复式的条形统计图)，这就是复式统计图。

不论哪种形式的条形统计图，它们都有一个共同的特点(停顿片刻)，对，就是能让人清楚地看出每个项目的具体数量。

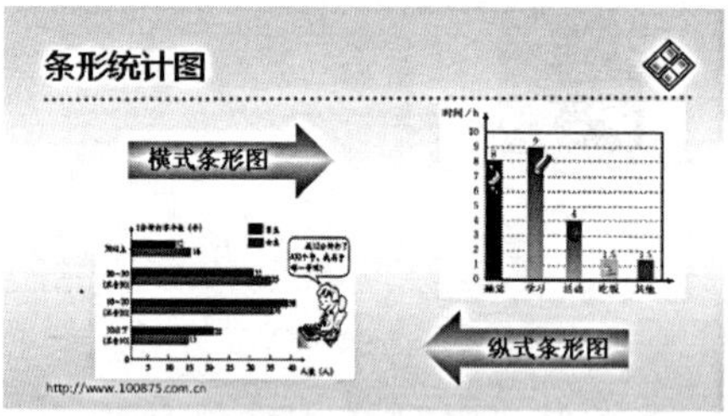

图 4-1-3

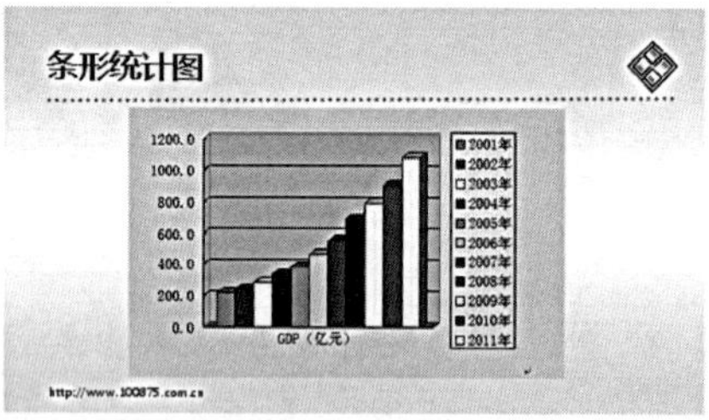

图 4-1-4

前面我们看到的条形统计图，各个“条柱”之间都是分开的，但有时横轴的数据是连续的，这时就可以将各个“条柱”靠到一起，比如像这个图(图 4-1-4)。

小颖：不都是条吗，只是一个是连在一起的，一个是分开的！

其实，我们前面刚学过一种统计图，它的“条柱”就是连在一起的。什么统计图呢？(停顿片刻)

对，频数直方图(图 4-1-5)。(点击出现直方图)

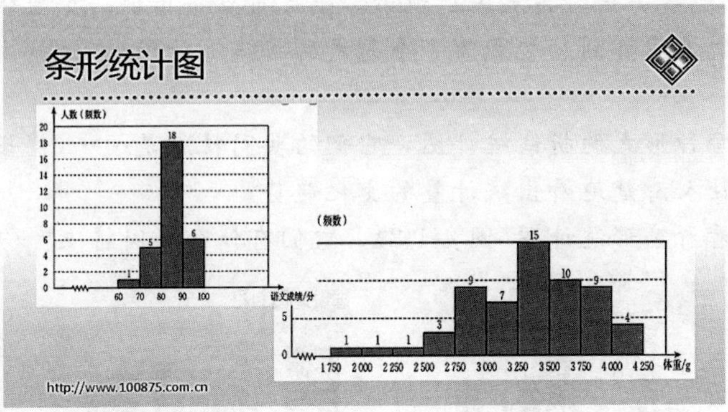

图 4-1-5

你能从这个频数直方图中获得什么信息？（停顿片刻）对，可以看出各条“柱”的宽度，也就是组距，还可以看出每组对应的频数(也就是人数)等。

那么，频数直方图和条形统计图是什么关系呢？

是的，频数直方图是一种特殊的条形统计图，上面的频数直方图中，横轴表示学生的体重或考试分数，这些数据本来就是连续的，因此，当然得将“条柱”连在一起了。

折线统计图，大家也都见过。(点击飞出一张折线统计图，如图 4-1-6 所示)

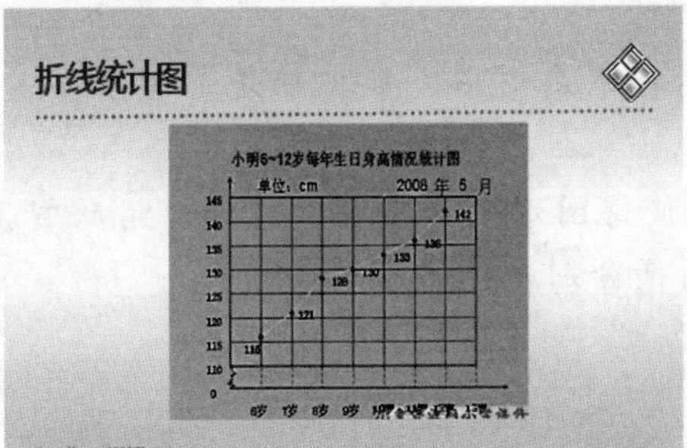

图 4-1-6

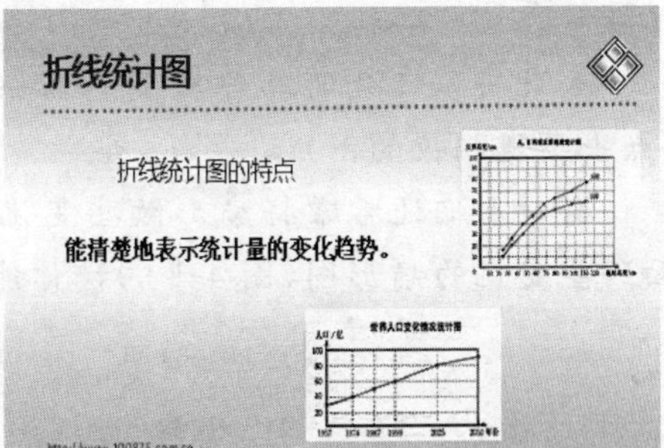

图 4-1-7

从这个统计图中你可以获得哪些信息？(停顿片刻)

对，这个图也清楚地展示了每个项目的具体数量，这方面与条形统计图有共同之处。

那折线统计图可不可以看成是将条形统计图的数据变成点连接起来的呢？

当然，折线统计图与条形统计图也有明显的区别：折线统计图的横轴有明显的时序，因而它可以反映一个统计量的变化趋势(图 4-1-7)。

有时为了将有关联的数据放到一起对比，还常常将两个折线统计图合在一起(点击出现第一张，再点击出现第二张，再点击出现一个变化过程，原来的两个条形统计图叠到一起成为一个复式的折线统计图)，这就是复式折线统计图。

不论是哪种形式的折线统计图，它们的共同特点是……(停顿片刻)

对，能让人清楚地看出统计量的变化趋势。

我们再看看扇形统计图(图 4-1-8)，它们有什么共同特点？(停顿片刻)

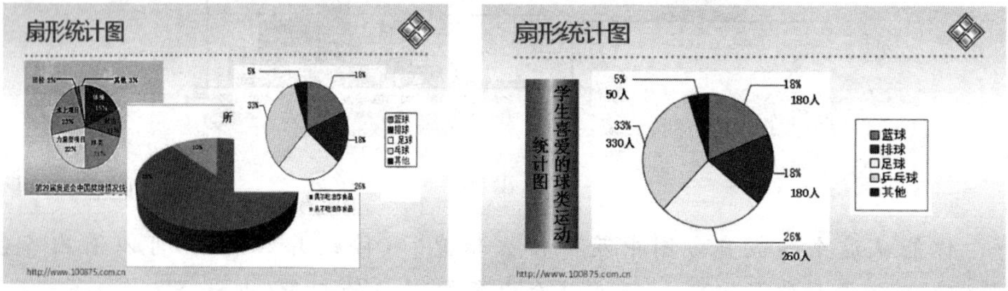

图 4-1-8

对，扇形统计图是用一个圆的面积表示事物的总体，以若干扇形的面积表示总体中的若干部分。

你能从扇形统计图中直接得到什么信息？

小明(卡通录音)：能看出各部分占总体的百分比，但看不出各部分的具体数量。

如果将各部分的具体数量也标注到各个扇形中，那当然是一举多得了。(点击呈现相应的图)

有时人们还常常将扇形做些变化，使得图形更加美观、灵动。请欣赏下面一些变化的扇形图(图 4-1-9)，你能看懂分别是什么意思吗？

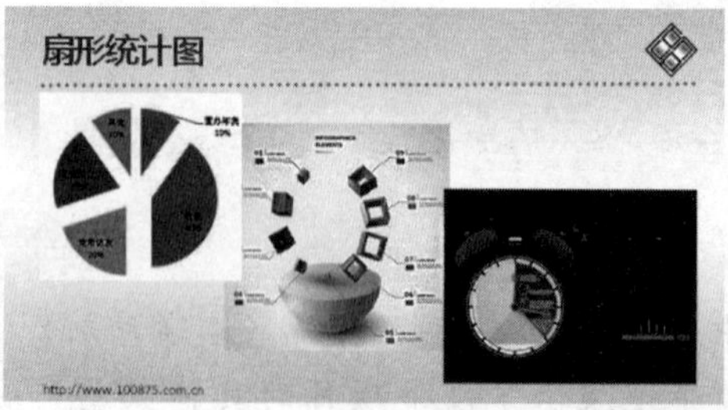

图 4-1-9

同样地，我们也可以对“条形”或“折线”进行类似的处理。让我们回顾一下本节课开头呈现的那些形形色色的统计图。(点击慢速播放三幅)

你现在明白它们分别是怎么演变过来的吧，这样处理的好处是什么呢？

下面我们再欣赏几张统计图(图 4-1-10)。(点击慢速播放)

图 4-1-10

你一定很想亲自设计一张漂亮的统计图吧，那就动手试试吧！

【案例 4.2】理解频率与概率的关系①

频率稳定于概率，看似简单，实际上很容易出现理解的偏差。例如，学生可能会出现下列认识偏差：当试验次数大时，频率等于概率；当试验次数大时，频率等于概率的可能性大；随着试验次数的增加，频率越来越接近于概率。对初中生而言，这是一个难点，甚至很多初中数学教师也会出现一些理解的偏差。对于这样的内容，教科书很难有很多篇幅加以解读；课堂教学中，也会通过试验数据以及基于数据的辨析让学生大致了解两者之间的关系，但课堂时间有限，未必能够很好地揭示清楚这两者之间的关系，学生也难以在第一次学习就理解到这样的深度，因此，有必要在课外设计微课促进学生更为准确地理解。

我们知道频率稳定于概率，那么，如何理解频率稳定于概率呢？（稍停顿数秒后，点出学生可能的想法）

下面是几位小朋友的观点。

小明（卡通配音）：当试验次数大时，频率等于概率。

小颖（卡通配音）：当试验次数大时，频率等于概率的可能性大。

小亮（卡通配音）：随着试验次数的增加，频率越来越接近于概率。

你同意他们的观点吗？观点这么多，我们还是一个一个来！（点击换页）

小明认为：当试验次数很大时，频率一定等于概率。（稍停顿数秒）相信，你不会同意小明的看法。

我们不妨以掷硬币为例。经过大量实验，我们已经感受到，在掷硬币实验中，花朝上与花朝下的可能性大致相同，而且两面的差别不大，基本可以忽略不计，因此，数学家将掷硬币中“花朝上的概率”规定为$\frac{1}{2}$。

那么，你们在试验中真的做到$\frac{1}{2}$了吗？可能只有个别同学碰巧做到了。

① 设计：山东省青岛第七中学 江华，指导：江苏第二师范学院 章飞．

也许，你会说，多做几次，总会做到呗！这就是小明的想法。

真是这样吗？我们还是看看前人的结果吧！

下面是一些数学家做的结果(表格呈现历史上数学家的试验次数以及相应的频率等数据，数据略)。

瞧，数学家做了几万次实验，还是没有做到$\frac{1}{2}$。

也许，你还会说，“次数还不够，总会做到的。”先这样吧，等会儿我们再聊这个话题。

小颖不同意小明的观点，她认为：次数再大，也不一定能保证频率等于概率，但试验次数越大，频率等于概率的可能性越大。你同意小颖的看法吗？

实际上，这个想法也不正确！数学上可以证明，当抛掷 2 次时，出现一正一反的概率是$\frac{1}{2}$，但抛掷 100 次出现 50 正 50 反的可能性就不大了，以后学习可以知道，结果大约是 8%。

因此，小明、小颖的想法都是不对的。试验次数大时，频率未必能等于概率；也不是试验次数越大，频率等于概率的可能性越大，反而是得到概率的可能性越小！(点击换屏)

小亮的观点总对了吧？“随着试验次数的增加，频率越来越接近于概率”？

我们还是利用数据说话吧！(点击出现某次试验的数据折线统计图)

实际上，小亮的想法也不对。从折线图可以看出，频率确实稳定在$\frac{1}{2}$左右，但不是越来越接近$\frac{1}{2}$，还是不断摆动着。

实际上，也许某次试验后，正好一半正一半反，可是，再做一次实验，频率又偏离了。这也正是随机性的表现！(点击换页)

我们只能说，“随着试验次数的增加，频率接近于概率的可能性大。”

不妨将前面的观点再回顾一下吧。(点击换页，屏幕展现结论)

对于频率稳定于概率的理解如下：

试验次数再大，也不一定能保证频率等于概率；

试验次数越大，频率等于概率的可能性不是越大，反而是越小；

随着试验次数的增加，频率并不是越来越接近于概率；

随着试验次数的增加，频率接近于概率的可能性大！(点击换页)

你现在理解频率稳定于概率的意义了吗？通过几个问题检验一下你的认识吧！(依次显示题目，稍停后呈现答案)

1. 在一个不透明的袋子里放有若干个除颜色外其余都相同的小球，小颖从中摸出一球，记下颜色，将其放回，摇匀。共进行试验100次，发现摸到红球82次。小颖认为，摸到红球的概率就等于0.82，你同意她的观点吗？（答案：不对，只能说可能在0.82左右）

2. 我们知道，正面朝上的概率是$\frac{1}{2}$。小明做掷硬币实验，共做了20次，但这20次中只有8次正面朝上，他很懊恼，抱怨自己的手气差。你同意他的观点吗？（答案：不对）

3. 一次摸彩活动中，中奖率是10%。小明认为，我摸10次，一定就有一次中奖！小亮认为，如果前9次都没有摸到，那么第10次摸到的可能性很大。你同意他们的观点吗？（答案：略）

【案例4.3】全等三角形中对应的再认识[①]

课程标准和教材中，关于全等三角形的性质，一般仅仅要求理解：对应边相等，对应角相等。实际上，从全等图形最为原始也最为本质的定义“运动后能重合的两个图形”出发，不难理解，两个全等图形中，只要是对应的要素，就应该完全相等，而并不局限于周边上可见的三组角、三组边。形成了这样的观点后，所谓的对应高相等、对应中线相等、对应角平分线相等，只是其中几个简单的推论而已。这样的观点，如果学生学力许可，建议在课堂教学中加以渗透，至少可以设计课后补偿学习的微课促进学有余力的学生学形成这样的观点。当然，微课设计，可以从全等图形和全等三角形的概念出发，直接推演形成这样的观点，也可以从具体问题出发逐步归纳形成这样的观点。为了与教材内容匹配，我们考虑从教科书中的一个具体的问题出发，逐步推广得到这样的观点，为此，便有了下面的微课设计。

亲爱的同学，你好！

全等三角形中有很多对应相等，如对应角相等、对应边相等、对应周长相等、对应面积相等。让我们一起再认识全等三角形中更多的对应吧。（点击出现图片，两个三角形，对应线段相等、对应角相等，用相同的记号做出标记，呈现相应的动画过程）

你认为全等三角形中还有哪些对应的线段相等呢？（停顿5 s）

相信你会发现很多对应线段相等的。我们不妨从三角形中特殊的线段开始吧。特殊的线段很多，如中线、高线、角平分线等。我们就先研究中线，好吗？

① 设计：江西省九江市同文中学 高峻，指导：江苏第二师范学院 章飞.

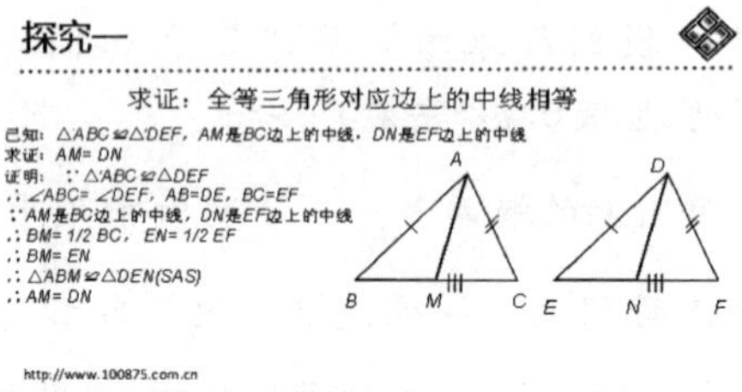

图 4-1-11

如图 4-1-11，$\triangle ABC\cong\triangle DEF$(三角形中相等的用相同的记号标记出来了)，$AM$，$DN$ 两条对应的中线(凸显一下)，如何证明它们相等呢？(停顿 3 s)

证明两条线段相等，常见的思路是，将这两条线放到两个全等的三角形中。

这两个中线可以放到哪两个全等的三角形中吗？

对，不妨放到$\triangle ABM$和$\triangle DEN$中。现在有哪些相等？对，已经有 $AB=DE$，$\angle B=\angle E$，还能找到一对相等的吗？

M，N 分别是中点，因此 BM 和 EN 分别是边 BC 和 EF 的一半，而 $BC=EF$，一半也自然相等了。

整理一下吧。(停顿 5 s，放轻音乐)

点击出现解答，停顿 5 s。

这个问题中，M，N 分别是中点，如果 M，N 分别是三等分点，此时它们还相等吗？试着证一证。(停顿 5 s)(点击出现解答如图 4-1-12 所示)

你的证明一样吗？(停顿 3 s)

我们不妨将两个问题的证明放到一起，大家看看它们有什么共同之处？(停顿 3 s)

对，不就是将$\dfrac{1}{2}BC$换成$\dfrac{1}{3}BC$，$\dfrac{1}{2}EF$换成$\dfrac{1}{3}EF$了嘛！

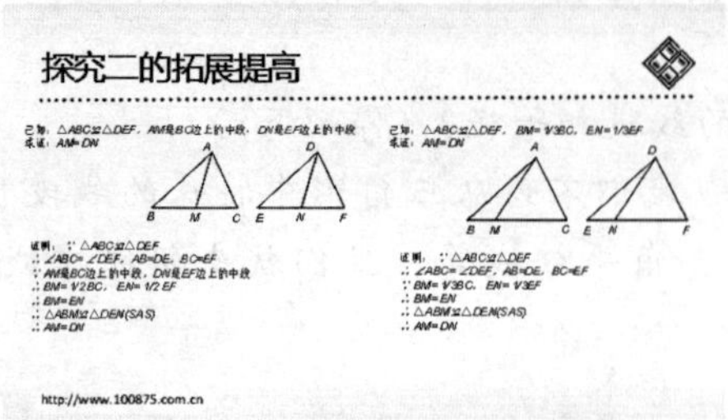

图 4-1-12

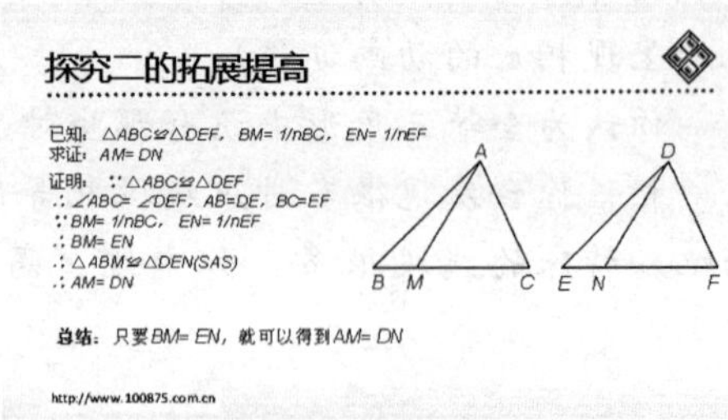

图 4-1-13

那么，一般地，如果 M，N 是 n 等分点，即 $BM=\frac{1}{n}BC$，$EN=\frac{1}{n}EF$ 时，又如何呢？(图 4-1-13)(稍停顿)

更一般地，M，N 是对应线段 BC，DE 上的点，若 $BM=EN$，则 M，N 就是对应点，BM，EN 就是对应线段，它们自然相等。

这里，"M，N 是对应点"是通过"$BM=EN$"确定的，事实上通过其他条件也可以保证它们是对应点。

例如，$\angle BAM=\angle EDN$，再如，$\angle BMA=\angle END$，你能证明吗？(停顿 5 s)

相信你已经证明出来了，类似地，你一定能够证明高线相等和角平分线相等，分别证明一下吧，等会儿对下答案。(停顿 5 s，配轻音乐)

学习要善于推广和反思。从上面的推广中，大家可以悟到什么？

对，只要确定了对应点，根据对应点构造出的对应线段、对应角都相等，对应图形都全等。例如，$\triangle ABC\cong\triangle DEF$，$A$ 与 D 是对应点，B 与 E 是对应点，C 与 F 是对应点，M 与 N 都在对应边 BC，EF 上，且位置相同，因此，M 与 N 是对应点，则有 $AM=DN$，$\angle AMB=\angle DNE$，$\angle MAB=\angle NDE$，$\triangle MAB\cong\triangle NDE$。(注意配合图形，移动鼠标进行对应讲解)

记住，要习惯用对应的观点观察图形，这可以很好地发展你的几何直觉哟！

【案例 4.4】多边形外角和的再认识[①]

课堂教学中，一般会关注定理的探究与证明过程。但由于课堂时间的限制，只能根据对学生认知状况的整体判断，选择性地展现其中部分视角。而学生的认知风格存在差异，课堂展现的视角未必能引起所有学生较为强烈的认知冲突，课外在微课中展现更为全面的视角，可以使得学生对定理有更为全面的认识。当然，为了避免与课堂学习中部分环节重复，同时激发学生的兴趣，本微课采用了学生小组对话的方式。

我们先来看看一组对话。

小颖：学习了多边形的内角和，我就想：多边形的外角和会不会有规律呢？

小明：我量了三角形的 3 个外角，我发现它们的和是 360°，四边形的 4 个外角的和也是 360°。

小华：那么，会不会 n 边形的外角和都是 360°？

① 设计：广东省深圳市坪山中学 冯绩，指导：广东省深圳市坪山区教育科学研究管理中心 袁虹．

师：我们思考一下，再互相交流吧。

小颖：想必你也有一个疑惑，为什么多边形的边数在变，外角和却是一个定值呢？

小颖：我的思路是这样的——我们已经知道 n 边形的内角和为 $180°$，我们可以从内角外角的关系入手。如图 4-1-14 所示，而 n 边形的一个外角与相邻的一个内角恰好构成一个平角，所以我们只需要用 n 个平角减 n 边形所有内角的和，便得到 n 边形的外角和。

证明过程如下：

$$
\begin{aligned}
&180°\times n-180°\times(n-2)\\
=&180°\times n-180°\times n+180°\times 2\\
=&360°
\end{aligned}
$$

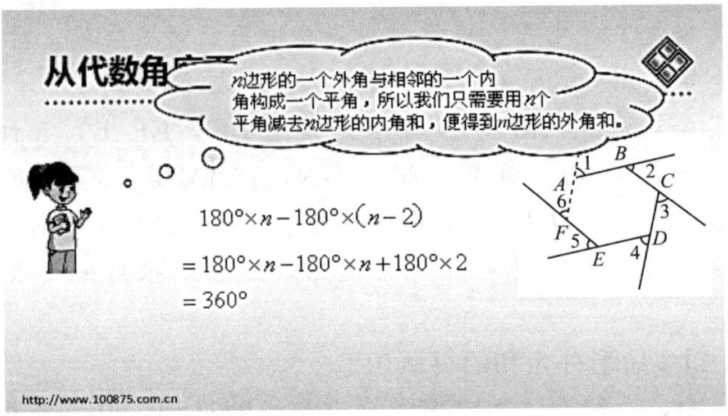

图 4-1-14

小华：我的方法跟小颖完全不同，不过答案确实一样。为什么多边形的外角和始终是 $360°$ 呢？我发现通过平移和转换，所有的外角都可以拼成一个周角。我们先从最简单的三角形开始讲解吧——首先，作 AB 的平行线 CD，根据平行线的性质很容易得到 $\angle 1=\angle ACD$，$\angle 2=\angle ECD$，这样我们就把三个外角平移到同一个顶点，而且这三个角刚好凑成一个周角，这样就得到了 $\angle 1+\angle 2+\angle 3=360°$。

师：那么这个问题放到四边形中，4 个外角还能拼成一个周角吗？

小华：其实方法是一样的，还是借助平移。如图 4-1-15 所示，我们作 $AF/\!/CD$，$AE/\!/BC$，根据平行线的性质，就有 $\angle 2=\angle BAE$，$\angle 3=\angle FAE$，$\angle 4=\angle FAG$，这样也很容易证明：$\angle 1+\angle 2+\angle 3+\angle 4=360°$。

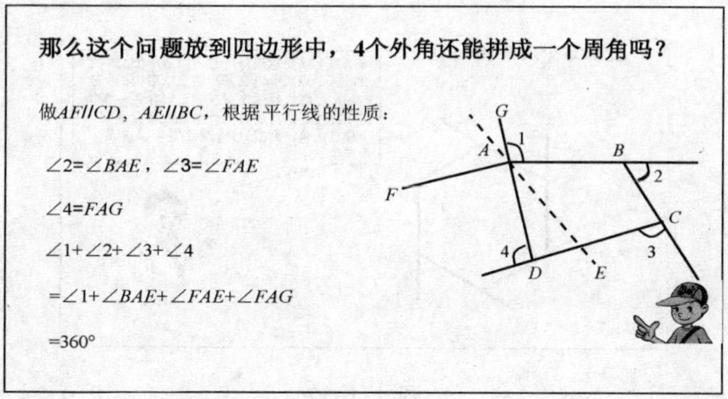

图 4-1-15

师：那么问题来了，放到 n 边形中，n 个外角如何拼成一个周角呢？

小华：参考上面的方法，如图 4-1-16 所示，对于任意的 n 边形，我们都可以通过平移，根据平行线的性质，将所有的外角，变成顶点为同一个点的 n 个角的和，而这 n 个角一定会构成一个周角，所以我得出以下结论：$\angle 1+\angle 2+\angle 3+\cdots+\angle n=360°$。

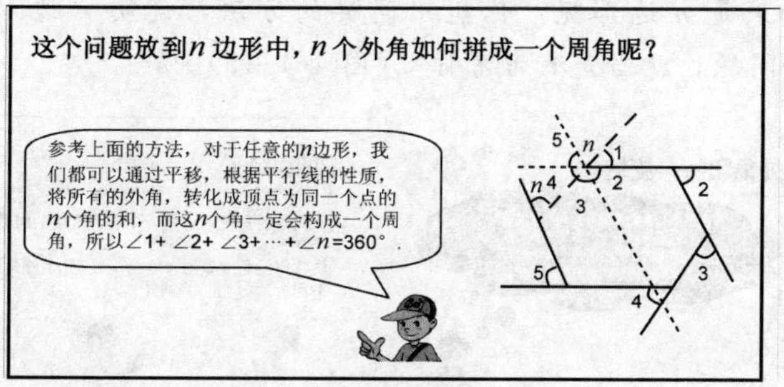

图 4-1-16

小华：你想一想，我刚才的证明过程，全都是选择一个顶点来作为这个周角的顶点，那么这个点是唯一的吗？我们一起来看一个动画。

小华：通过观察我们可以发现，这个点可以任意选择，它可以是 n 边形的顶点，也可以在任一边上或者 n 边形的内部、外部。过这个点我们可以作每一条边的平行线，这样所有的外角就能转化成同一个顶点的角，并且这 n 个角还是可以拼成一个周角（图 4-1-17）。

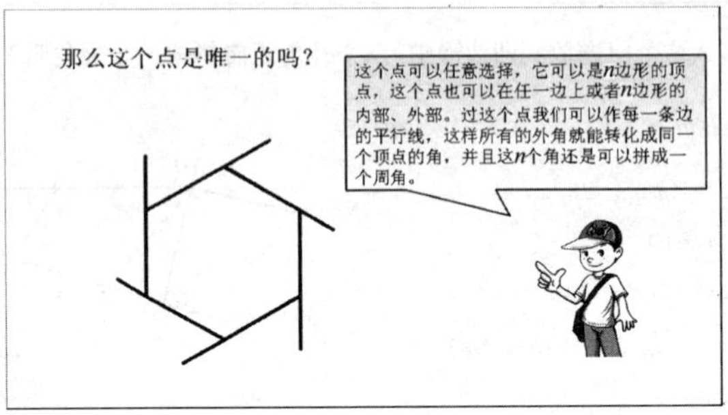

图 4-1-17

小明：刚才的生活实例给了我提示，射线 CA 绕点 A 旋转到射线 AB 的方向，此时旋转过的角度为$\angle 1$；然后再让射线 AB 所在的直线绕点 B 旋转至 BC 的位置，此时旋转过的角度为$\angle 2$；接着再让射线 BC 所在的绕点 C 旋转至 CA 的方向，此时旋转过的角度为$\angle 3$；这样 AC 又回到了原来的位置，这说明该边旋转了一周，所以我们可以得到$\angle 1+\angle 2+\angle 3=360°$，这就证明了三角形的外角和是 360°(图 4-1-18)。

小明：如果是 n 边形呢？你能用同样的方法，说明 n 边形外角和等于 360°吗？这个问题，就当是我考考你吧(图 4-1-19)。

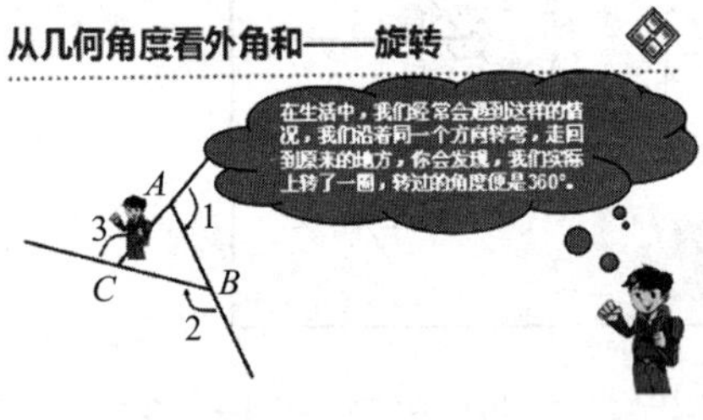

图 4-1-18

图 4-1-19

同学，学习了 3 种不同的方法，你发现小颖、小明、小华的证明方法有什么异同吗？

其实，对于“n 边形的外角和等于 360°”的证明，从代数的角度，这是一个和为定值的问题；从几何的角度来看，实质上是把 n 个外角通过转化变成一个周角。换言之，n 边形的边数并不会对 n 边形的外角和产生影响(图 4-1-20)。

其实，在日常生活中，我们也会有这样的体验：比如，AB，BC，CA 表示三条街道，当你从街道 CA 顺时针转到街道 AB 时，转过的角度等于$\angle 1$；再从街道 AB 顺时针转到街道 BC 时，转过的角度等于$\angle 2$；最后继续顺时针

转到街道 CA，转过的角度等于$\angle 3$，回到了初始的方向。这一过程，你实际上转了一圈，转过的角度总和是$\angle 1+\angle 2+\angle 3=360°$(图 4-1-21)。

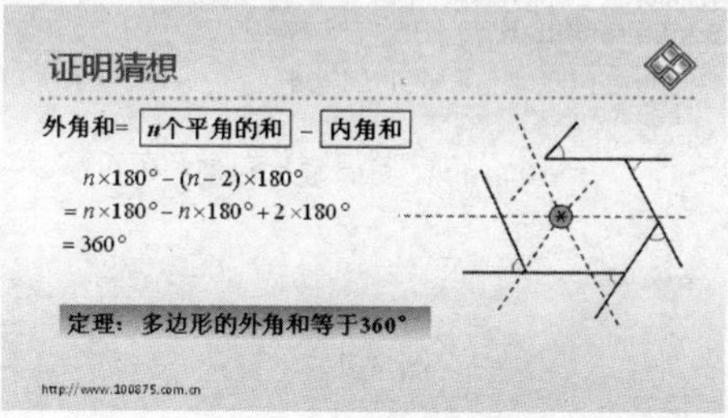

图 4-1-20

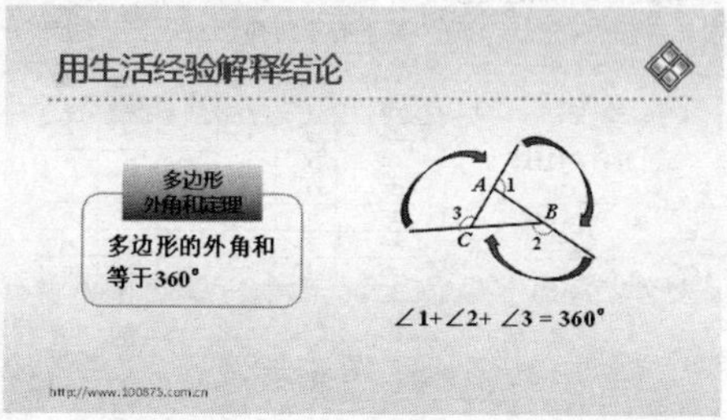

图 4-1-21

四边形街道、五边形街道，以及其他多边形街道的情况也类似。

本节课，我们运用不同方法对多边形的外角和进行了研究，得到了“多边形的外角和等于 360°”的结论。对于这些研究问题的方法，同学们要在今后可要用心体会的。

【案例 4.5】位置确定方法的分类与拓展①

教科书中本节课主要立足于丰富的现实案例，让学生感受到平面内确定位置的两种方式(大致对应于平面直角坐标和极坐标)，进而归纳出：平面内确定位置关系需要两个数据。作为面向全体的教材，这样的设计是合理的。但作为课后拓展学习的微课，我们可以进一步思考：平面内确定位置还有哪些方法？空间确定位置又需要哪些方法，分别是几个数据？为什么平面内确定位置两个数据就够了，空间 3 个数据就够了？确定位置的方式方法对其他知识的学习可能有哪些帮助？我们能否通过适当的微课设计，让学生对上述问题有更为全面的了解？基于上述思考，有了下面的微课设计。

你好！欢迎来到京师数学微课堂。

前面我们学习了确定位置，现在我们一起对这一节进行复习和拓展。

我们先来复习一下这一节里面的基础知识。

1. 在生活中，确定平面内点的位置一般需要两个独立的数据。

2. 在平面内确定物体位置的常见方法有行列定位法(图 4-1-22)、“方位角+距离”定位法(图 4-1-23)、经纬定位法、区域定位法等。

接下来我们来看两种方法。

① 设计：四川省成都市石室中学 荣彬，指导：江苏第二师范学院 章飞.

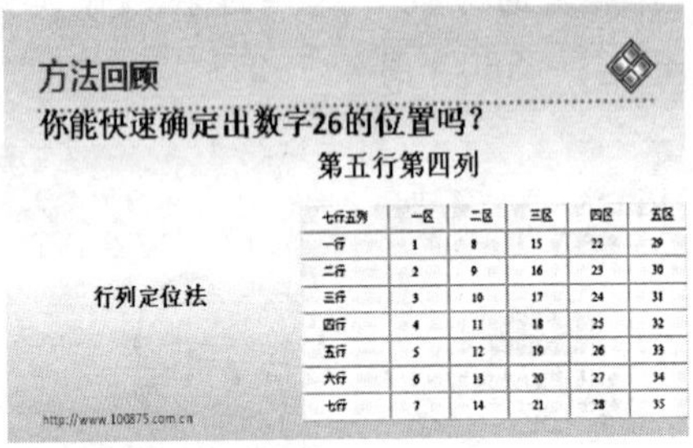

图 4-1-22

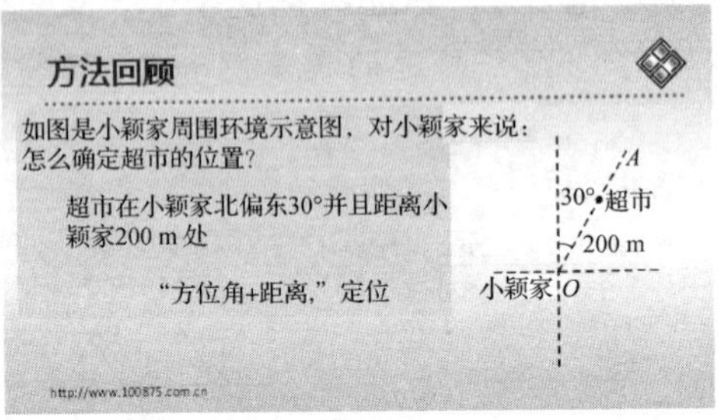

图 4-1-23

(1)你能快速确定出数字 26 的位置吗？

由行列定位法，我们可以知道 26 位于第五行第四列。

(2)对小颖家来说，怎么确定超市的位置？

由“方位角＋距离”定位法，可以知道超市位于小颖家北偏东 30°方向，并且距离为 200 m。

实际上，行列定位法是通过两个距离定位的，“方位角＋距离”定位法，自然是采用距离和方向两个条件定位的(图 4-1-24、图 4-1-25)。它们都是采用两个条件定位的。那么，为什么两个条件就能将位置唯一地确定下来呢？(稍停顿几秒)

我们不妨在图中感受一下这两个方法确定点的过程。在左边的问题中，第五行这个条件说明了什么？对，说明了这个点在这样一条横线上(点击出现横线)。第四列这个条件，则说明了这个点在这样一条竖线上(点击出现竖线)。两个条件，因此，对应的点就是两条线的交点了(点击，凸显交点)，这两条直线的交点自然是唯一的。类似地，相信你能说明图中确定点的过程(稍停顿)。对，这就是确定点的动画过程(点击，呈现相应的动画)。

这说明，平面上确定一个点，关键就是选择两个条件，确定两条线，通过两条线的交点确定点。

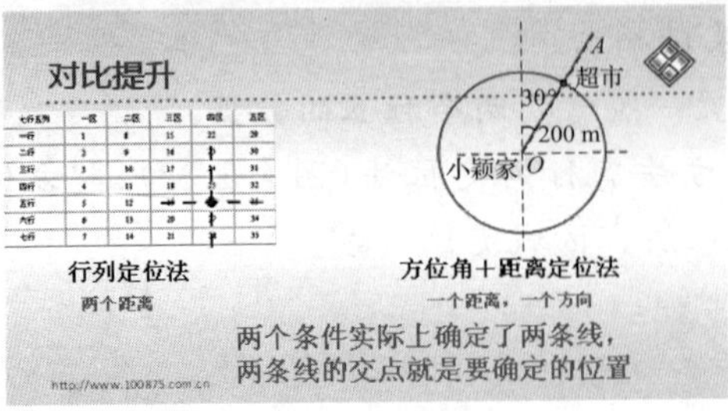

图 4-1-24

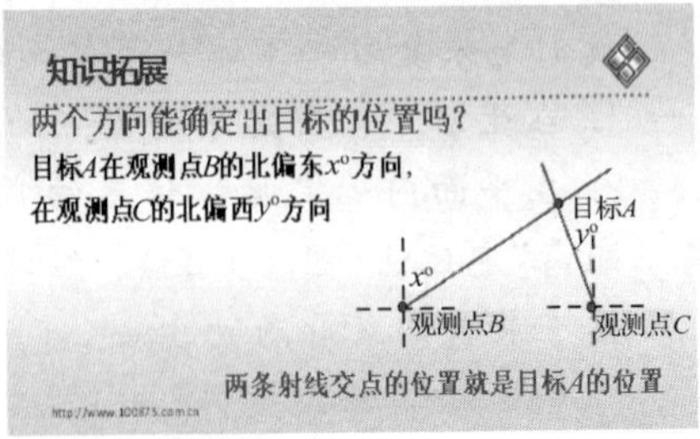

图 4-1-25

那么，平面上，还有其他两个条件吗？

刚才是两个距离、距离加方向，是否可以采用两个方向呢？

实际上是可以的，根据两个方向，我们可以作出两条射线(点击，依次出现两条射线)，两条射线的交点就是目标的位置。

既然可以选择两个观测点，类似地，还可以通过到两个点的距离确定点了。我们可以以 B，C 为圆心，分别作半径为 a，b 的两个圆，两圆的交点就是目标 A 的位置(呈现相应的动画，如图 4-1-26 所示)。

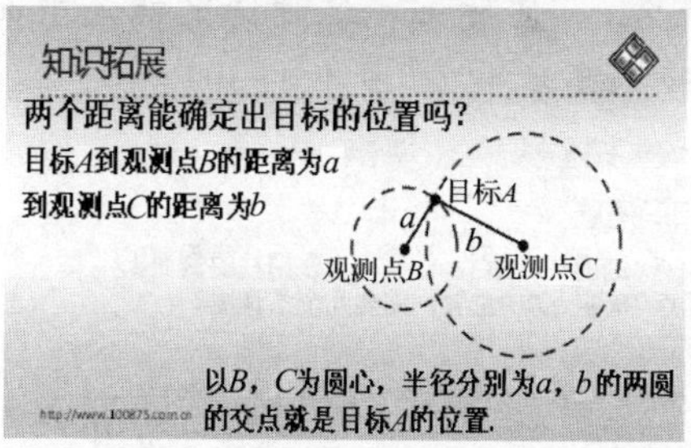

图 4-1-26

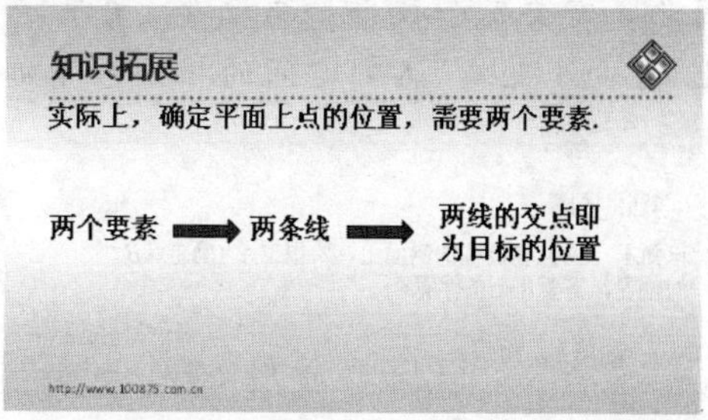

图 4-1-27

我们再次总结一下平面内确定点的位置的本质吧！

实际上，确定平面上点的位置需要两个要素，两个要素分别对应两条线，两条线的交点即为目标的位置(图 4-1-27)。

实际上，对于曲面，也是同样的道理。例如，确定球面上的点，比如说地球，经常用到的经纬度法，也是通过经度和纬度两个条件，确定相应的经线和纬线两条线，进而通过交点确定点的位置(图 4-1-28)。

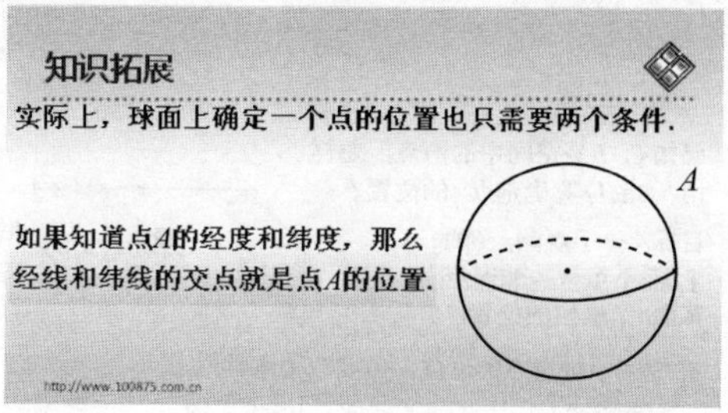

图 4-1-28

类似地，你能用两个数据确定圆柱表面上的点吗？试试看！

小颖：要确定圆周表面上点 B 的位置，我感觉，点 B 在点 A 的右上方，具体高多少，这个高度怎么确定呢？(稍停顿)哦，我知道了！如图 4-1-29 所示，可以先作出点 B 所在的水平圆面，然后找出点 A 到圆面的距离 h。也就是，这个 h 确定了，点 B 所在的圆周就确定了！下面只要知道一个方向，也就是一个角度 α，就可以确定这个点了(边说边出现相应的动画过程)。

小颖，真棒！怎么样，你理解了小颖的方法了吗？在圆柱的侧面上，确定点的位置需要两个条件。实际上，在任意的面上，可以是平面，也可以是曲面。确定点的位置，只需要两个条件。

当然，这是点已经在圆柱面上的情况。一般地，对于空间的点，如果采用"圆柱"的方式，除了高度 h、角度 α，还需要知道距离中间这个轴的距离 r，因此，需要三个数据：高度 h、角度 α、距离 r。实际上，这种情况就是平面上"方向+距离"再到空间的推广，增加了一个高度而已(图 4-1-30)。

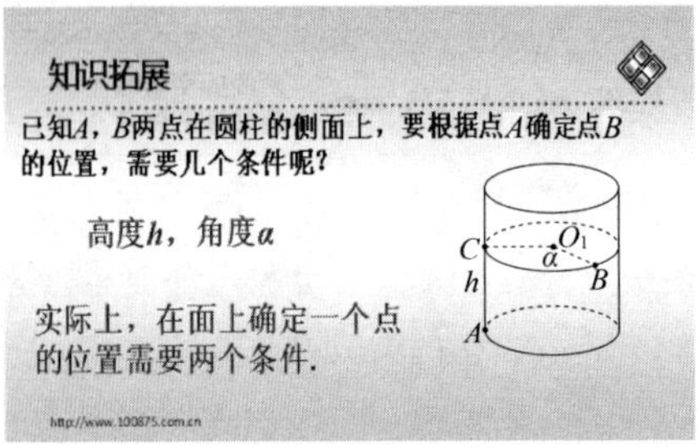

图 4-1-29

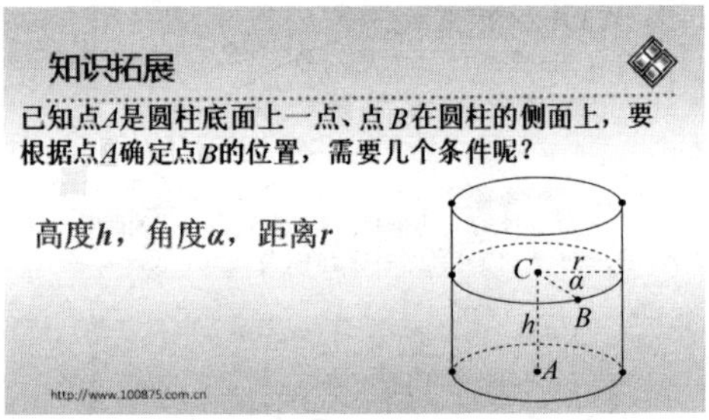

图 4-1-30

一般地，平面上确定位置的其他方式，都可以推广到空间情形。例如，对于最普遍的行列定位法，相信你一定可以很方便地推广到空间哟！(稍停顿)

实际上，只不过在平面情况的基础上，增加了一个高度而已。不妨看这个图(图 4-1-31)。

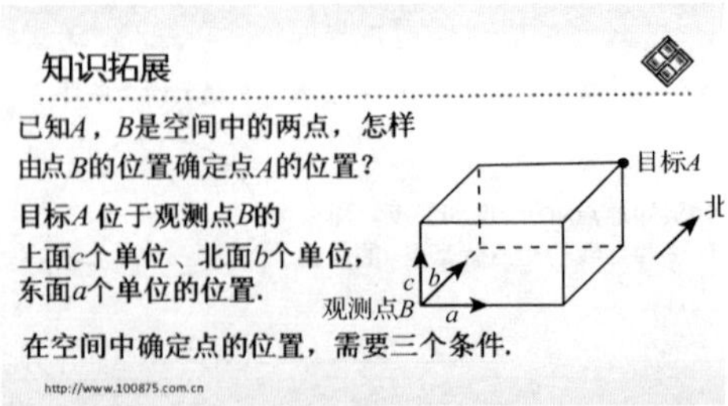

图 4-1-31

由图 4-1-31 我们可以感受到点 A 在点 B 的右上方，如果我们可以确定出点 A 在点 B 的上面多少单位、北面多少单位、东面多少单位，那么点 A 的位置就确定了。这个时候，我们可以作出一个长方体，长方体的长宽高分别为 a，b，c。于是点 A 位于点 B 的上面 c 个单位、北面 b 个单位、东面 a 个单位的位置。

通过这两个例子，我们可以发现：空间中确定点的位置，需要三个条件。

瞧，我们从平面内点的几种常见定位方式，推广到平面上更多的定位方式，再到曲面上点的定位方式，最后到空间点的定位方式。学习就要这样，要善于总结、善于拓展，只有这样，才能做到举一反三，融会贯通。

二、站在高位

所谓高度，指对具体知识内容的理解要站在高位，具有高观点。例如，对于具体问题的解决，尝试从更高的观点上给出统一的解决方法；对于具体图形的特征，能更上位地给出解释。例如，后面的案例中，从轴对称的角度去认识等腰三角形，探索并推广等腰三角形的性质，从中心对称的角度去认识轴对称图形，从轴对称和旋转对称的角度去认识圆，从轴对称的角度去解释角平分线的作法。

【案例 4.6】用轴对称进一步研究等腰三角形①

等腰三角形是一个轴对称图形。等腰三角形轴对称最为显性的特征："三线合一"(高线、中线和角平分线)，教材中也作为定理给出。但仅仅记得等腰三角形是轴对称图形，记得"三线合一"，还不能说明就完全理解了等腰三角形的轴对称性，还需要以轴对称的视角去整体观察等腰三角形，认识等腰三角形更多的特性，也就是说，形成运用轴对称的视角探索等腰三角形性质的意识和能力。例如，对于教材中的典型例题：等腰三角形两腰上的中线相等，师生都习惯通过证明两个三角形全等来进行证明，但从这个角度去认识，只能是一题一法，对于腰上的高相等、底角平分线相等，需要在不同的三角形中选用不同的全等三角形判定定理作为依据，而从轴对称的角度去认识，则可以"一网打尽"。为此，我们以教科书中的这道例题为例，利用轴对称进行了解析，并做了进一步拓广。

我们知道：等腰三角形是轴对称图形。根据等腰三角形的轴对称性，我们得到了它的一些性质：等腰三角形顶角的平分线、底边上的中线、底边上的高重合(这一性质简称为"三线合一")；等腰三角形的两个底角相等；等腰三角形顶角的平分线、底边上的中线、底边上的高所在的直线都是它的对称轴。

本节课，我们一起从轴对称的角度去认识等腰三角形更多的性质，不妨从课本上的一道例题开始吧！

在等腰三角形 ABC 中，$AB=AC$，BD 和 CE 是两条中线。你能利用轴

① 设计：广东省深圳市坪山区教育科学研究管理中心 袁虹，江苏第二师范学院 章飞.

对称性说明 $BD=CE$ 吗？注意，课本上是用全等证明的，这里要求利用轴对称性证明！

小颖：很明显，这是一个轴对称图形，它的对称轴是这样的(点击，出现对称轴)。其中，点 B 和 C 是一组对应点(点击，凸显这两个点)，点 E 和 D 也是一组对应点(点击，凸显这两个点)。因此，BD 和 CE 是一组对应线段(点击，凸显这两条线)，根据轴对称图形“对应线段相等”的性质，它们当然相等了！(图 4-1-32)

小颖同学用学过的轴对称性质很好地解释了为什么 $BD=CE$，是不是十分简单！

你能把条件“BD 和 CE 是两条中线”改换成别的条件，使得 BD 仍然等于 CE 吗？

小明：条件可以换成 $AE=\frac{1}{3}AB$，$AD=\frac{1}{3}AC$；或 $AE=\frac{1}{4}AB$，$AD=\frac{1}{4}AC$。一般地，可以换成 $AE=\frac{1}{n}AB$，$AD=\frac{1}{n}AC$。这样，都可以保证 D，E 是对应点了(图 4-1-33)。

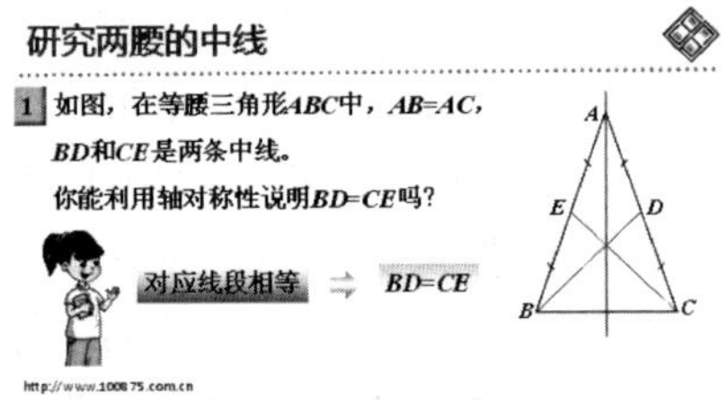

图 4-1-32

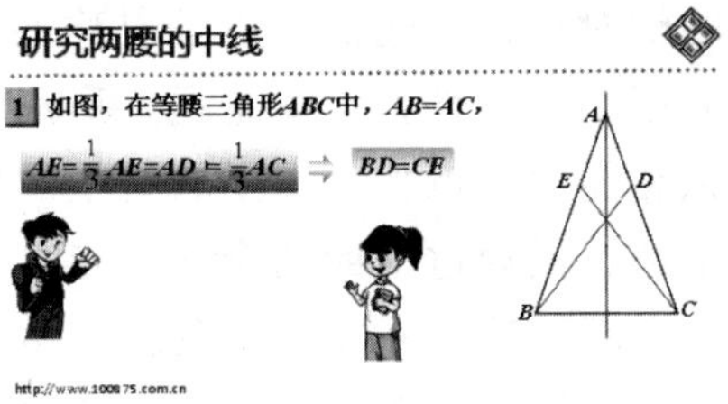

图 4-1-33

小颖：管它几分之一呢，只要 $AE=AD$ 不就行了吗?!

小明同学由问题 1 中的“中线”联想到了三等分线、四等分线……n 等分线，小颖同学则提出了更一般的条件。的确，只要满足 $AE=AD$，就可以保证 E 和 D 是一组对应点，这时 BD，CE 是对应线段，自然就相等了。

实际上，从对称的角度去认识，在上述问题中，除了能得到 $BD=CE$ 外，还能得到很多其他的结论呢？大家试一试吧！

小明：那可多了，还有 $BE=CD$，$\angle ECB=\angle DBC$，$\angle EBD=\angle DCE$，$\angle AEC=\angle ADB$ 等(图 4-1-34)。

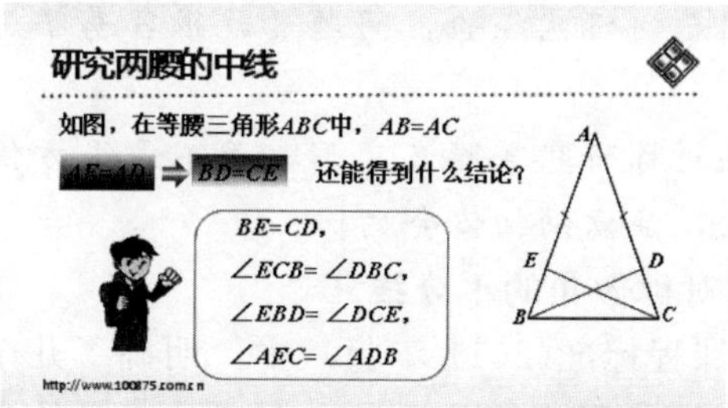

图 4-1-34

当然，问题 1 是从中线这条特殊线开始探究的，等腰三角形中的特殊线还有很多，其他特殊线是否也有类似的结论呢。我们先看看“角平分线”，你还能利用轴对称性说明 $BD=CE$ 吗？(点击，出现问题如图 4-1-35 所示，稍停顿)

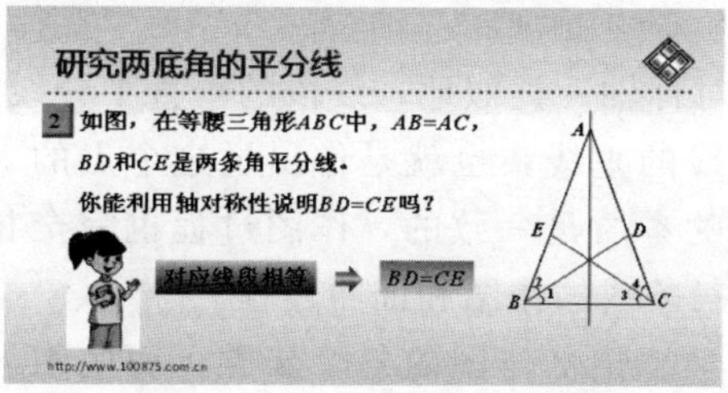

图 4-1-35

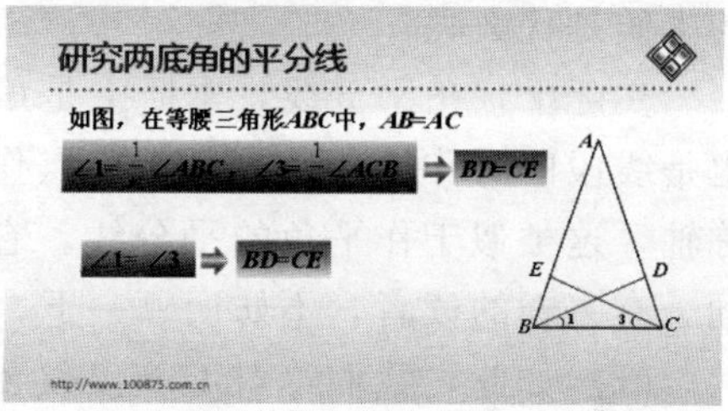

图 4-1-36

小颖：这仍然是一个轴对称图形，对称轴是这样的(点击，出现对称轴)。其中，两底角是一组对应角，两底角的平分线 BD 和 CE 是一组对应线段，根据轴对称图形“对应线段相等”的性质，它们相等！

对！其实，还可以像第一个问题一样，把条件中的“BD 和 CE 是两条角平分线”改成 $\angle 1=\frac{1}{n}\angle ABC$，$\angle 3=\frac{1}{n}\angle ACB$，或干脆改成 $\angle 1=\angle 3$，上述结论仍然成立(图 4-1-36)。

接下来，如果把问题中的“角平分线”改成“高”，你能利用轴对称性说明 $BD=CE$ 吗？(图 4-1-37，稍停顿)

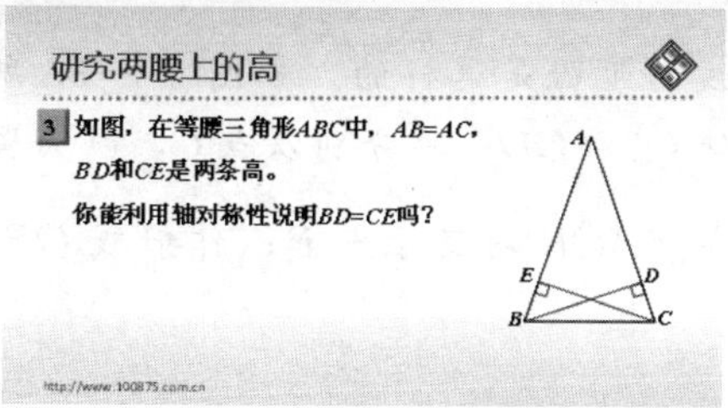

图 4-1-37

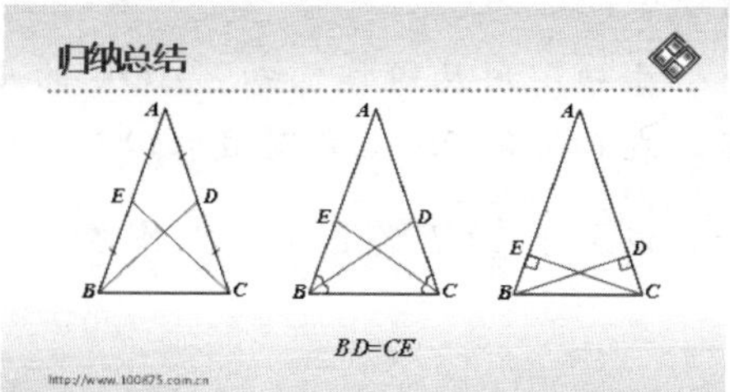

图 4-1-38

有了前面两个问题的研究经验，问题 3 就很容易了。相信同学们都能顺利完成(图 4-1-38)。

怎么样，利用轴对称研究等腰三角形，是不是很方便。这可是从整体角度认识图形的好方法，注意细细体会哟！

【案例 4.7】用轴对称做角的平分线①

《义务教育数学课程标准(2011 年版)》中，明确了几个尺规作图，其中就有作角的平分线。作为老师不禁要思考，在工具丰富的当下，还需要掌握如此古老、机械的作图方法吗？这样的技能在现今学习中的价值何在呢？如果仅仅将尺规作图作为一个技能，确实这个技能本身的价值并不大，在现今时代要求学生掌握这样的技能意义也并不是很大。为此，我们更需要思考，作图的本质是什么，在作图过程中，学生获得了哪些发展？那么，作角平分线的本质是什么呢？

实际上，角平分线，本质上是角的对称轴。类似地，线段的垂直平分线，也是线段的对称轴；过直线上一点作直线的垂线，也就是作出过这个点的对称轴，这类似于作平角的平分线。它们的本质是一致的，作图过程也完全相同。有兴趣的读者，不妨回顾一下，这三条线的作图和证明过程。

既然如此，我们绝对不能仅仅要求学生记忆作图的各个步骤，而应引领学生从整体上去思考，如何对称地操作，得到对称轴。这样，学生在形成作图思路的过程中，获得的可不仅仅是作图技能，更为重要的是直观想象和推理能力的提升，而得到作图思路、认识了作图本质之后，获得的可不仅仅是课标中所给出的一种方法，而是可以触类旁通，进行多种多样的对称操作。

基于上述思考，我们设计了下面的微课，力图揭示作图过程中的对称，进而借助对称探索更多的作图方法。如果老师们能认识到这一点，课堂教学中，建议不要先介绍尺规作图方法，而应注意揭示作角平分线就是找对称轴，引领学生一起探究作角平分线的方法。

你好！欢迎来到京师数学微课堂。

前面我们学习了利用尺规作已知角的平分线的方法。你还记得作图的步骤吗？

小颖：用尺规作已知$\angle AOB$的平分线的步骤是这样的。如图 4-1-39 所示，在OA和OB上分别截取OC，OD，使$OC=OD$；再分别以点C，D为圆心，以大于$\frac{1}{2}CD$的长为半径作弧，两弧在$\angle AOB$内交于点P；作射线OP。

① 设计：广东省深圳市坪山区教育科学研究管理中心 袁虹，广东省深圳市坪山中学 李巧莉；指导：江苏第二师范学院 章飞．

OP 就是$\angle AOB$ 的平分线。

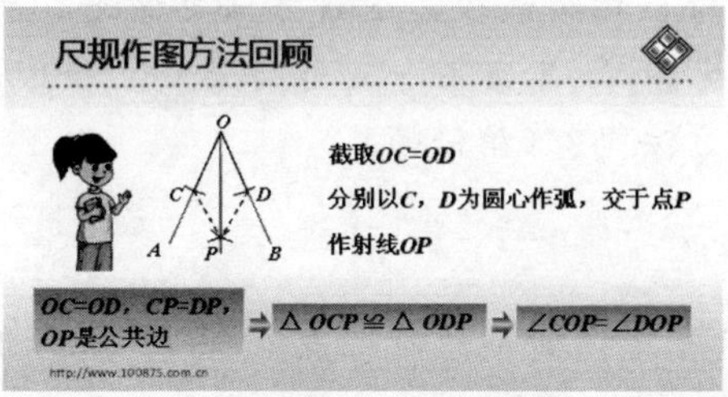

图 4-1-39

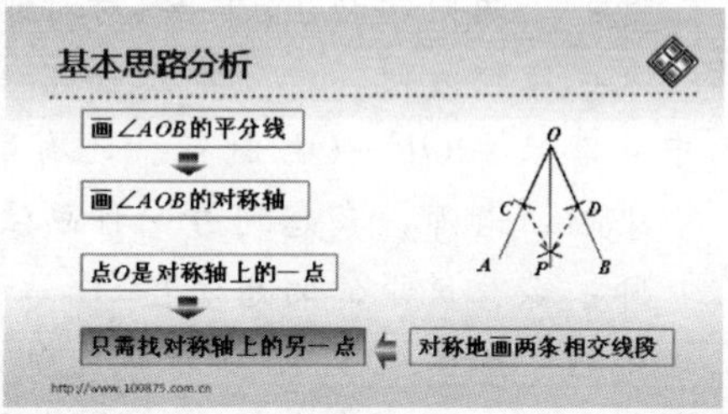

图 4-1-40

很好！由作图过程可以看出，$OC=OD$，$CP=DP$，OP 是公共边，根据判定三角形全等的“边边边”方法可知，$\triangle OCP\cong\triangle ODP$，因此$\angle COP=\angle DOP$，也就是说，$OP$ 是$\angle AOB$ 的平分线。

小明：这样作，当然是对的。关键是，怎么想到这样作的，老师，你能分析一下思路吗？

师：好的，我们不妨用对称的眼光来看，如图 4-1-40 所示，$\angle AOB$ 是一个轴对称图形，$\angle AOB$ 的平分线所在的直线就是它的对称轴，所以，画角平分线就是要找对称轴。显然，点 O 是对称轴上的一点，因此只要再找到对称轴上的一个点就可以了！

用尺规作角平分线的方法，其实就是再找对称轴上的另一点：你看，在对称直线 OA，OB 上截取 $OC=OD$，说明点 C，D 是对称的；然后在 C，D 处再对称地作图(画圆弧)，这时图形还是轴对称的，得到的交点 P，当然在对称轴上了。

小明：为什么它们的公共点 P 一定在对称轴上呢？

因为原来的$\angle AOB$ 是轴对称图形，对称地“操作”后仍然是轴对称图形，因此，这里两条弧的交点要么对称地分布在对称轴的两侧，要么正好在对称轴上。这里的点 P 自然只能在对称轴上了。

实际上，画角平分线的关键，就是想办法对称地画两条相交线段，这样它们的交点就是要找的那一点了。

除了用尺规作角平分线外，你还能想到哪些对称地画相交线段的方法呢？大胆地想一想，所用工具可以是刻度尺、三角尺等。

小明：我想到了一种画法。请看，如图 4-1-41 所示，用刻度尺分别在 OA 和 OB 上量出相等的长度，比如 4 cm，也就是 $OC=OD=4$ cm，这样点 C 和 D 就是一组对称点；再确定 OC 的中点 F 及 OD 的中点 E，点 F 和 E 就是另一组对称点；连接 CE，DF，线段 CE 和 DF 就是一组对称线段，它们的

交点 P 就是我们要找的那一点。射线 OP 就是$\angle AOB$ 的平分线。

师：小明同学利用“中点”对称地画两条相交线段，这种方法非常好，操作起来也比较方便。进一步想一想，点 F 和 E 其实不一定非得是 OC 和 OD 的中点，只要 $OF=OE$ 就行。还有别的方法吗？（稍停顿）

小颖：老师，我想到另一种画法。

师：哦？说说你的想法！

小颖：如图 4-1-42 所示，先利用刻度尺得到一组对称点 C，D，然后用三角尺在 C，D 处对称地画$\angle OCE$ 和$\angle ODF$，这样线段 CE 和 DF 不也是一组对称线段吗?！它们的交点 P 不就是我们要找的那一点吗?！

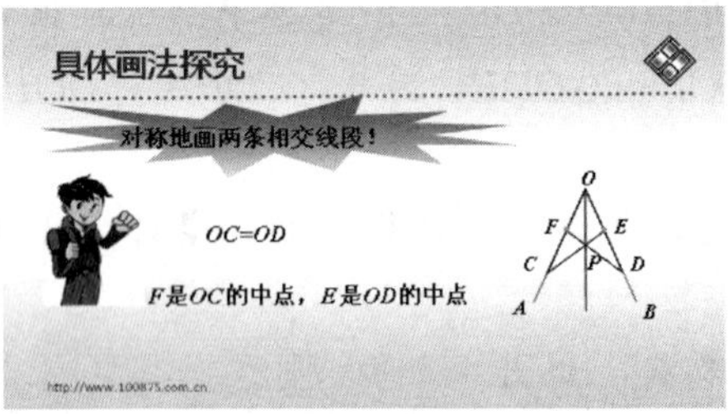

图 4-1-41

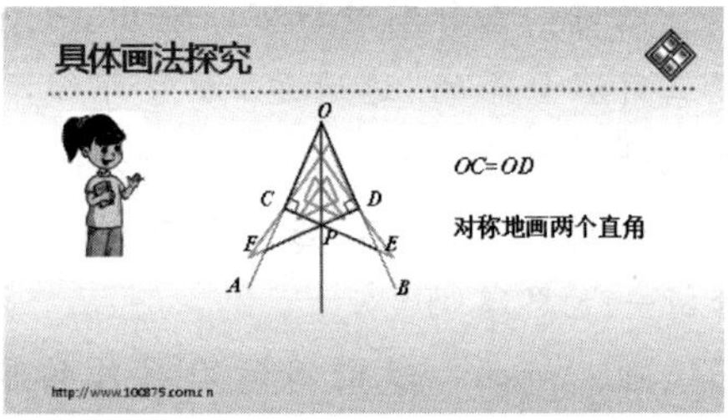

图 4-1-42

师：小颖同学能利用“直角”对称地画出两条相交线段，真不错！这种思考方法值得大家借鉴！

小明：用三角尺在点 C，D 处对称地画 $30°$的角，同样可以得到一组相交的对称线段 CE 和 DF！（图 4-1-43）

师：噢？小明同学由三角尺的“直角”进一步联想到了其中的“$30°$角”，很好！其实，只要 $\angle OCE=\angle ODF$ 就可以了，这两个角可以是锐角，可以是直角，还可以是钝角(图 4-1-44)。

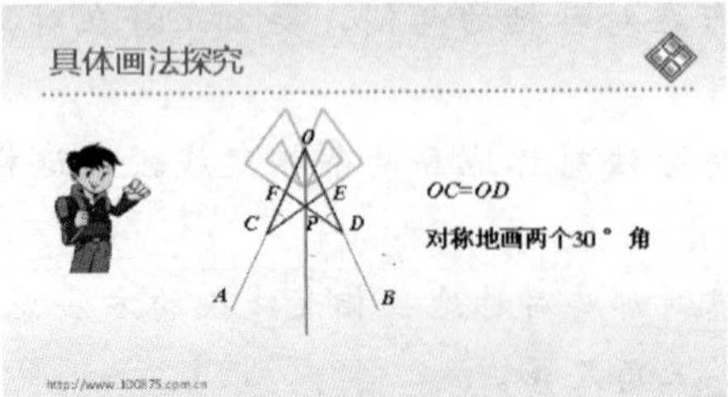

图 4-1-43

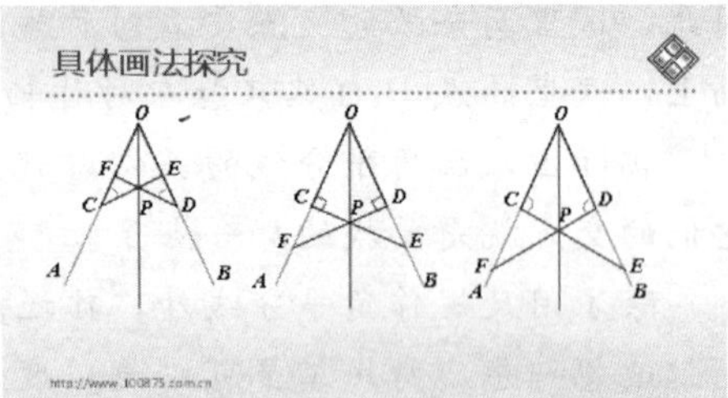

图 4-1-44

实际上，不管哪种方法，本质上都是在原来的对称图形上再对称地“操作”，设法得到对称轴上的点，从而作出对称轴。相信，理解了这个本质，你还可以有更多的作图方法，请在课下与小伙伴们一起交流一下吧！

【案例4.8】从一道平行四边形的证明题谈起①

平行四边形是基本的几何图形，也是“图形与几何”领域中初中阶段研究的主要对象之一，平行四边形的中心对称性是它的一个非常重要的性质，运用它能够很方便地解决许多几何问题，也为后续学习特殊平行四边形奠定了基础。教材以中心对称为主线，开展对平行四边形的定义、性质和判定的探索和研究，但教材和其他学习辅助资料上的图形都是静态的，不利于学生观察思考，实物演示操作又耗时费力，且难以清晰呈现图形变化过程，学生对图形变换、变化过程的认识存在困难，作业时部分学生对该知识点的实际应用把握不住，解决问题时存在障碍。因此，在学习了平行四边形的概念、性质和判定后，可以充分利用教学资源，录制微课，借助现代信息技术手段，生动活泼地展现图形变化过程和图形特征，通过一系列的图形变化来培养学生的空间想象能力，帮助学生突破难点。

微课脚本如下。

你好！欢迎来到京师数学微课堂。

前面我们已经学习了平行四边形的性质和判定。还记得平行四边形有哪些性质吗？

小颖：这很容易啊。平行四边形的对边平行且相等，对角相等，对角线互相平分。

小明：别忘了，它还是中心对称图形呢。两条对角线的交点就是它的对称中心。

师：平行四边形有哪些判定方法呢？

小颖：一组对边平行且相等的四边形是平行四边形；两组对边分别平行的四边形是平行四边形；两组对边分别相等的四边形是平行四边形；对角线互相平分的四边形是平行四边形。

师：本节课，我们利用这些性质和判定研究一些问题。下面老师出一道题来考考你们。大家看，如图4-1-45所示，四边形 $ABCD$ 是平行四边形，点 O 是对角线的交点，点 E 是 AC 上的一点，点 F 与 E 关于点 O 成中心对称，那么四边形 $BEDF$ 是平行四边形吗？

请按暂停键，自己先想一想。（稍停顿）

① 设计：广东省深圳市坪山区教育科学研究管理中心 袁虹，广东省深圳市中山中学 李冬君.

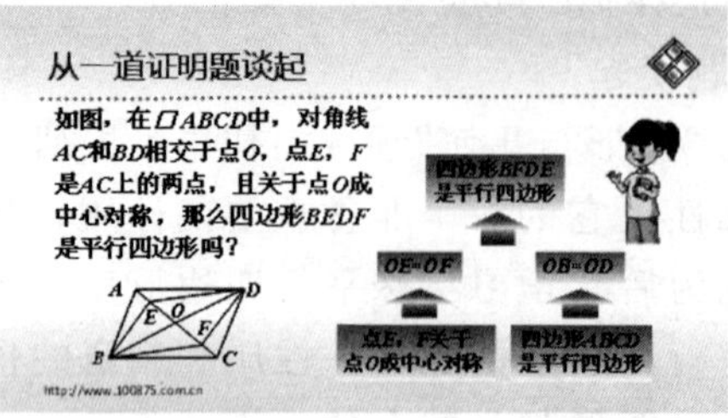

图 4-1-45

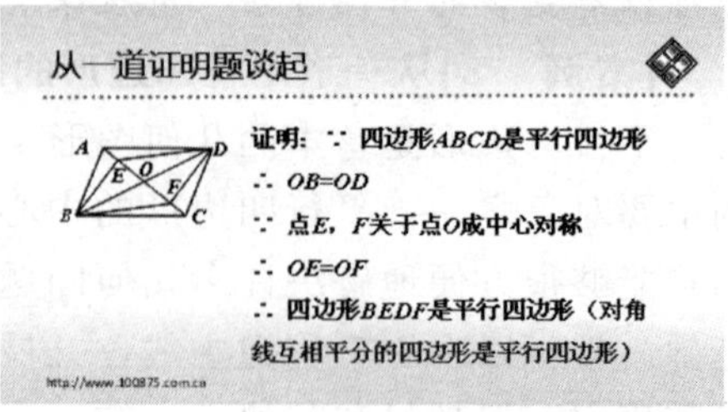

图 4-1-46

小颖：是平行四边形。因为“点 F 与 E 关于点 O 成中心对称”意味着 $OE=OF$。再根据平行四边形的性质可知 $OB=OD$。这说明，四边形 $BEDF$ 的对角线互相平分，因此可以判定它是平行四边形。

具体证明过程是这样的，如图 4-1-46 所示。(点击出现 PPT4，停顿 2 s)

师：小颖的思路清晰明了，很好！

现在反过来想，如果让你找一个条件替换掉“点 E 与 F 关于点 O 成中心对称”这一条件，但结论仍然不变，那么你会提出什么条件呢？

请按暂停键，自己先思考一下。(稍停顿)

小明：从刚才的证明过程看，任何条件只要能保证 $OE=OF$ 就行。比如——可以是 $AE=CF$。

师：小明说得没错，关键是确保 $OE=OF$。

按照小明提出的条件，原来的题目就可以变成如图 4-1-47 所示。(点击，停顿 2 s)

图 4-1-47

谁还能提出不同的条件？

小颖：我感觉可以分别过点 B，D 作 AC 的垂线，垂足分别为点 E，F。

师：小颖想到了在两侧分别作三角形的高线，很好！

这样，原来的题目就变成：(点击，停顿 2 s)

还有其他不同条件吗？

小明：由高线我想到了角平分线，就是作$\angle ABC$和$\angle CDA$的平分线，分别与AC相交于点E，F。

师：小明想到了在两侧分别作角平分线，也很好！

这样，原来的题目又可以变成如图4-1-48所示。（点击，停顿2 s）

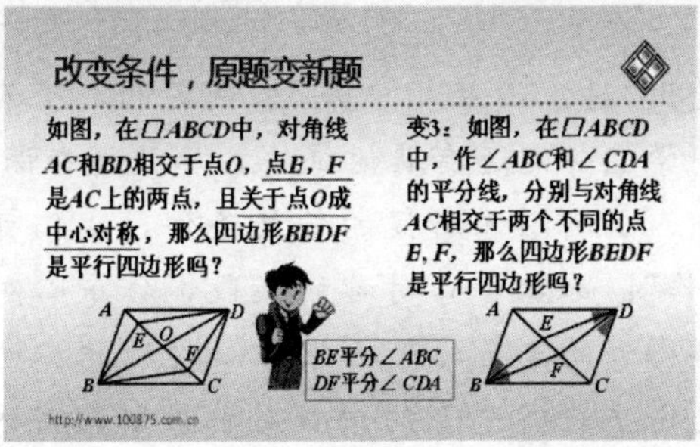

图4-1-48

还有吗？

小颖：其实，BE，DF不一定非得是角平分线，只要$\angle ABE=\angle CDF$就行。

师：小颖把小明刚才的条件一般化了。非常棒！

这样，原来的题目就变成如图4-1-49所示。（点击，停顿2 s）

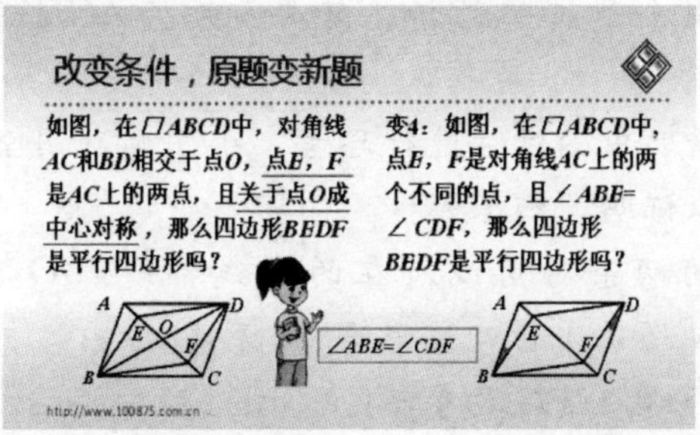

图4-1-49

我们通过替换条件，得到了4道新的题目（点击，停顿2 s）

第1题，很容易证明。

第2题，谁能说说证明思路？

小颖：可以这样证，连接对角线BD，可证$OB=OD$；再根据“AAS”定理可证$\triangle BOE\cong\triangle DOF$，从而得到$OE=OF$；进而便可判定四边形$BEDF$是平行四边形。

小明：这道题也可以不作辅助线。由“AAS”定理可证$\triangle ABE\cong\triangle CDF$，得到$BE=DF$；再由垂直关系证明$BE\parallel DF$；进而也能判定四边形$BEDF$是平行四边形。

师：小颖是用“对角线互相平分”来判定的，小明则是根据“一组对边平行且相等”进行判定的，回答得都很好！

接着看，第 3 题是第 4 题的特殊情况。我们证第 4 题，如何证明？

小颖：仍然可以通过连接对角线 BD 来证明。可以先证 $\triangle ABE \cong \triangle CDF$，得到 $AE=CF$，从而得到 $OE=OF$，这样就可判定四边形 $BECF$ 是平行四边形了。

师：小颖仍然是用“对角线互相平分”来判定的，很好！你的证明方法与小颖一样吗？相信同学们一定还有其他证法，那就请在课下互相交流一下吧！

回顾原题及小颖、小明刚才所提的替换条件，我们可以发现，只要在两侧做中心对称的“动作”：如取中心对称的线段，作中心对称的垂线段或作中心对称的角等，这样得到的点 E，F 就是中心对称的，也就能够确保原题的结论成立。这其实是由平行四边形的中心对称性所决定的。进一步，如果让对角线 AC 所在的直线绕点 O 旋转一个角度(动画演示)，与 AD，BC 分别交于点 E，F，那么四边形 $EBFD$ 还是平行四边形吗？

请按暂停键，自己先想一想。(稍停顿)

小颖：四边形 $EBFD$ 肯定是平行四边形，因为这样旋转后，OE 和 OF 关于点 O 成中心对称。

小明：没错，用全等证明的话，只要证明 $\triangle AOE \cong \triangle COF$，进而得到 $OE=OF$ 就可以啦！

师：对，小颖借助中心对称进行思考，小明则利用全等三角形和平行四边形的判定定理加以证明。都很棒！

如果▱$ABCD$ 的两条对角线所在的直线都绕点 O 旋转(点击，停顿 2 秒)，四边形 $EMFN$ 还是平行四边形吗？(停顿 1 s)

这个问题就留给你们课后思考吧！

三、关注联系

所谓关注联系，指在课后补偿性微课设计中，要注意关注不同的知识内容之间的联系，从而深化知识的理解，促进知识的迁移与运用。实际上，很多数学知识本就是一个不可分割的整体，只是由于教学的需要，考虑到教学进度和学生学习能力差异等多方面的原因，进行了适当的分解；还有一部分知识，可能确实属于不同的领域，存在明显的差异，但正因为不同知识之间千丝万缕的联系，数学学科才成为一个整体系统。总之，只有深入理解知识间的联系，才能结构化地认识学习对象，也才能更好地调用知识解决问题。因此，数学教学中，要建立联系的观点，促进不同知识间的联系和相互作用。课堂教学中由于时间以及学生学力水平等，未必能充分展开不同知识之间的联系，这为课后补偿性微课设计提供了空间。具体地，联系可以表现为：不同知识内容之间的联系（如方程、函数、不等式的关系揭示），相近知识异同的比较（如平方根与立方根）。

【案例4.9】不等式函数方程之间的关系①

函数、方程、不等式，是初中数学学习的三个主体内容。初中数学前面学习过的数、式，都只是这三个主体内容的基础，是为学习这三个主体内容奠定基础的，因此，这三者在初中数学学习中具有十分重要的地位。因为它们重要，教材中都是将它们分列若干章编排的，这就让学生记住了它们的区别，而容易忽视它们的联系。实际上，三者之间联系紧密，函数与方程都反映着等量关系，从高中的角度看，两者是一样的，只是函数中的变量有所谓的自变因变关系，而方程中的几个变量地位相同。当然，初中的方程多指唯一解的方程，因此，其结果是确定的，而函数则反映着变化。总之，三者之间存在丰富的联系，教学中，揭示几者关系，可以加深对各个知识本身的理解，促进知识的融会贯通。对于这几个知识点而言，尤其有助于发展学生的数形结合思想，为高中数学学习做好铺垫。基于上述思考，有了下面的微课。

同学，你好！欢迎来到京师数学微课堂。

我们学习了一元一次方程、一元一次不等式与一次函数，它们自然应有一定的关系，我们一起研究吧！（PPT中出示函数 $y=-2x-3$，方程 $-2x-3=0$，不等式 $-2x-3>0$，如图4-1-50所示）

都是“$-2x-3$”，它们之间有什么关系呢？（停顿5 s，配轻音乐）

相信这难不倒聪明的你。

（点击PPT出现函数）这是一个函数关系，描述两个变量之间的运动变化，如果落到坐标系里面，就是这样一个图像。（动画，点动起来）

方程 $-2x-3=0$，不就是函数 $y=-2x-3$ 的值等于0嘛！对应到图像上，就是用“$y=0$”将这个点固定住了（点在图形上体现），方程的解就是这个点的横坐标，即 $x=-1.5$。

不等式 $-2x-3>0$ 就是函数值 y 大于0，对应到图像上（PPT动画呈现），这些点的横坐标都在 -1.5 的左侧（点击图形说），因此，不等式的解集就是 $x<-1.5$。

学习要善于举一反三，我们可以将问题稍微一般化一些。思考：如果方程和不等式的右边不是0，又如何解释呢？（仅仅呈现图4-1-51第一行的三个式子，停顿5 s，配音乐）

① 设计：山东省青岛市实验初级中学 许丹，指导：江苏第二师范学院 章飞.

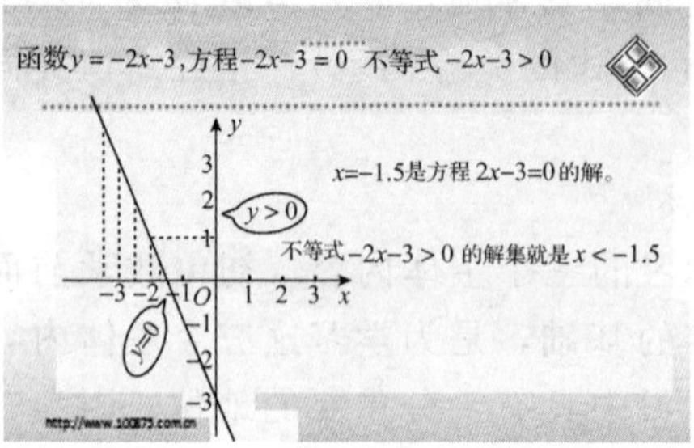

图 4-1-50

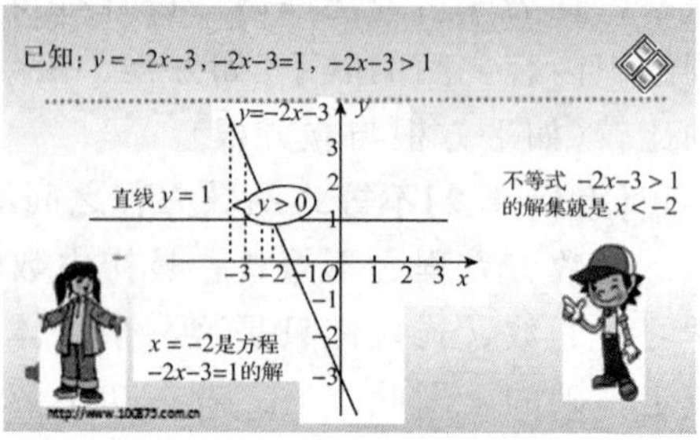

图 4-1-51

小颖：咦，函数还是 $y=-2x-3$，图像没有变。

小明：可方程变了，左边还是 $y=-2x-3$，右边由 0 变成了 1。

小颖：我明白了，刚才用 $y=0$ 固定住了直线上的点，这里就用函数值 $y=1$ 固定住函数图像上的点(边说边点击，出现固定住的那个点)，方程的解就是这个点的横坐标，即 $x=-2$。

小明：受到你的启发，不等式的解集就是函数的值大于 1，对应到图像上就是直线 $y=1$ 以上的图像(点着图形说)，这些点的横坐标都在 -2 的左侧，即不等式的解集就是 $x<-2$。

是的，通过前面 2 个问题的学习，可以发现，(点击)从形的角度看，方程对应着函数图像上的一个点，不等式对应于函数图像上某个点一侧的部分，以后可以借助函数来思考方程或不等式有关的问题。

我再给大家来个复杂点的。你能从函数的角度思考下列函数与方程的关系吗？(屏显：从函数的角度思考方程 $-2x-3=x+3$ 和不等式 $-2x-3>x+3$，停顿 3 s)

左边还是 $-2x-3$，可以画出函数 $y=-2x-3$ 的图像(点击，出现函数 $y=-2x-3$ 的图像)

可右边不是常数了，怎么办？(停顿 3 s)

对，右边可以看成函数 $y=x+3$，那就再画出函数 $y=x+3$ 的图像！(点击，图形中增加出函数 $y=x+3$ 的图像)

现在你能从图中看出方程和不等式的解了吗？(停顿 5 s)

相信你已经明白，方程 $-2x-3=x+3$ 表示两个函数 $y=-2x-3$，$y=x+3$ 的值相等，它的解就对应着两个函数图像的交点。这个点的横坐标是 -2，那么方程的解就是 $x=-2$。(指着图像解释)

至于不等式吗，同学们自己搞定了！(稍停片刻)

不妨将几个情形回顾一下(点击，呈现几个 PPT 整合形成的图，如图 4-1-52 所示)，不管哪种情况，实际上，方程的解可以看成两条线交点的横坐标，不等式的解也可以从两条线的位置关系看出来，当然，这里的线，就是函数的图像了。

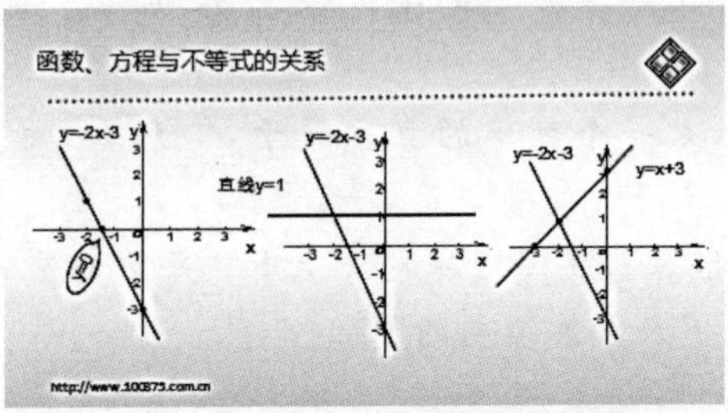

图 4-1-52

同学，也许，你会这样认为“方程、不等式，我们都会解，干吗还从图像上去理解方程、不等式呢?”

是的，通过图像解方程、不等式既麻烦又不准确。但从形的角度认识方程、不等式，有助于发展我们数形结合的能力和几何直觉，在以后的学习中，需要养成这样的习惯，到了高中，你会有更深刻的体会哟!

随着学习知识的深入，解决问题的方法和手段更加多样，而知识之间的联系也更为复杂，因此，同学们要善于挖掘知识之间的联系！本节微课就上到这里，再见!

【案例 4.10】平方根 VS 立方根①

数学学习中，有一些知识较为相近，有很多共性的结论，但又有各自的个性。学生常常因为两者的共性而忽视了它们的差异，甚至将某个对象的个性作为共性迁移到另一个对象上，从而造成错误。因此，在学习完这些知识之后，可以揭示它们的共性与个性，促进学生对这些知识的理解。平方根与立方根，就是这样的两个概念。为此，设计了这个微课。比较时，固然需要罗列比较的角度，为此，本案例选择了定义、表示、存在条件、计算结果的特征和特殊规律 5 个角度进行比较。当然，本案例采用了学生相互“PK”的形式，相信可以达到很好的激趣效果，老师们可以细加体会。

你好！欢迎来到京师数学微课堂。

我们这节课将共同复习平方根和立方根。

小颖：小明，我们已学完平方根和立方根，它们好相似啊!

小明：是啊，小颖，为更好地理解它们，我们让它们 PK 一下吧!

小颖：好啊！好啊!

---

① 设计：广东省深圳市坪山区教育科学研究管理中心 袁虹，广东省深圳市坪山中学 钟志强.

小颖：我先来，第一局 PK 定义(图 4-1-53)。

平方根，是说如果一个数 x 的平方等于 a，那么，我们就说 x 是 a 的平方根；

立方根，是说如果一个数 x 的立方等于 a，那么，我们就说 x 是 a 的立方根。

通过 PK，我们很容易发现：从定义上看，平方对应的是 2，而立方对应的是 3。好，我们接下来看第二局的 PK。

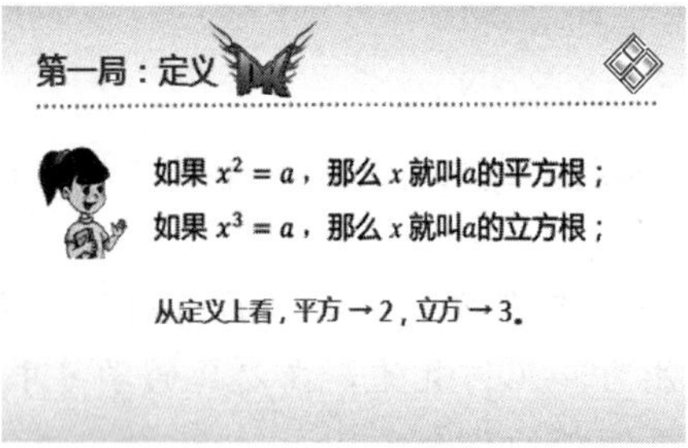

图 4-1-53

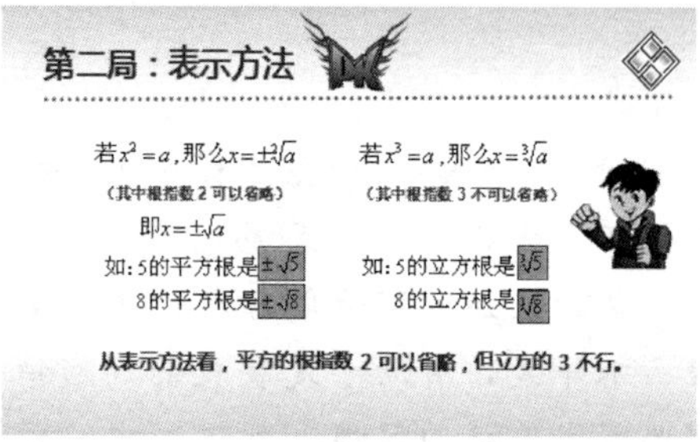

图 4-1-54

小明：第二局我来，表示方法的 PK(图 4-1-54)。

如果 x 的平方等于 a，那么 a 的平方根就用"$\pm\sqrt{a}$"来表示。在这里根指数 2 可以省略，即可用正负根号 a 来表示。而立方根呢？

如果 x 的立方等于 a，那么 a 的立方根就用"$\sqrt[3]{a}$"来表示。跟平方根不一样，这里的根指数 3 是不能省略的，否则的话就变得和平方根一样了。

例如，5 的平方根是 $\pm\sqrt{5}$；8 的平方根是 $\pm\sqrt{8}$。5 的立方根是 $\sqrt[3]{5}$；8 的立方根是 $\sqrt[3]{8}$。当然，在这些数当中，有些被开方数很特别，我们就继续将它们化简。比如，8 是谁的立方？2 的立方。所以 $\sqrt[3]{8}=2$。

师：他们说得很好。通过第一局和第二局，我们将二者的定义和表示方法放在一起，你应该能看出它们的区别来吧？那么是不是还可以由此去猜想，如果遇到 4 次方根，它又是如何定义？应该如何记呢？5 次方根？6 次方根？你可以去动动脑筋哦。

接下来我们看第三局，谁来？

小颖：我来 PK 一下它们存在的条件(图 4-1-55)。

因为正数、0、负数的平方都不是负数，所以负数没有平方根(这个很重要啊)。

因为正数、0、负数的立方分别是正数、0、负数，所以所有的实数都有立方根。

所以 a 有平方根的条件：$a\geqslant 0$；而 a 有立方根的条件：a 为全体实数。

师：好！我们接着 PK。

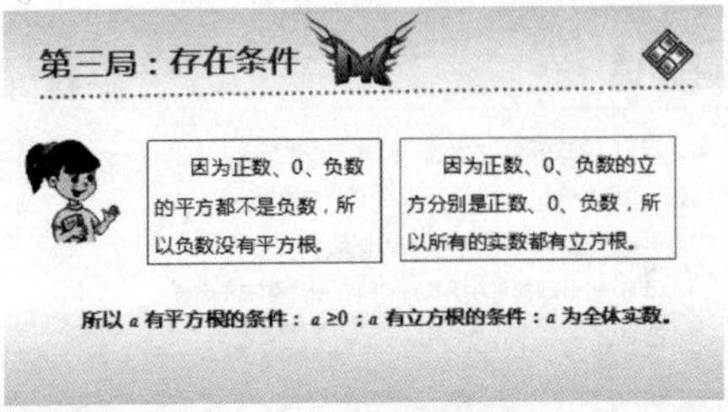

图 4-1-55

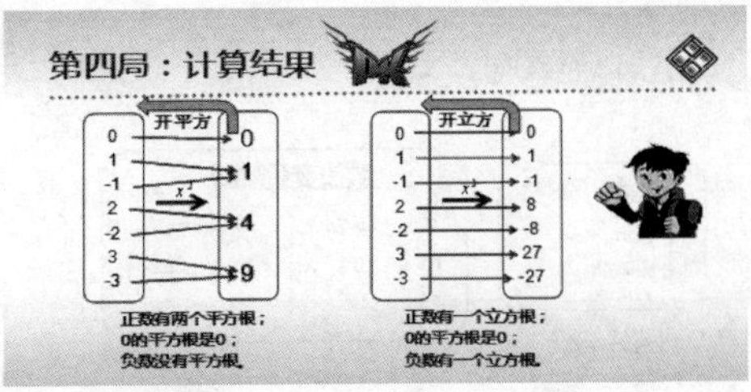

图 4-1-56

小明：第四局我来 PK 它们的计算结果吧(图 4-1-56)。

首先呢，我们来看一下运算关系，左边图，如果我们要求 0 的平方，等于多少？等于 0。那么 1 的平方呢，是 1；-1 的平方也是 1。同理，$2^2=4$，$(-2)^2=4$，$3^2=9$，这个没有问题。

再看右边图，$0^3=0$，$1^3=1$，$(-1)^3=-1$，$2^3=8$，$(-2)^3=-8$，$3^3=27$，$(-3)^3=-27$。

我们刚才分别进行了平方和立方运算，那现在倒过来，先看左图，如果我们从右边到左边，我们把它叫开平方运算。其实开平方运算就是求一个数的平方根的运算。而在右边图中，从右边到左边就是开立方，开立方就是求立方根的运算。

你看看，$\sqrt[3]{0}=0$，$\pm\sqrt{1}=\pm 1$，$\pm\sqrt{4}=\pm 2$，$\pm\sqrt{9}=\pm 3$，所谓的开平方就是求平方根。

开立方可不一样。如果说，$\sqrt[3]{0}=0$，$\sqrt[3]{1}=1$，就一个结果。-1 开立方，也是一个结果。8 开立方，只有 2，-8 的立方根同样只有 -2，接下来我们比较一下，就会发现：一个正数开平方，有两个结果，而且这两个结果互为相反数；0 的平方根是 0；负数没有平方根。那么相比较，你会发现立方根什么情况呢？一个正数有几个立方根？有一个立方根。0 呢，它的立方根是 0，只有一个立方根；而负数，虽然没有平方根，但是它却有一个立方根。并且，正数的立方根是正数，0 的立方根是 0。负数的立方根是负数，这点，与平方根是很不相同的。

相信通过这一局的 PK，你对平方根和立方根理解又加深了吧。

师：好，最后一局，我们来寻求一些特殊的规律(图 4-1-57)。

首先，如果一个数的算术平方根等于其本身，这个数会是谁呢？

在第四局的 PK 中，我们容易发现它是 0 和 1，注意，还有 1，不要遗漏了。

而立方根等于其本身的数又会有谁呢？不错，就是1，0和－1这三个数。这是一个特殊的东西，你要把它记住了啊。

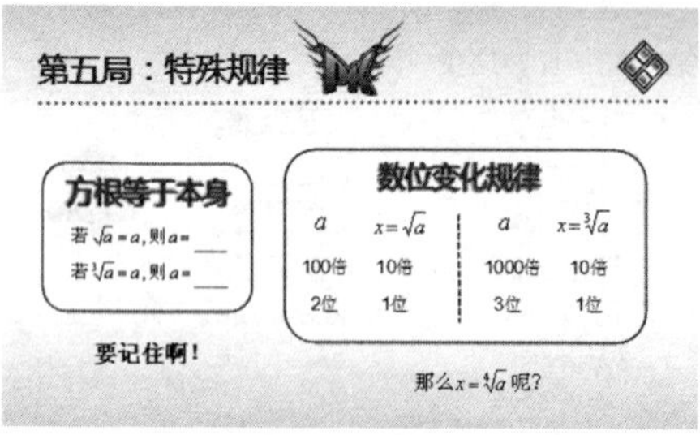

图 4-1-57

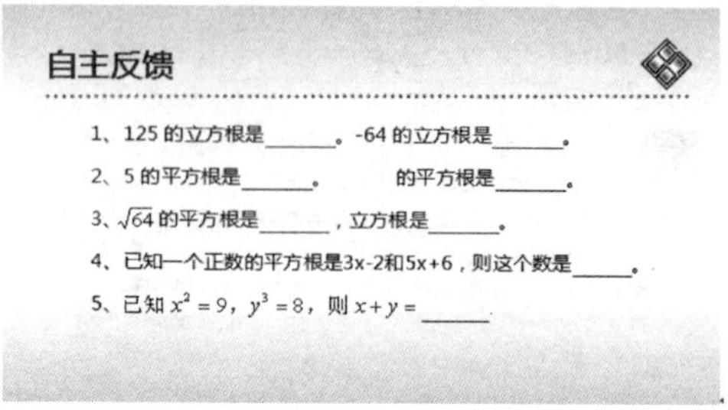

图 4-1-58

另外，你还记不记得平方根学习的过程中，我们研究过$\sqrt{a}$：当 a 这个被开方数，每扩大100倍，结果$\sqrt{a}$就扩大10倍，或者说被开方数小数点每向右或向左移动2位，我们$\sqrt{a}$的结果就向右或向左移动1位。再说白一点，就是被开方数小数点2位2位的移，我们的结果就会1位1位的移，这个比例是2∶1。可是立方根是什么样的规律呢？

如果是一个三次方根，它的规律是被开方数每扩大1000倍，结果扩大10倍。也就是说被开方数的小数点向左或向右要移动3位，我们的结果才会向左或向右移动1位。那么，你再想一想，以后有开4次方根，它的被开方数移动应该多少位，它的结果才可以移动1位？对了，那就是要移动4位。

通过以上五局的PK，你应该和平方根、立方根成为好朋友了吧？为了检验你和它们的熟悉程度，请你完成下面的几个挑战题吧(图 4-1-58)。

【案例 4.11】从完全平方公式的几何解释谈起[①]

华罗庚先生曾言“数缺形时少直观，形缺数时难入微”，高度阐述了数形结合的意义。因此，数学教学中应创造机会渗透数形结合，发展学生的数形结合意识和能力。几何学习中的有关计算，自然离不开以数助形，而高中解析几何则是以数助形思想的应用典范。代数学习中，有一些知识本就是基于几何背景的，如绝对值等；但即使一些纯代数的对象，如能赋予其几何背景，必将给学生留下直观的形象，促进其记忆与理解，有关整式乘法的几个公式就属此类。为此，设计了本微课。当然，本案例并非仅仅介绍其几何解释，更希望揭示获得几何解释的具体过程，从而能触类旁通地解释更多的公式。也就是说，希望学生形成借助几何图形解释代数公式的意识和能力，为此，

① 设计：山东省青岛市第二实验初级中学 郑朝龙，指导：江苏第二师范学院 章飞．

首先引导学生思考如何用几何图形表示$(a+b)$，a^2，$2ab$，b^2，在此基础上，得到“$(a+b)^2=a^2+2ab+b^2$”的几何表示；其后引导学生借助上述经验思考更一般的情形，推广得到$(a+b+c)^2$，$(a-b)^2$等。

前面我们已经从整式运算的角度认识了完全平方公式。进一步，你能用图形来解释一下完全平方公式吗？

我们知道，完全平方公式指的是这两个等式(图 4-1-59)。

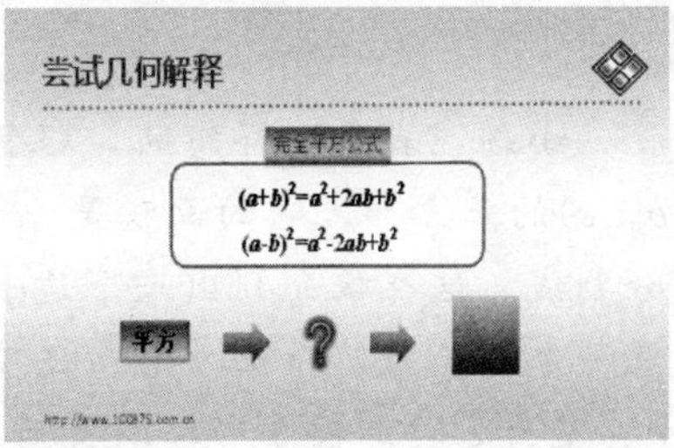

图 4-1-59

首先看第一个等式。从图形的角度考虑，这里的“平方”让你想到了什么？

对，“平方”容易让我们联想到正方形的面积。$(a+b)^2$ 可以用边长为$(a+b)$的正方形的面积来表示；a^2 可以用边长为 a 的正方形的面积来表示；b^2 可以用边长为 b 的正方形的面积来表示。

如图 4-1-60 所示，给定线段 a 和线段 b，我们可以构造一个边长为$(a+b)$的正方形，它的面积是$(a+b)^2$。为了解释完全平方公式，我们首先需要考虑如何从中分割出一个边长为 a 的正方形和一个边长为 b 的正方形。

小明：这容易，只需像这样画两条互相垂直的分割线就可以了(点击出现分割线)。

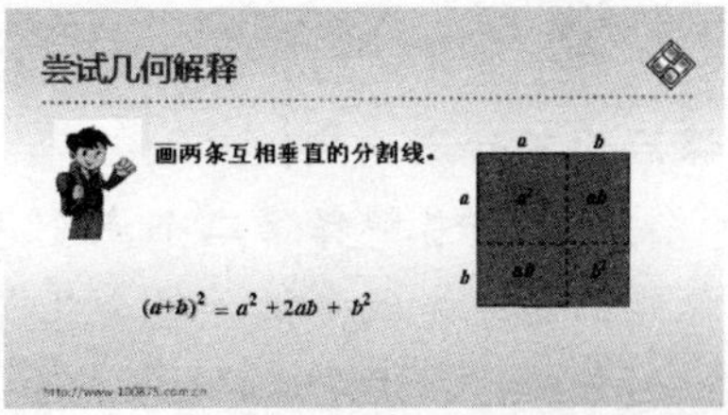

图 4-1-60

对，这样就分割出一个边长为 a 的正方形、一个边长为 b 的正方形，还有两个长为 a、宽为 b 的小长方形。

相信，你已经搞定了吧。

是的，这个大正方形的面积既可以表示成$(a+b)^2$，又可以看成这四部分的面积之和，因此就有$(a+b)^2=a^2+2ab+b^2$。

完全平方公式，本来是个代数运算问题，现在，借助几何图形，在你头脑中是不是已经形成了一个直观的形象，更方便你记忆这个公式，理解这个公式了?!

学习，就要这样，善于借助几何图形进行直观形象的解释。

有了上面的经验，相信你还可以类似地研究更复杂的情况，如$(a+b+c)^2$(图 4-1-61)。

你能利用图形猜想出$(a+b+c)^2$ 等于什么吗？请按暂停键，自己先想一想、做一做。(稍停顿)

怎么样，得到结果了吗？让我们看看小颖是怎么做的吧！

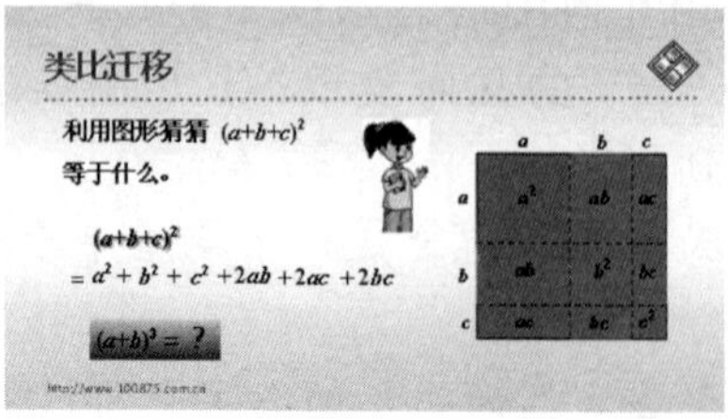

图 4-1-61

小颖：我是这样想的，根据给定的线段 a，b，c，构造一个边长为 $(a+b+c)$ 的正方形，它的面积是 $(a+b+c)^2$。然后像这样分别画两条互相垂直的分割线。这样就分割出一个边长为 a 的正方形、一个边长为 b 的正方形，以及一个边长为 c 的正方形；还有两个长为 a、宽为 b 的小长方形，两个长为 a、宽为 c 的小长方形，以及两个长为 b、宽为 c 的小长方形。这个大正方形的面积既可以表示成 $(a+b+c)^2$，又可以看成这六部分的面积之和，因此就有 $(a+b+c)^2=a^2+b^2+c^2+2ab+2ac+2bc$。

类比刚才完全平方公式的几何解释，小颖成功地猜想出了这个我们没有学过的公式，非常棒！当然了，你还可以借助运算法则具体算一算，验证一下你的猜想！

有了这些经验，你还可以猜想出更多的没有学过的公式，如 $(a+b)^3$ 等，课后你不妨试一试！

我们接着解释第二个完全平方公式。对于 $(a-b)^2=a^2-2ab+b^2$，相信你能搞定。先做一做，等会儿与老师的参考答案对一对吧(稍停顿)。

老师的方法是这样的(点击，出现图 4-1-62)：构造一个边长为 a 的正方形，它的面积是 a^2。然后像这样分别画两条互相垂直的分割线，分割出一个边长为 $(a-b)$ 的正方形，它的面积是 $(a-b)^2$；剩余的类似角尺形状的面积为 $2ab-b^2$。边长为 $(a-b)$ 的正方形，它的面积既可以表示成 $(a-b)^2$，又可以看成是大正方形与角尺形部分的面积之差，因此就有 $(a-b)^2=a^2-2ab+b^2$。

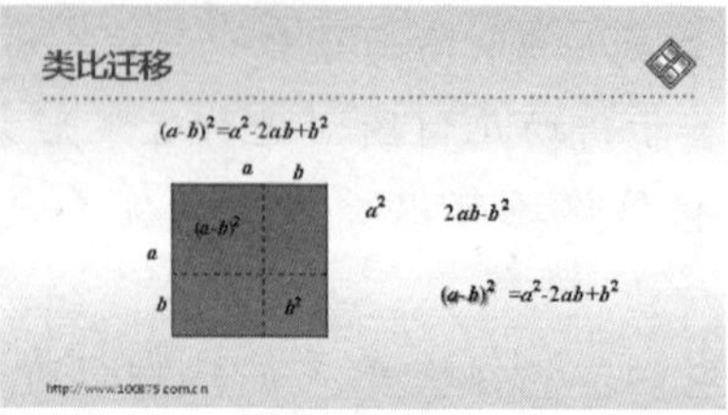

图 4-1-62

你的做法一样吗？

·第二节　易错点解析型微课设计与案例赏析

学生学习中，常常出现“一看似懂，一做就错，一点似明，再做又错”的现象，这说明，数学学习中，确实存在很多易错点。造成这些错误的原因众多，可能是学生对所学知识掌握不扎实、理解不透彻、对问题考虑不周全，也可能是学生学习习惯不良，如做事不严谨、凭经验想当然、粗心马虎等。总结并揭示这些数学学习中的易错点，可以起到防微杜渐的作用，有助于减少学生不必要的错误，提高学生的学习效果。对于潜能生，效果更为突出。潜能生，一般而言，都能理解教材内容，也能跟得上教师的课堂教学，但往往由于做事不严谨、细节问题掌握不好，造成各种各样的小错误，学业成绩不理想，从而失去数学学习的信心和兴趣，陷入恶性循环，甚至破罐子破摔，放弃数学学习，最终完全掉队。如能总结这些易错点，并提醒这些潜能生，帮助提升其数学学业成绩，从而提升数学学习信心，进入数学学习的良性循环。

总结易错点，主要有两种方式。一是从学理上分析各个知识点可能出现的理解偏差或者操作错误，如针对某个技能，在技能操作过程中有哪些步骤，各个步骤可能出现什么易错点，如针对某个概念，概念内涵中有哪些本质的属性，各个表达本质属性的词语容易造成哪些错误理解。二是从学生学习经验中归纳易错点，教师可以收集、整理学生作业或考试中出现的典型错误，进而分析这些错误发生的原因，弄清错误背后学生所欠缺的能力，如在分析与解决问题的过程中概念不清晰、公式不熟悉、审题不清楚、思维不严密、计算不准确、叙述不严谨等。

总结易错点，不是目的，关键在于矫正教学。为此，需要针对各个易错点给出具体的学习对策，还需要将易错点和学习对策有针对性地告知相应的学习对象。可是，课堂学习时间是有限的，学生的差异是客观存在的，对于同一个知识点，不同学生出现错误的角度各异，因此，课堂教学中未必能够将本知识点的所有易错点都解析清楚，为此，可以在课后进行适当的补偿性教学。而课后微课就成为一个很好的途径。

易错点解析的微课设计时，固然要分类解析各个易错点，但为了引发学生的思考和学习兴趣，不能简单地呈现各个易错点，而应关注各个易错点的归纳和整理过程，在具体问题的解决过程中逐步发现相关错误，进而解析，这样，可以让学生亲临其境，在发现他人错误的过程中更好地反省自身的学习，达成较好的学习效果。具体地，其流程可以是：错题再现、错因分析、正确解法、规律总结、类似题训练。

下面介绍了技能类易错点解析的两个微课案例。对于加减消元法解二元一次方程组，选取了一个具体实例，通过学生交流的方式，逐步展开具体的解题步骤，在各个解题步骤中呈现不同学生的解答，交互式地引导学生发现错误、分析错误原因、避免错误的对策，但愿可以给教师们一些启发。初中代数学习中，有很多类似的操作性技能，如各种数的运算、式的运算、解各种方程、解不等式、函数运算与化简等，都可类似设计。

【案例 4.12】加减消元法的易错点①

你好！欢迎来到京师数学微课堂。

学习了加减消元法解二元一次方程组，我们这节课将共同看看解法中有哪些易错点及相应的解决对策。

（依次呈现两人的对话，引出四种易错题）

小颖：小明，快来给我看看我的这几道题吧，为什么总也算不对呢。

小明：好的，你先说说你是怎么算的？

小颖：如图 4-2-1 所示，第一题，看上去好容易啊，不就是(1)式＋(2)式吗，得到 $8x=6$，然后……

小明：停！你将这两个方程相加?！相加能消去 y 吗？

小颖：哦，让我看看。哎呀，这两个方程中 y 的系数都是－1 啊，相同的未知项应该用减法？

小明：是的，相同的未知项只能通过相减才能消去啊！所以，你这个加号得变减号，得到的新方程应该是 $2x=-2$，这是一个易错点(呈现易错点一)。来看看我给你的正确解答吧。(呈现解答过程，如图 4-2-2 所示)

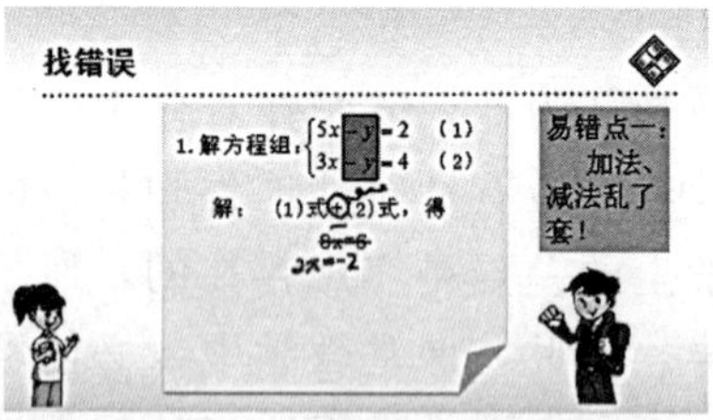

图 4-2-1

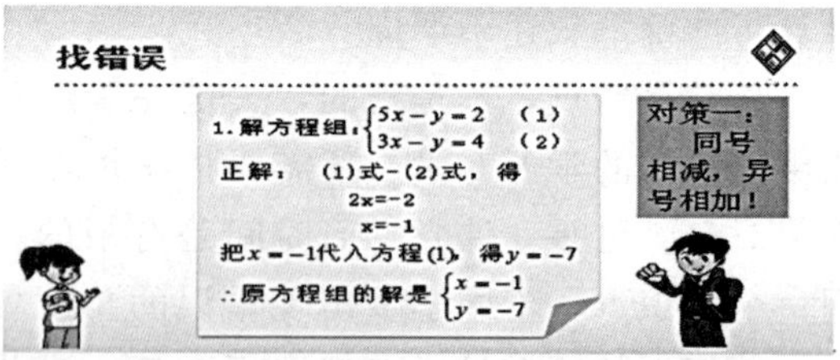

图 4-2-2

小明：小颖，在选择加法或减法时，一定要看清楚。记住：系数相同的未知项用减法，系数互为相反数的用加法。(呈现对策一)

小颖：我知道了，相同的东西只能相减才会消除，而相反的则要相加才能抵消。嗯，谢谢你，继续哦。

① 设计：广东省深圳市坪山中学 李巧莉，指导：广东省深圳市坪山区教育科学研究管理中心 袁虹．

小颖：如图 4-2-3 所示，第二题，这里我要消去含 x 的项，你看 $5x$ 和 $5x$ 是相同的项，所以用减法，对吧，所以啊，(1)式－(2)式，得 $3y-5y=2-4$，即 $-2y=-2$……

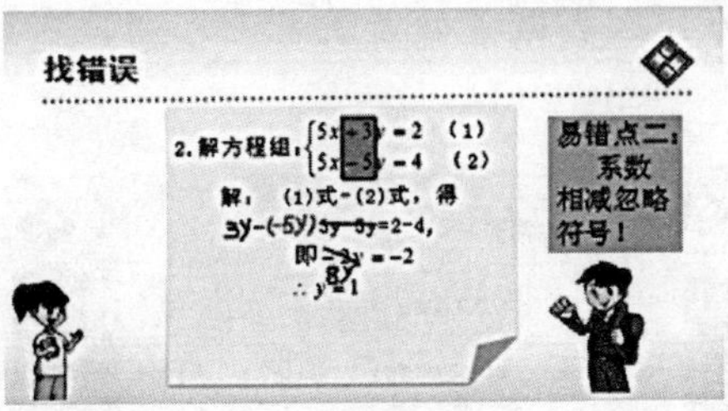

图 4-2-3

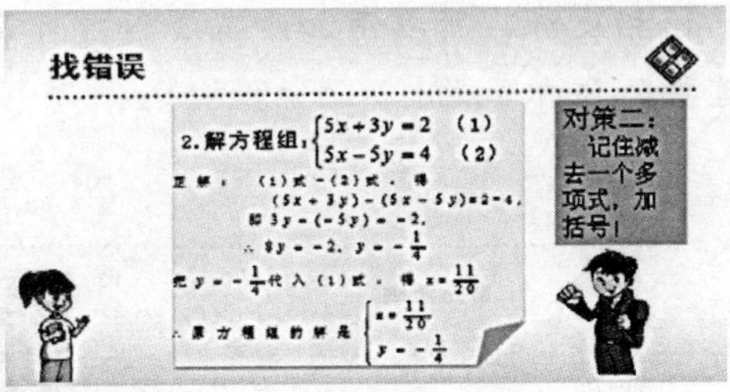

图 4-2-4

小明：小颖，你这道题的错误还真是典型啊，你看，你用的是 $3y-5y$，可是第二个方程中哪里是 $5y$ 啊，它是 $-5y$！所以，你要减的是 $-5y$，不是 $5y$！你忽略了符号，当然就做不对了，这是第二个易错点。(呈现易错点二，如图 4-2-4 所示)

小明：来看看，我带着你重做一遍。

为了不在符号上出问题，一开始的计算训练可以慢一点，把完整的多项式减多项式呈现出来，像这样(呈现解答)，这不就不容易出错了吗，以后熟练了就可以简化一些步骤了(呈现对策二)。

记住：但凡遇上减法，提醒自己当心：减一个多项式，要加括号。

小颖：好吧，我知道了，那再看看这道题，我可是检查了好多遍也没发现错误啊。(呈现第三题，如图 4-2-5 所示)

小明：我看看，我有火眼金睛！嗯，你想消去的未知数是 y，因为系数的绝对值不同，你就在方程两边同时乘了 3，咦？为什么方程右边还是原来的 1 呢？你漏乘了！(呈现易错点三：放大系数时不要漏乘常数项)。

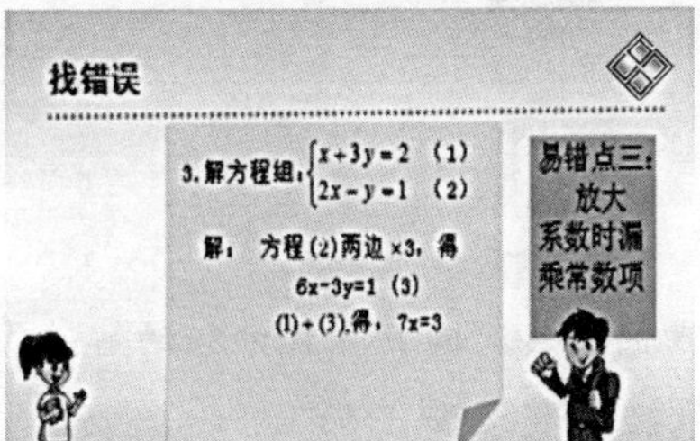

图 4-2-5

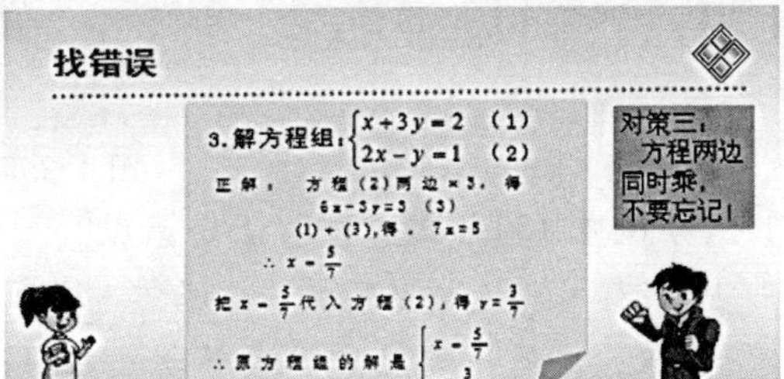

图 4-2-6

小颖：哈哈，原来是这里出了问题啊，这道题让我自己来重做一遍吧……你看看，是不是这样？(依次呈现步骤)

小明：对，这一次就可以了。记住：方程两边同时乘，不要忘记。（呈现对策三，如图 4-2-6 所示）

小颖：如图 4-2-7 所示，还有最后一道题。我是这样做的，因为 $3y$ 和 $-3y$ 相反嘛，所以用加法抵消啊，可是为什么我做着做着就乱七八糟，不知道要怎么办了呢。

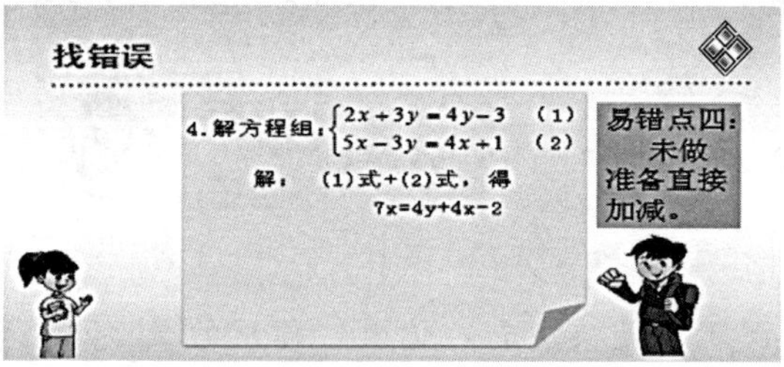

图 4-2-7

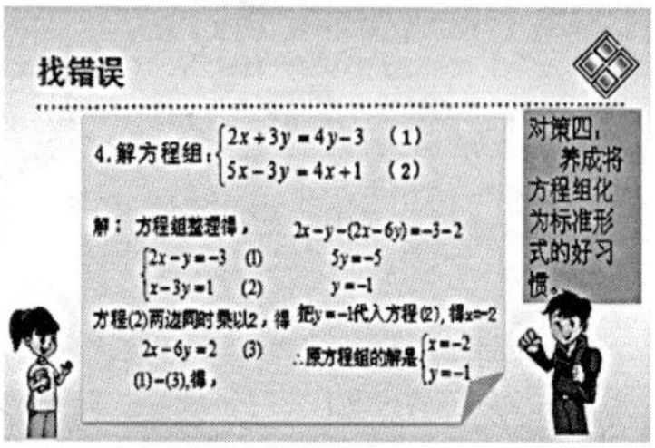

图 4-2-8

小明：小颖，加减法的目的是消元，你这两个方程相加只是消去了一部分 y 而已（呈现易错点四），当然不行，你应该先将这个方程组中每一个方程所有的未知项全部合并在一起才能一次性消除，也就是要先化为标准形式，你试一试（呈现对策四，如图 4-2-7 所示）。

小颖：哦，我来试一试，（分步呈现解题步骤的同时读出步骤），哈哈，原来如此啊！我终于明白了。太感谢你了，小明。

小华：我来帮小颖归纳一下吧（依次呈现各易错点及对策，如图 4-2-9 所示）。

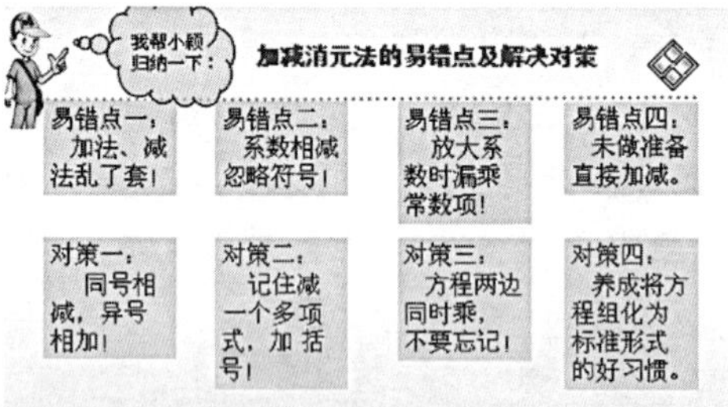

图 4-2-9

【案例 4.13】分式方程解法易错点[①]

你好！欢迎来到京师数学微课堂。这节课我们将共同回顾分式方程的解法。

小颖：小明，你能告诉我解分式方程一般的步骤有哪些吗？

小明：当然没问题！首先在方程两边同乘各分母的最简公分母，约去分

---

① 设计：广东省深圳市坪山区教育科学研究管理中心 袁虹，广东省深圳市坪山实验学校 王罗成．

母，得整式方程（点击出现相应文字）；再解整式方程（点击出现相应文字）；最后验根，定解（点击出现相应文字）（图 4-2-10）。

小颖：我也是按照这几步来解得呀，可我为什么总也算不对呢？

小明：哈哈，里面的技巧和易错点可不少！

小华：是的，我们来做一道题目看看吧！（图 4-2-11）

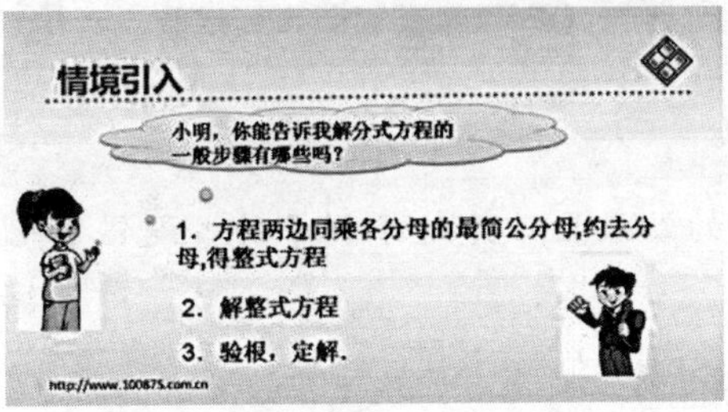

图 4-2-10

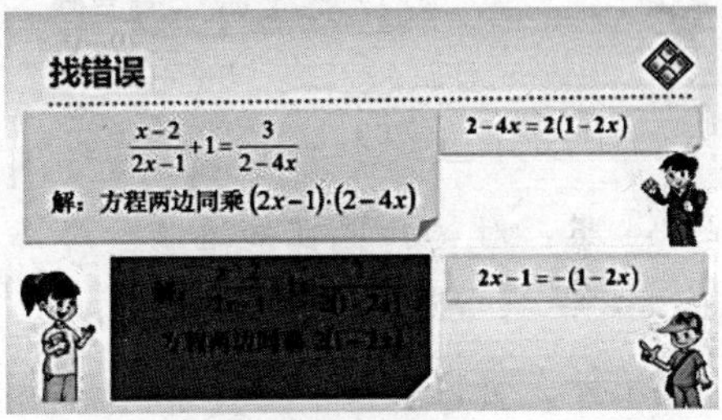

图 4-2-11

小颖：我在解这个方程的时候，在方程的左右两边同乘 $(2x-1)(2-4x)$，可是我觉得好难算。

小明：在找最简公分母前应该先将分式方程的各个分母分解因式，如 $2-4x=2(1-2x)$。

小华：对，而且还要发现分解因式后，各个部分间存在的特殊关系。例如，$2x-1$ 与 $1-2x$ 是互为相反的，即 $2x-1=-(1-2x)$（点击出现相应文字）。

小颖：我明白了，最简公分母是 $2(1-2x)$，正确的做法应该是方程两边同乘 $2(1-2x)$（点击出现相应文字）。

小颖：果然，找准了最简公分母，可以变得很简单，下一步我这样做，你们呢？（点出相应过程，图略）。

小明：我是这样做的（点出相应过程，图略）。

小华：我是这样做的（点出相应过程，图略）。

怎么不一样呢？聪明的同学你能发现小颖、小明和小华做法有哪些问题吗？请按暂停键。

小明：小颖，这个地方应该是 -2，因为公分母 $2(1-2x)$ 中的 $1-2x$ 与第一项的分母 $2x-1$ 互为相反，因此约分还剩下 -2。（点击，呈现错误一）

小颖：我明白了，我也发现了你和小华的错误。约分后，分子是一个多项式，作为一个整体，应该加上括号（点击，呈现错误二）。小华忘了将 1 这一项也乘最简公分母，漏乘了（点击，呈现错误三，如图 4-2-12 所示）。

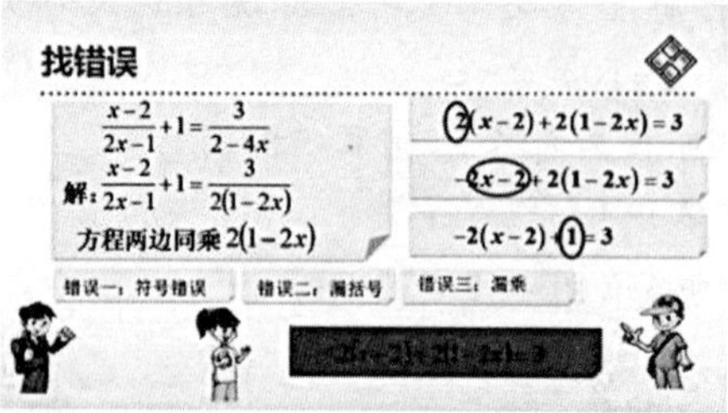

图 4-2-12

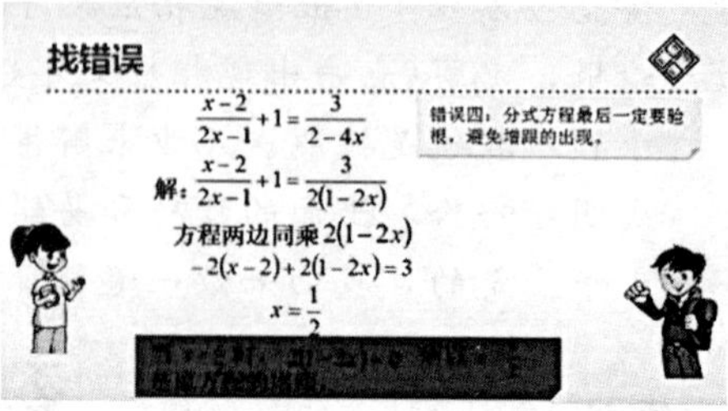

图 4-2-13

小华：对，我现在知道了。那正确的结果应该是这个样子的，没错了吧！(点击，呈现解题过程)

小颖：最后解这个整式方程简单，解得的结果是$\frac{1}{2}$，这下应该没有问题吧。

小明：解的过程是没错，不过还少了一步。分式方程最后一定要验根，有可能出现增根哦。你看，当 $x=\frac{1}{2}$时，最简公分母 $2(1-2x)=0$，原来分式无意义，所以 $x=\frac{1}{2}$是原方程的增根，原方程无解(图 4-2-13)。

小华：我来总结一下，在解分式方程中，容易出现如下几个问题。第一，符号错误，需要多注意互为相反的式子约分，或者移项等可能产生负号的情况；第二，漏乘，需要注意方程左右两边每一项都要乘最简公分母；第三，漏括号，需要注意去分母过程中，分子是多项式时，需要加上括号；第四，漏验根，需要注意验根是解分式方程必不可少的步骤(图 4-2-14)。

还需要注意，在找最简公分母前，一定要先将各个分母进行分解因式，这样才能找得准最简公分母！

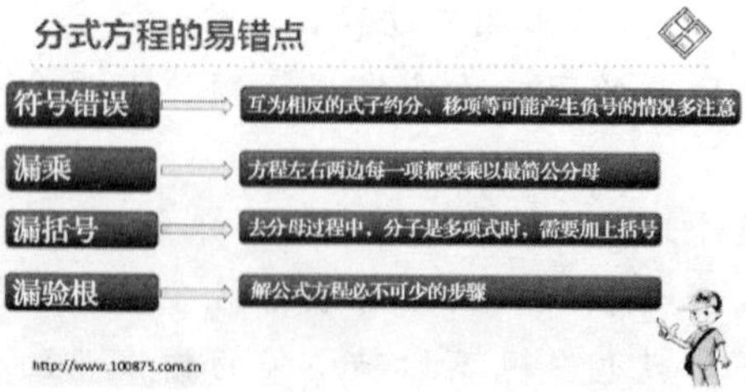

图 4-2-14

后　记

历时两年多，我们终于完成了《初中数学微课设计与案例赏析》一书。感觉既轻松又惶恐，轻松的是终于完成了一件想做的事情，惶恐的是水平有限，词不达意，恐未能很好地达成写此书的初衷。

自 2013 年我们组建微课团队，开始研究微课以来，至今已有五个年头了。五年来，我们以 2014 年度教育部人文社会科学研究课题《MOOCs 背景下初中数学微课程设计与案例研究》为抓手，对初中数学微课的设计与应用进行了实践与探索。记得刚接触微课时，老师们对录制方法感到困难，在设计微课的过程中，曾为如何选择适当的方式呈现、如何营造场景感、如何设计出适合学生而又受学生喜爱的微课而苦苦思索，为如何改变"观看——接受"式微课大费脑筋。如今，团队有老师自豪地说，当别的学科老师为设计制作微课而烦恼时，常常听到有人说，不会，问数学组的老师，他们一定会。那神情、那语气，特自信，充满了成就感。

是的，微课设计的背后，是老师们对数学教育的深度理解和精细思考。深圳市坪山实验学校的青年教师王罗成颇有感慨地说："都说年轻教师的发展前五年是关键期，这五年中需要形成自己的教学风格，产生自己的教学理念，并取得一定的教学效果。参加工作的头两年，我更多的是模仿学生时代老师的教育教学方式来组织自己的课堂教学。我知道这种方式已经不能适应新课改，但苦于没有高端的引领，不能很好地将自己大学所学与教育教学实际结合起来，虽然对自己的教学现状不满，但也只能先用传统的方式勉强应对。工作的第三个年头，我们区引进特级教师袁虹老师来指导初中数学的教育教学。袁老师来到坪山后，以名师工作室为平台，组建了微课团队，聘请北师大版教材副主编章飞教授为团队导师。在章教授和袁老师的带领下，老师们研究设计微课，制作微课，应用微课。通过微课这个抓手，老师们更新教育教学理念，改变教育教学行为，提升教育教学的研究能力。对个人而言，我不仅掌握了微课设计与制作的相关技术，而且在这个过程中，先进的教育教学理念也深深地影响了我。每堂课我都能反思教法，关注学法，微课也被我应用在日常的教育教学中，并取得了不错的教学效果。我也取得了可喜的成绩：2016 年被评为坪山区优秀教师，2017 年获广东省数学论文竞赛二等奖，获 2016—2017 学年全国微课大赛一等奖，并多次获得市、区级微课、论文、教学竞赛一等奖。”

青年教师郑王炜也深有体会：“哪些内容是重点？哪些是易错点？哪些地方学生可能会难以理解？……这都是选择微课内容时需要考虑的。这个过程，让我对课标和教材有了更深层次思考的机会。从以前的教教材，到现在能够通过研究课标，结合学生特点合理选择教学资源；如何深入浅出、形象直观地呈现教学内容？怎样在短短的几分钟内，让学生兴趣盎然地自主学习？在专家的引领和帮助下，我反复修改微课脚本，不断对自己的设计进行再创造。作为一名年轻教师，设计微课使我的创造力得以激发，也使我养成了精益求精的工作态度。几年来，我的教学能力、科研能力以及教学效果都获得了提升，2018 年，我由数学科组长晋升为学校的教学处副主任。”

显然，微课研究，成为教师专业成长的新范式！团队也取得了骄人的微课研究成果。

2015 年，团队开发的“初中数学微课”被遴选为深圳市“好课程”。2016 年，《初中数学微课》(学生版)由广东音像教材出版社出版，与之配套的《初中数学微课》(教师版)由广东高等教育出版社出版。2016 年，章飞教授、袁虹老师应邀参加在德国汉堡举行的第十三届国际数学教育大会，并在会上做专题发言，展示了团队的研究成果《初中数学微课程设计的实践与探索》。2018 年，微课第二辑——《初中数学微课－典型问题解决策略》由广东音像教材出版社出版。团队开发的教师培训课程“MOOCs 背景下初中数学微课设计与应用的案例分析”为深圳市教师培训精品课程，曾在南京、南昌、广州、韶关、汕尾、百色等地市及深圳市罗湖区、龙岗区、龙华区的多所学校培训交流。团队成员近年获得全国微课大赛一等奖 5 项、深圳市微课大赛一等奖 39 项。2018 年，在广东省初中数学重难点微课资源征集及数字出版活动中，经专家评审，袁虹名师工作室以最高分获得相应资源组的承建资格，被聘为资源建设团队。几年来，团队在《中学数学教学参考》《中学数学》等期刊发表有关微课设计的系列论文十余篇。

更令人欣喜的是，团队设计的微课，得到了学生的认可，有效地促进了学生的自主学习。

深圳市坪山同心外国语学校的一位学生在数学日记中写道：“从八年级上学期开始，我们的数学换作谢莉老师教了，她在课堂上或课后，甚至课前，时常会给我们带来一种新鲜的学习材料——数学微课。别小瞧这些小小的微课，时间不算长，却总能找准我平时学习易出错或自己没有理解透彻的问题。而且，老师还会把它们挂到班级 QQ 群共享，方便大家下载，大家可以随时根据自己的选择进行复习巩固，谢老师还和别的老师一起给我们组织了微课制作社团，我们不但学会了自己制作微课，还能和小伙伴们一起交流分享学习体会呢。”

在学生访谈中，深圳市坪山中学的一位学生说：“我从小学数学就头痛，现在有了微课对知识的详细讲解，观看后，我一下就觉得思路清晰了好多，学起数学来更加容易了。比如，那次李老师讲解‘线段的比较’时，就用了微课，我们从视频中可以直观地看到线段的比较实质上就是把线段叠合在一起，无论是比较同学的高矮，还是绳子的长短，其实都是一样的。因为视频可以放大老师演示的过程，所以无论我坐第几排都可以看得清清楚楚的，我觉得这一点很重要。”另一位学生说：“我喜欢老师上课时放一些小视频给我们看，原因有两个。一是很有意思。比如，老师讲负数时，播放了有关负数和正数的微课，视频里的负数和正数就像两个部落的人在打仗，人多的就能获得胜利，这个意味着负数与正数相加，绝对值大的数的符号决定了结果的符号。这样的视频比单一地讲解加法法则有趣得多，就像在看动画片，很形象，也很好理解。二是微课可以反复看。老师有时会把一些难点、易错点制作成微课，我们下载后可以在家里反复观看，不受限制，这一点对班里数学学习有困难而又羞于问老师和同伴的同学来说，特别有帮助，而且在家里还可以和爸爸妈妈一起看，不明白的也可以得到他们的帮助。这样的话，就不会因为在学校一时没听懂，问题积少成多而落下功课了。”

微课研究，并不能局限于资源的开发，更需要将微课运用到教育教学中去，发挥其更多的教学效益。为此，我们摸索出“微课＋微信”“微课＋云平台”“微课＋平板”等自主学习模式，尝试用“任务单”指导学生开展自主学习，通过“微课”帮助学生完成“任务单”给出的任务，又通过“任务单”反馈的信息调整教学策略，使课堂指导与学生自主学习融为一体。在这些探索基础上申报的课题“‘互联网＋微课程’有效支持数学课堂教学的研究”，被批准为广东省教育科研“十三五”规划 2017 年度研究教育科研一般项目。

当然，在“互联网＋”的时代背景下，如何运用“互联网＋微课”的方式，通过教与学的重构，研究不同教学模式下中学生学习的有效性、教师教学的有效性、资源的有效性，形成“互联网＋微课”课堂的多维评价体系，促进学生自主学习、个性化学习等问题，还有待大家共同研究。但是，我们相信，且行且研究，一定可以探索出一片“互联网＋”时代微课运用的新天地！我们期待着！